日本の人権保障システムの改革に向けて

ジュネーブ2008
国際人権（自由権）規約
第5回日本政府報告書審査の記録

日本弁護士連合会［編］

現代人文社

発刊のことば

　世界人権宣言が採択されて60周年にあたる2008年10月、市民的及び政治的権利に関する国際規約（自由権規約）に基づく日本政府第5回定期報告書審査が行われました。

　今年2009年は日本の自由権規約批准30周年という節目の年でもあります。日本は締約国として自由権規約を遵守し、規約が保障する人権を日本において尊重し、保護し、推進することを求められています。規約第40条に基づく定期報告書審査では、規約上の権利の実現のためにとった措置を日本政府が報告し、国際人権（自由権規約）委員会はこれを検討します。日本弁護士連合会などNGOからの報告は、審査に際して不可欠な情報として位置づけられ、委員会はNGO報告を受理し、ブリーフィングの機会を設けて直接の対話を行います。

　定期報告書審査の一連のプロセスは、日本における人権状況を具体的に明らかにし、規約に照らしてどこに問題があり、どのように改善しなければならないかを検証するものとなります。

　日弁連報告書（オルタナティブ・レポート）は、前回総括所見の指摘と、規約の各条項に照らし問題となる日本の人権状況を具体的に報告し、改善されるべき点を指摘したものとなっており、それだけで日本の人権状況の概略をつかめるものとなっています。

　2008年9月にはラファエル・リヴァス・ポサダ委員長、アイヴァン・シーラー副委員長の訪日を受け、日本国内諸NGOからのヒアリングと交流を深めました。

　ジュネーブでの審査には田川日弁連副会長を団長に、若手タスクフォースを含む総勢16名もの代表団を派遣し、現地では日弁連制作『つくられる自白——志布志の悲劇』（英語版）のドキュメンタリー映画を上映したり、委員から発せられた質問に的確に応答するための報告書を短時間で作成して提出するなど精力的にロビイングを行いました。

　審査は10月15日、16日にわたり、パレ・デ・ナシオンで行われ、10月30日に委員会は34項目に及ぶ総括所見を発表し、その中で、刑事捜査手続、死刑廃止の検討、選挙活動の自由や表現の自由の制限、慰安婦に対する法的責任の承認、外国人、子ども、女性に対する差別条項の廃止などについて、現状の懸念事項を指摘し、規約に適合するよう改善することを勧告し

ました。とりわけ、第一選択議定書の批准（個人通報制度の導入）、政府から独立した国内人権機関の設置、裁判官を含む法執行官に対する国際人権法教育の実施を強く求めています。

　これらの勧告は、日本が真の人権国家になるために、日本政府がなすべき諸課題を具体的に示したものです。とりわけ1年以内のフォローアップとその結果の報告を政府に求めた、死刑制度、代用監獄、取調べ、独居拘禁については日弁連も自らの緊急課題と受け止め、その実現のために全力を注ぎたいと考えます。

　本書はいわば審査経過の全記録であり、日本政府代表と委員との間で交わされた対話は、どのような視点からわが国の人権状況をみるべきかを教えてくれます。申惠丰青山学院大学教授とアムネスティ・インターナショナル日本の寺中誠事務局長をお招きして行われた座談会により、読者は、総括所見の内容をさらに深くご理解いただけると思います。両先生には紙上をかりて感謝の意を表します。

　本書が日本の人権状況に心を寄せる多くの人びとに読まれ、今後の活動の糧となることを期待しています。

2009年4月

　　　　　　　　　　　　　　　　　　　　　日本弁護士連合会
　　　　　　　　　　　　　　　　　　　　　　　会長　宮﨑　誠

本書が出来るまで（謝辞にかえて）

　ローマは1日にしてならず。本書の出版は10年間かけて準備された。
　日弁連は1998年の第4回日本政府報告書審査に際し、報告書を提出するとともに、故中村仁副会長を代表とするメンバーでロビー活動を行い34項目の総括所見を引き出すことができた。そこで課された難易度の高い課題、たとえば、国内人権機関の創設、個人通報制度の導入、代用監獄の廃止、捜査の可視化、などの実現に向け努力を重ねて、次回に臨むことになった。
　1999年12月17日には、死刑確定者の処遇の改善、受刑者処遇の改善、代用監獄の廃止、などを求める日弁連『自由権規約委員会の勧告を実施する応急措置法案要綱』を作成し、発表した。2000年には岐阜の人権擁護大会で「政府から独立した国内人権機関を作ろう」をテーマにシンポジウムを開いた。2001年10月には外務省の「第5回政府報告書についての意見募集」に応じて『日弁連意見書』を提出した。
　第5回審査に取り組むワーキング・グループは2001年11月に設置され、最終見解の勧告事項を実現する日弁連の取り組みの促進、第5回の審査に向けた日弁連報告書の作成、審査のロビー活動が任務とされた。関連委員会から委員が選ばれ、座長藤原精吾、副座長海渡雄一、同菅充行、同武村二三夫、同近藤真、事務局長外山太士、五十嵐二葉、飯田幸光、大橋毅、児玉晃一、殷勇基、市川正司、川口和子、西村正治、大名浩、立山秀彦、新倉修、田中秀一、吉峯康博、永野貫太郎、東澤靖、大谷美紀子の各氏がメンバーとなった。
　2002年から報告書作成作業に入った。そのため人権教育の実施状況について最高裁判所、警察庁、法務省に照会、第4回審査の議長だったフランスのクリスティーン・シャネ委員を招いてシンポジウムとNGO交流会の開催（2002年9月）、新たに「テロ規制と人権」のテーマを加えて報告書作成作業を進めた。しかし、委員会から指定された2002年10月になっても日本政府から報告書を提出する目途もないまま、年月が経過していった。
　2006年5月、課題のひとつ、第1選択議定書（個人通報制度）批准促進のための調査・研究・企画の立案を課題として追加され、その答申を経て日弁連内に「自由権規約個人通報制度等実現実行委員会」が設置され、2007年3月に発足することになった。2006年12月、ついに第5回政府報告書が提出された。日弁連報告書はこれにより全面的に加筆補充することを決め、メンバーも拡充した。河野善一郎、丹羽雅雄、野村茂樹、山本晋平、羽倉佐

知子、田鎖麻衣子、山下幸夫、鈴木亜英、掛川亜季、栗山博史、秀嶋ゆかり、大森典子、小池振一郎の各氏。また骨惜しみなく働いてこられた外山事務局長が法テラスに専従することになり、後任には川口和子事務局長が就任した。2007年1月から12月までの1年間は報告書執筆と討議、編集の作業が休む間もなく続いた。時間に追われ、ハードな作業を行ったのは、菅、武村の両副座長、川口事務局長、そして日弁連国際課の樋口裕子さんであった。145頁に及ぶ膨大で多岐にわたる日弁連報告書が2007年12月の理事会でスムーズに承認されたのは担当の藤井伊久雄副会長のおかげである。すぐに待っていたのは英訳作業。時間に追われ、地獄の苦しみの英訳チェックと政府報告書とのパラグラフの整合などの作業を約2ヶ月で仕上げたのは上記3委員と、絶大な協力をされた海渡雄一、田鎖麻衣子、大谷美紀子、東澤靖の各委員と樋口職員の努力のたまものである。

　かくして2008年2月に英訳完成、着手以来7年目にして日弁連報告書は3月、国連人権高等弁務官事務所に提出された。やれやれ、と思うのは早かった。3月、委員会よりリスト・オブ・イシューズが出され、今度はこのリストに対応した追加報告書の作業が始まった。英訳とともに9月完成、同時にラファエル・リヴァス・ポサダ委員長、アイヴァン・シーラー副委員長を招いてのシンポ、NGOとの交流などを経て、10月の審査へと向かったのである。両規約委員の来日は、安藤仁介名誉教授のご尽力なしには実現できなかった。安藤先生にはこの年月、何かとなく有益なご指導をいただいてきたことに感謝の意を表明したい。

　2008年4月から日弁連の国際人権活動の顔となった田川章次副会長の下、ジュネーブで北村聡子、大村恵実、宮家俊治、川崎真陽の若手タスクフォースを含む16名の日弁連代表団が活躍した経過は、本文の通りである。また7月から国際課の担当事務局も江藤千絵さんに代わり、追加報告書の作成、シンポ、代表団の派遣、連絡、記録の出版などすべての裏方を務めてもらっている。このように多数の、諸分野における人々の参加と協力が今回の総括所見に結実した。深く感謝の意を表したい。しかし、それはさらなるフォローアップを求めている。本書が、これからその活動を担おうとする人々のための一助となることを心から願っている。

2009年4月

　　　　　　　　　国際人権（自由権）規約問題ワーキング・グループ
　　　　　　　　　　　　　座長　藤原精吾

『日本の人権保障システムの改革に向けて
——ジュネーブ 2008 国際人権（自由権）規約第 5 回日本政府報告書審査の記録』

目次

発刊のことば〔宮﨑　誠〕　2
本書が出来るまで（謝辞にかえて）〔藤原精吾〕　4

第1部　第5回政府報告書審査をめぐる日弁連の活動

第5回審査にいたるまでの経過　日弁連の動きを中心に〔武村二三夫〕　10
審査直前から審査後の活動〔海渡雄一＝田島義久〕　15

第2部　第5回政府報告書審査の全記録

国際人権（自由権）規約第5回日本政府報告書審査の記録　24
　〔審査1日目〕24
　1　日本政府からの報告　24
　2　リスト・オブ・イシューズに対する日本政府からの回答①　26
　3　委員からの質問①　43
　〔審査2日目（午前の部）〕68
　4　委員の質問に対する日本政府からの回答①　68
　5　委員からの質問②　82
　6　委員の質問に対する日本政府からの回答②　94
　7　リスト・オブ・イシューズに対する日本政府からの回答②　98
　8　委員からの質問③　106
　〔審査2日目（午後の部）〕109
　9　委員の質問に対する日本政府からの回答③　119
　自由権規約委員会委員リスト　133

日本の第5回定期報告書審査に関連して検討すべき課題一覧
（リスト・オブ・イシューズ）　134

規約第40条に基づき締約国から提出された報告書の審査：
国際人権（自由権）規約委員会の総括所見　*145*

第3部　総括所見の意義と今後の課題

座談会：総括所見の意義と今後の課題　*170*
 1　はじめに〜本座談会の主旨　*170*
 2　報告制度および総括所見の意義について　*171*
 3　個人通報制度と規約の裁判所における適用について　*177*
 4　国内人権機関と政府から独立した人権保障システムについて　*183*
 5　女性と子どもに対する人権保障について　*188*
 6　少数者保護と外国人差別について　*190*
 7　代用監獄と取調べの問題をめぐって　*193*
 8　死刑制度と刑事拘禁制度について　*201*
 9　表現の自由・選挙活動の自由について　*205*
 10　まとめと今後の課題　*209*

おわりに　人権発展への期待と日弁連〔田川章次〕　*216*

付録 CD-ROM について　*219*

【コラム】
委員に抹茶をサービス〔田川章次〕　*42*
NGO ブリーフィング　綱渡りの上での成功〔海渡雄一〕　*62*
委員へのアプローチ〔田鎖麻衣子〕　*84*
一夜漬けの醍醐味〔大村恵実〕　*105*
ジュネーブ日本代表部訪問〔田島義久〕　*182*
日弁連製作映画『つくられる自白』上映会〔小池振一郎〕　*200*
国連施設のバリアフリーができていない！〔吉峯康博〕　*208*

第1部
第5回政府報告書審査をめぐる日弁連の活動

第5回審査にいたるまでの経過
日弁連の動きを中心に

武村二三夫

1　第4回政府報告書審査と総括所見

　1998年10月28日および同月29日の自由権規約委員会第1714回から第1717回会合において第4回日本政府報告書が審査され、同年11月5日第1726回および第1727回会合で総括所見（Concluding Observation. 最終見解とも訳されてきたが、本書では「総括所見」で統一した）が採択された。この総括所見「C　主要な懸念事項と勧告」において、まず第3回政府報告書審査の際の勧告が大部分履行されていないことが指摘された。そして、懸念や困惑の表明、注意喚起とともに、国内法の規約への合致（8項）、独立した人権侵害申立調査機関の設置（9項）、特に警察入管当局の処遇に対する申立のための独立した機関の設置（10項）、婚外子法定相続分差別などの法律改正（12項）、同和問題差別終結のための措置（15項）、永住者の外国人登録証明書不携帯を犯罪とする法律の廃止（17項）、入管収容施設の再調査と必要な場合の規約7条、9条に合致させるための措置（19項）、死刑廃止に向けての措置を講ずることとそれまでの間最も重大な犯罪への限定（20項）、死刑確定者の拘禁状態（21項）、起訴前勾留制度の速やかな改革（22項）、代用監獄の規約への合致（23項）、人身保護請求による救済（24項）、取調べの可視化（25項）、全面証拠開示（26項）、女性と子どもの保護（29条）、強制不妊被害者補償の法的措置（31項）、選択議定書の批准（33項）という17項目の勧告をし、さらに韓国・朝鮮出身者などの永住者の再入国許可取得の必要性の除去の要請（18項）、一般的意見と見解が裁判官に提供されるべき（21項）、総括所見の広範な配布の要請（34項）をした。そして第5回報告書の提出日を2002年10月と指定した。

2　第4回総括所見の勧告などの実施

(1)　国内人権機関の設置

その後、2000年日弁連は岐阜の人権擁護大会で「政府から独立した人権機関を作ろう」をテーマにシンポジウムを開いてパリ原則（正式名：国内機構の地位に関する原則）にのっとった人権機関の設置を求めた。
　そして、2002年3月、政府は人権擁護法案を国会に提出した。しかし、法案が設置しようとする人権委員会は法務大臣の所轄下に置かれ法務省から独立したものと言えないこと、公権力による人権侵害の救済は差別と虐待に限定されていること等の問題点があり、同法案は2003年10月、衆議院解散とともに廃案となった。その後法案は国会に提出されていない。ただし、2008年6月の人権理事会の普遍的定期的審査における各国政府の勧告について日本政府が明らかにした対応の中で、日本政府は国内人権機関の設置について検討するとしている。

(2)　第一選択議定書の批准（個人通報制度）

　日本政府は第一選択議定書批准の意向をまったく示していない。2001年から2005年まで、大阪弁護士会選択議定書批准推進協議会は当時の人権小委員会で発言を行い、国連人権高等弁務官に対して大阪弁護士会会長名の要望書を提出した。2004年8月ジュネーブでルイーズ・アルブール人権高等弁務官に面会することができ、来日要請をした。同弁務官はこれに応えて同年11月来日し最高裁裁判官、外務大臣、法務省担当官などと面会したが、政府は第一選択議定書批准に向けて具体的な活動を起こさなかった。ただし、2008年6月の人権理事会の普遍的定期的審査における各国政府の勧告についての日本政府が明らかにした対応の中で、日本政府は第一選択議定書の批准について検討するとした。

(3)　両性の平等・女性の保護

　日本は、1999年に男女共同参画社会基本法を制定し、2020年までに社会における全ての分野の指導的地位に女性が占める割合を30％とすることを目的として掲げる、第二次男女共同参画基本計画を2005年に内閣が承認し、これの促進等を担当する男女共同参画局が設置された。また、配偶者暴力相談支援センター、婦人相談所などを設置した。2004年には、人身取引対策行動計画を採択し、人身取引対策に関する関係省庁連絡会議を設置する等した。これらについては、今回の総括所見において「B　肯定的側面」として、歓迎され、あるいは留意された（3項、4項）。

⑷　刑事施設など

　1999年12月17日、日弁連は、死刑確定者の処遇および受刑者処遇の改善、代用監獄の廃止等を求める「自由権規約委員会の勧告を実施する応急措置法案要綱」を発表した。

　2002年10月には、刑務官の暴行により複数の受刑者が死亡するという名古屋刑務所事件が発生した。この事件を契機にして、監獄法は2005年5月および2006年6月の2度の改正を経て、「刑事収容施設及び被収容者等の処遇に関する法律」と改められた。従来の代用監獄制度は同法により留置施設に留置できるとする代替収容制度に改められ、捜査と留置の分離の原則も法律上明確に規定された、と日本政府は強調している。また、刑事施設視察委員会が設置される等、ある程度の改革がなされたが、今回の総括所見の「Ｂ　肯定的側面」では全く触れられていない。

3　政府報告書の提出と日弁連の対応

　日弁連は2001年11月、第5回政府報告書審査の取り組みのための自由権規約ワーキンググループを設置し、日弁連オルタナティブ・レポート（以下、日弁連報告書）の作成作業を開始した。2002年9月には第4回政府報告書審査時の議長だったフランスのクリスティーン・シャネ委員を招いてシンポジウムとNGO交流会を開催した。

　ところが、日本政府は、委員会から指定された2002年10月に政府報告書を提出せず、実にその4年後の2006年12月になってようやく提出した。これは上記の名古屋刑務所事件が発生し、刑事施設の処遇改革がなされるのを待ってようやく提出したものと見られている。

　日弁連の上記ワーキンググループはこの政府報告書を踏まえ、従来の原稿を書き直し、2007年12月、日弁連として報告書を確定し提出した。審査そのものは2008年8月以降といわれていたが、後述の委員会のリスト・オブ・イシューズの作成に、日弁連意見書を反映させよう、という狙いもあった。

　そして、自由権規約委員会は、2008年3月、リスト・オブ・イシューズを公表した。これは政府報告書等を検討した結果、論点をしぼってさらに政府などに詳細な情報を求めるものであった。政府報告書審査は、このリスト・オブ・イシューズに記載された論点について重点的になされるが、記載がない論点が審査の対象から除外されたという趣旨ではない。同年9月、日弁連は、このリスト・オブ・イシューズの論点その他について最近の詳細な情

報を記載したアップデイト・レポートを提出した。この質問リストに対する日本政府回答書は同年10月1日に英文で提出された。審査は、同月15日、16日であったが審理の中の委員の発言で、この政府回答書の提出の時期が遅かったので各国語への翻訳が間に合わなかったとの苦情が述べられている。同月14日、すなわち審査の前日、日弁連はこの政府回答書に対する反論を英文で提出した。

4 ポサダ委員長、シーラー副委員長の招聘

　日弁連は、第3回政府報告書審査の際には、審査に先立って1993年9月、当時の自由権規約委員会のファウスト・ポカール、デミトリエヴィッチ両委員を日本に招聘し、安藤仁介委員にも加わって頂き、大阪と東京で講演会やNGOとの懇談会を開催した。同様に、第4回政府報告書審査の際にも、1998年9月、ラジスーマー・ララ、プラフラチャンドラ・バグワッティ両委員を招聘した。また、上記のとおり、第4回政府報告書審査の後、シャネ委員長を招聘し、やはり東京・大阪で講演会や懇談会を開催した。なお、自由権規約委員会以外でも社会権規約委員会第2回政府報告書審査に先立つ、2001年7月、同委員会のリーデル委員を日本に招聘し、東京・大阪で講演会や懇親会を開催し、大阪の釜ケ崎地区、神戸の震災後の状況などを実際に見てもらった。

　これら委員の招聘活動は、①国際人権について日本国内の関心を高めること、②日本政府報告書審査にあたる委員に日本の状況や国内NGOの問題意識を理解してもらうこと、③日弁連を含めジュネーブでロビー活動をするNGOが事前に委員と面識を得ること、などの大きな利点があった。

　この審査に先立つ委員の招聘は委員にも好評であり、他の国の審査でも実施したらどうか、という声もあった。また日弁連などのNGO側のみが接触することの公平性という観点から省庁や最高裁にも委員と接触する機会をもってもらうようにしてきた。

　今回の政府報告書審査では、従来と違って同審査担当の委員の氏名は公表されなかった。安藤仁介教授は、自由権規約委員会も勤められ、既に委員を退任されていたが、同教授のお骨折りにより、ラファエル・リヴァス・ポサダ自由権規約委員長とアイヴァン・シーラー副委員長を招聘することができ、2008年9月19日、大阪弁護士会館で両氏の講演とNGOとの懇談会を開催した。同月22日両氏は法務省、外務省、最高裁を訪問し、また警察庁で

収容施設も見学し、明治大学駿河台キャンパスで講演会およびNGOとの懇談会に参加し、また同年9月24日国会議員、各省庁およびNGOを集めて開催した院内集会にも参加された。リヴァス・ポサダ委員長は講演の中で政府報告書審査の制度を取り上げ、政府の代表団と委員との間で対話を行い、一定のコンセンサスを得て総括所見の懸念勧告につながるプロセスを丁寧に説明された。シーラー副委員長は、個人通報制度について説明し、委員会の見解は、助言であり全く法的効果を持たないという見解と、拘束力を持つという見解という2つの極端な見解の間で、鍵となるのは「尊重」、すなわち委員会の違反認定を誠実に再検討するということだと説明された。

5　他の国際人権機関による総括所見など

　第3回、第4回の総括所見と今回の総括所見を対比すると、同じ事項について勧告が繰り返されているもの、従来、懸念で示されていた事項が勧告となったもの、委員会の見解が具体化しているものなど様々あり興味深い。これらの対比を行う際に見落としてはならないのは他の条約機関による総括所見などである。自由権規約は、自由権の総則的条約であり、拷問、人種差別、女性差別、子どもなどの各条約と重複があることは当然であり、他の条約機関の総括所見における勧告などを自由権規約委員会がそのまま受け入れているもの、自由権規約委員会がさらに具体化・深化させたものなどがあるので、日弁連では、これらとの比較検討も必要となってきている。自由権規約委員会の第4回審査による総括所見から第5回の総括所見までの間に採択されたものとして、2001年人種差別撤廃委員会の総括所見、2007年拷問禁止委員会の結論および勧告、2001年社会権規約委員会の総括所見、2003年および2008年の女性差別撤廃委員会の総括所見、2004年子どもの権利委員会の総括所見をそれぞれ参照する必要がある。

（たけむら・ふみお）

審査直前から審査後の活動

海渡雄一・田島義久

1 はじめに：日弁連の活動と今回の勧告の特徴

　日弁連は、第5回日本政府報告書審査（以下、第5回審査）に対する日弁連としてのレポートを準備するために、自由権規約ワーキンググループ（以下、自由権規約WG）を立ち上げ、オルタナティブレポートを作成し、自由権規約委員会に提出した。この自由権規約WGは、オルタナティブレポートの作成のみならず、自由権規約委員会の委員を招聘する中心となり、ジュネーブでの今回の第5回審査の派遣団の中心となり活動し、様々な成果を勝ち取ったことは、本書の武村報告に記載しているとおりである。第5回審査と総括所見をいかに実現していくのかが今後の重要な課題であるが、自由権規約WGは、これらの課題を実現していくための組織として今後も活動することとなった。

　第5回審査とこれに基づく総括所見の内容の特徴は、第1に幅広い内容にわたり勧告がなされたこと、第2に厳しく勧告していること、第3に前回の勧告と同様の勧告が多数存在することである[1]。

　勧告の内容が前回勧告と比べ幅広いのは、前回の勧告後に新たな問題が生じたという理由よりも、むしろ各NGOのロビー活動がその勧告を引き出したという側面が強いと思われる。例えば、総括所見26項の表現の自由、政治に参加する権利に対する不合理な制限を撤廃するべきであるとの勧告などはその良い例である。また、勧告の内容が厳しいこと、勧告内容が前回の勧告と同様のものが多いことについては、遅々として進展しない日本の現状に対する厳しい見方が表れている。とりわけ、総括所見の34項で、4項目につき1年後のフォローアップ情報の提供を義務づけたことに表れているように、自由権規約委員会は日本に対し、早期の対応を迫っていることは明らかである[2]。日弁連として、このような事態をどのように打開していくのか、真剣な討議が必要であることは言うまでもない。

　［注］
　1　「規約人権委員会は何を求めたのか　最終見解の解説」日本弁護士連合会編

『日本の人権　21世紀への課題』（現代人文社、1999年）266頁で述べられている課題は、残念ながら第5回審査で指摘されている課題とかなりの部分重複している。とりわけ、総論的な問題として、第1選択議定書の批准問題、国内人権機関の設置問題、「公共の福祉」を理由とする規約上の権利の侵害問題などがあげられる。

2 審査の最後、ラファエル・リヴァス・ポサダ委員長は審査を終えるにあたってのまとめの発言の中で、遅々として進展しない日本の現状に対し、委員の間にはフラストレーションが溜まっている旨述べ、苛立ちをあらわにしている。

2 審査直前の活動

(1) 委員の招聘活動

　第5回審査に先立つ2008年9月、日弁連は大阪弁護士会と共に自由権規約委員会の委員2名を招き、NGOとの懇談会を組織し、大阪、東京の2カ所でこれを実施した。この活動の詳細についても武村報告に詳しいが、この活動は審査にも大変有益であった。この懇談会には多くのNGOや規約上の権利を侵害された市民が参加した。また、自由権規約委員会委員、NGO、政府代表の参加を得て、国会議員が主催する院内集会も開かれた。これらの活動は、日弁連が各NGOや政府とのつなぎ役の役割を果たしたことを示しており、審査中の活動にもつながった。

(2) 日弁連アップデートレポートの作成

　2008年3月に委員会からリスト・オブ・イシューズが公表された。リスト・オブ・イシューズは、委員会から締約国政府に対する、委員会審査に当たって取り上げたい問題を特定し、これに対する回答を求めるものである。今回の政府報告書審査において、委員会の関心が何処にあるかを知る上で決定的に重要であった。これに対して政府は書面で回答を準備するのであるが、日弁連もこのリスト・オブ・イシューズに対応した、見解をまとめることとした。

　この回答においては、基本的にリスト・オブ・イシューズに取り上げられた課題について、日弁連が既に提出していたオルタナティブレポートの内容を要約する形で、委員会の関心に応えるようにした。しかし、実はそれ以外にも取り上げてもらいたい問題がリスト・オブ・イシューズに取り上げられていない分野があった。とりわけ重要であったのは、戸別訪問、文書配布の禁止などの公職選挙法やビラ配布などに関する表現の自由に関する問題で

あった。これらの問題もこのレポートの中に取り入れるようにした（付録CD-ROM に収録）。

(3) 9月10日定例記者会見
　9月10日の日弁連定例記者会見で、このような審査が行われること、日弁連として、オルタナティブレポートの準備を進めてきたことを記者に説明した。

(4) 9月24日のワーキング会議
　9月24日のワーキング会議は、審査直前の方針を決めるための重要な会議であった。ここで、日弁連の基本的な活動方針を固めた。

(5) 日弁連のサマリーレポートの作成
　ここで、日弁連としてはどのような勧告を求めるか、忙しい委員に直接的に訴えるための要約レポートを作成することとした。1つのテーマを1ページ程度に収まるよう、日弁連の要望を絞り込んだものとするよう努めた（付録CD-ROM に収録）。

(6) リスト・オブ・イシューズに対する政府回答
　日弁連は外務省に対してリスト・オブ・イシューズに対する政府回答について、少なくとも国連に提出するのと同時に日弁連にも提供するよう要請していた。
　日本政府のレポートは9月22日付で国連人権高等弁務官事務所に提出されていた。しかし、この内容は日弁連などに知らされることはなかった。9月下旬に田川副会長を通じて、このレポートの交付を求めたが、国連のホームページに掲載されているという返事であった。ところが、その時点では掲載がなされていなかった。現実には、国際課職員の江藤さんが10月8日に、この文書が国連のウェブ上に掲載されているのを発見して、内容を知ることができたのである（付録CD-ROM に収録）。この対応については、外務省から後に謝罪されたが、政府とNGOのオープンな関係のあり方からしても重大な問題であった。

(7) 国連事務局との連絡・折衝
　このころ、日本からのNGOの参加団体・参加者が多数見込まれたことか

ら、通常自由権規約委員会の会合の行われるパレ・ウィルソンでは参加者の一部が着席できないことも予測されたので、日弁連から、人権高等弁務官事務所に、広い会場を選択するよう要請した。またNGOブリーフィングについても、同様の理由で十分な時間が取れるようお願いした。

(8) リスト・オブ・イシューズに対する政府回答に対する反論作成方針を確立して作業を開始する

　10月8日に、前記の経緯で政府回答の内容が判明した。この回答内容は、これまでの議論の繰り返しの部分もあったが、日本政府がこれまでにない議論をしてきている部分も見られた。そこで、NGOブリーフィングの際には、政府回答に対するわかりやすい反論を作成することとした。この反論作成にはわずか数日の準備期間しかなかったが、この期間内に完成させることができ、14日のNGOブリーフィングには配布することができた。

3　第5回審査中における日弁連の活動

(1)　はじめに

　このように、日弁連は、勧告を実効のあるものとするための方法として、日本政府とNGOとの対話が重要であるとの認識に立ち、また、日弁連はNGOの重要な一角を占めるとの自覚から、第5回審査中において、以下のような活動を進めてきた。

(2)　NGOブリーフィング

　ジュネーブでの活動としては、NGOブリーフィングと映画『作られる自白――志布志の悲劇』上映会の活動があげられる。

　10月14日と15日に行われたNGOブリーフィングは、15団体を超えるNGOがジュネーブでロビー活動を展開してきたことから、アムネスティ・インターナショナルと共同し、審査の直前、2回にわたり自由権規約委員会の委員を招いてNGOブリーフィングを開いた。このNGOブリーフィングでは、希望する全ての日本のNGOが発言する機会を与えられ、1日目には11人、2日目には6人の自由権規約委員会の委員が参加し、委員との間で活発なやり取りが行われた。このブリーフィングは、自由規約委員会にとってもNGOから直接情報を得られる大切な機会であり、他方、NGO側も訴えのポイントを直接に伝えられる貴重な機会であった。このやり取りおよび

その後提供した情報は、総括所見に反映されている。

(3) 映画『作られる自白——志布志の悲劇』上映会
　10月14日の映画の上映は、視覚に訴える貴重な機会であり、既に述べたとおり日本審査の中心的な位置にいたシーラー委員の参加を得たことは貴重な成果であった。
　また、この上映会の参加を呼びかける過程でも、委員との対話を深めることができた。委員には個別にDVDも提供したので、上映会に参加できなかった委員にも、関心を深めることができたかもしれない。また、国連関係者や内外のNGOが多数参加したことは、日弁連が今後もNGOのとりまとめをしていく上で重要な取組みであったと言える。この上映会の実施に当たってはNGOのOMCT（「拷問に反対する世界組織」）に会場の貸与や広報など多大な支援を受けた。記して、感謝の意を表する。

(4) 日本代表部への訪問
　10月14日の日弁連として日本代表部への訪問は今後の活動に繋がる重要な活動であった。1時間以上にわたり懇談し、日弁連は今回のジュネーブでの活動などを紹介し、政府側は今回の報告書の作成についての外務省を中心とした取りまとめの方針などを説明された。表敬訪問ではあったが、日弁連としては貴重な日本政府との対話の機会であった。具体的には、第1に、表敬訪問からジュネーブでの審査終了まで、様々な形で、審査にかかる情報を相互に交換できたことである。第2に、日弁連としては、総括所見の勧告を活かすための様々な方法について、政府との対話を強めることが必要であると考えているが、その対話のための窓口が開かれたことである。

(5) NGOブリーフィングをふまえた文書の作成
　10月14日のNGOブリーフィングでは、日弁連を名指しての質問や資料提供を求める発言がなされた。時間は一晩しかなかったが、日弁連の名誉に賭けて、回答文書を作成して委員に配布した。この活動の中ではタスクフォースのメンバーである若い会員が大活躍をされた（文書は付録CD-ROMに収録）。

(6) 委員会審査の内容をふまえた文書の作成
　10月15、16日の審査を受けて、日弁連としては各日ごとに、委員の

理解を深めたい事項や委員会に日本の制度についての誤解があると思われた部分の補充などを文書でまとめ、委員会に配布した（文書は付録 CD に収録）。

(7) 各委員へのアプローチ

　自由権規約委員会では、委員のうち誰が日本政府報告担当のラポーターとなるかを公表していない。また各委員に質問テーマが分担されているようであるが、それも開示されていない。ただ、委員は担当のテーマのみならず興味に応じて発言することは許されているようである。このことは今回の審査で死刑や代用監獄、外国人の問題について非常に多くの委員が発言したことからも裏付けられる。

　今回の審査では田川副会長が音頭をとられ、会場内のカフェテラスで抹茶のサービスを実施するなど、委員との交流を深める努力も行った。

　委員が、どのような問題を取り上げ、どのような角度で発言するかは、委員各自が決めている。しかし、その発言に取り上げられなかった問題は、総括所見に盛り込まれない。私たちとしては、どの委員がどのような人権分野で発言する可能性があるかを事前に知り、適切に働きかけることが必要であり、それは困難な作業ではあるが、方法はある。

4　総括所見について

　総括所見の内容とその評価については座談会で全面的に議論されているので、それを参考にしていただきたい。総括所見について特筆するべきことは、発表の翌日には総括所見についての日弁連会長声明を確定することができたことである。これを持参して国会内での NGO 共同記者会見の席に持参した。

5　審査後の活動

(1) 院内集会の開催

　日弁連は、自由権規約委員会の審査が終了し総括所見が明らかにされたことから、この勧告を活かすために以下のとおり活動してきた。第 1 に、国会議員に呼びかけての院内集会である。日弁連は、12 月 8 日に参議院議員会館で、自由権規約委員会の勧告実現を求める院内集会を開いた。

　総括所見は、日本政府の怠慢を厳しく糾弾する画期的なものであった。この勧告の実現を図るための第一弾として国会議員と政府担当者を対象とし

て、NGOの参加も得て行った。当日、臨時国会の開催日と重なったため議員の動きはなかなか定まらなかったが、20人余もの参加を得た。政府側は、外務省、法務省、警察庁、厚生労働省、国土交通省が参加した。NGOもジュネーブに来ていた団体を中心に多数の参加を得た。

　この院内集会では、厳しい内容であった総括所見を踏まえたやり取りとなったため、実施を迫るNGOとこれを頑なに拒む政府担当者のやり取りが中心となり、ジュネーブの時同様に木で鼻をくくったような官僚答弁が多く、NGO側の厳しいブーイングを浴びた。しかし、入管問題や両性の平等、家庭内暴力などについては新たな政府側の回答も得られ、一定の成果が上がったと言える。日本国民の人権状況を世界に誇れるものにするということは、政府機関内部の方々も同じように願っているはずである。この院内集会はその共通の願い実現のための第一歩となったものと言えるだろう。

⑵　外務省との継続協議の開始

　ジュネーブでの表敬訪問とその後のやり取りの中で、日弁連の国際人権問題委員会、個人通報等実現委員会、自由権規約WGの3委員会の委員代表は、外務省の人権人道課長と様々な課題につきフランクな意見交換の場を設ける設けることで一致した。

　この意見交換の場は、今回勧告された様々な課題について率直に意見を述べることを通じ理解を深めることを目的にするものである。具体的な議題についてはその都度協議して決めることとしている。当面、第1選択議定書の批准について、すでに第3回の審査から3回にわたり勧告されていることに鑑み、その実現に向けての協議を行うこととしている。また、批准が実現したときに備え、外務省等の役割と日弁連の役割など批准後の課題の討議を進めることを日弁連は提案している。

6　今後の課題：自由権規約上の権利実現の方法

　自由権規約は様々な権利を保障し、その権利保障をめぐり国内的な法解釈と一致するとは限らないことは自明のことではあるが、他方、日本は自由権規約を批准しているのであるからその遵守義務があり、条約機関の勧告に従う義務があることは明らかであろう。

　しかし、どの様な方法で勧告に従った改善策を講じるかは、締約国に委ねられているというのが自由権規約委員会の立場である。すなわち、政府報告

書審査で指摘された勧告については、締約国がこれを自覚し、その勧告を自国の法律に則り、立法的な解決をするのか、行政による運用で解決するのかを自ら決定し、締約国の責任ですなわち日本政府が責任を持ってその実現を図ることが予定されているのである。その意味では、自由権規約委員会はその選択を尊重することになる。

　また、自由権規約委員会は、締約国が勧告を具体化する方法については、締約国はNGOとの対話を十分に行うことが重要であり、その上でこれを実現する方策を自ら決定するべきであるとの立場を明らかにしている。

　今後の日弁連の課題は、この総括所見をどのような対話のプロセスを通じて現実としていくかを会内でも議論し、他のNGOの関係者ともよく相談し、それを踏まえて政府機関との直接の対話を深化させていくことではないだろうか。

　なお、本報告で取り上げた各活動の詳細については、本書の各所にコラムとして収録しているので、併せて参照されたい。

（かいど・ゆういち／たじま・よしひさ）

第2部
第5回政府報告書審査の
全記録

国際人権（自由権）規約
第5回日本政府報告書審査の記録

〔解説〕以下は、第5回日本政府報告書審査の審議録である。当日録音した反訳原稿を、原語が日本語の場合にはそのまま掲載し、原語が日本語以外の場合には独自に翻訳し、適宜編集した（ただし、当日英語以外の原語で話された場合には英語通訳の反訳を用いている）よって本文中語句の不統一等が見られるがご了承いただきたい。見出しおよび文中の（　）内の補足は、読者の便宜のため監訳者の責任で付したものである。

審査1日目
2008年10月15日（水）第94回委員会・第2574回会合　午後3時〜午後6時15分

1　日本政府からの報告

ラファエル・リヴァス・ポサダ議長：

　それではここで、日本代表団の団長であります大使にお願いしたいと思います。上田大使、お願いいたします。

上田秀明大使：

　議長、ありがとうございます。また、人権委員会の各位の皆様、本日、市民的および政治的権利に関する国際規約の第5回日本政府報告に対するB規約委員会審査に参加し、尊敬する本委員会と建設的な対話の機会を得られたことを、大変光栄に存じます。

　わが国は、人権は普遍的な価値であり、国際社会の正当な関心事項であるとの考えのもと、人権の保護・促進に積極的に取り組んでおります。その考えに基づき、わが国は、B規約が保障する権利の国内実施に関する取り組みを、第5回政府報告としてB規約委員会に提出いたしました。右報告の中には、前回の政府報告審査のあとにB規約委員会が発表した、わが国への最終見解への対応の説明をも含まれております。また、B規約委員会から出された本審査のための事前質問票にも、最大限の協力姿勢をもって回答を作成の上、提出し、さらに第5回政府報告を提出後に、わが国がB規約の国内実施のために取った最近の措置については、新たなペーパーとしてまとめ、本日、

皆様の机上に配布をいたしました。

　当然ながら、規約や条約は批准することだけではなく、そこに含まれる権利をどれだけ締約国が国内的に保護・促進しているかが重要であります。そのためにも今般、貴委員会の審査を受けることで、わが国が本規約の国内実施状況を国際的水準という見地から客観的に見直し、今後の国内政策に反映させていく機会を得られることは、非常に有意義であると考えております。世界人権宣言60周年の記念となるこの年に、このような機会を得たことはまことに光栄であり、本審査によって、わが国の人権状況のさらなる改善のための新しいアイデアや推進力を得られることをうれしく思っております。

　審査時間の制約もあるために、私のオープニング・ステートメントとしては、わが国の人権分野での基本的姿勢を説明し、B規約に関連する最近のわが国の具体的な取り組みについては、このあとに行うリスト・オブ・イシューズ（検討すべき課題一覧）への口頭回答の際に、併せて簡単に述べさせていただきたいと思っております。

　議長ならびにB規約委員会各位、わが国は基本的人権を尊重する憲法に基づき、民主的政治的制度を維持し、人権および基本的自由権を擁護・促進する政策を推進してまいりました。1947年に公布されたわが国憲法では、引用いたしますと、「国民はすべての基本的人権の享有を妨げられない。この憲法が国民に保障する基本的人権は、侵すことのできない永久の権利として、現在および将来の国民に与へられる」と規定しております。このような憲法に基づき、わが国は、人権は普遍的な価値であり、自由権・社会権とすべての権利は不可分、相互依存的かつ相互補完的であり、すべての権利は均等に擁護・促進する必要があるとの固い信念のもと、国内および国際社会の人権状況の改善のために、たゆまぬ努力を続けてまいりました。

　具体的な取り組みの一例としては、わが国は主要人権条約の多くをすでに批准し、義務の履行に努めております。2007年に障害者権利条約および強制失踪条約について署名を行い、現在、可能な限り早期の批准に向けた努力を行っております。また、わが国は国際社会における法の支配という価値を推進し、その実現を目指して行動する方針を取っております。その一環として、わが国は2007年10月から、国際刑事裁判所に関するローマ規程の正式な締約国となりました。

　また昨年、2007年1月には、ルイーズ・アルブール前国連人権高等弁務官を日本に招待し、わが国の人権分野での政策、司法制度、人権条約への対処、人権理事会等幅広い分野の有意義な意見交換を行いました。そのおり、官房

長官、外務大臣、法務大臣などと会談を行っております。このように、わが国はOHCHRや特別報告者に対しても、最大限の協力を行っております。

さらにわが国は、差別撲滅に向けた積極的取り組みで、国際社会をけん引する努力を行っております。例えば、本年6月の第8回国連人権理事会においてハンセン病差別撤廃決議を提出し、この決議は多くの共同提案国を得た上で、全会一致で採択されました。わが国は、今後もこのような取り組みを継続し、国際社会との協力をさらに推進していく所存であります。

このほか、国内における人権状況のさらなる改善のためにたゆまぬ努力を続けており、時代や環境の変化に即した対応を取るべく、法律の改正や制度の拡充を積極的に行っております。特に女性、児童、障害者、少数民族、外国人等の弱者の人権保護に資する対応や、刑事収容施設における被収容者の処遇の改善、人身取引撲滅に向けた取り組み等に関し、積極的に改善の努力を行うとともに、人権教育にも熱心に取り組んでおります。このような具体的な取り組みについては、このあとの協議において詳細な説明をさせていただきたいと思っております。

B規約委員の皆様、わが国は今後も人権状況の改善に継続した努力を行っていく所存であります。また、わが代表団は委員の皆様の関心事項に対し、誠意をもって最大限の回答をする用意があります。B規約に関する本日の重要な審査においてであります。意義のあるディスカッションを行えることを希望いたします。ありがとうございました。

ラファエル・リヴァス・ポサダ議長：

ありがとうございました。大使からの冒頭発言を頂戴いたしました。それでは、上田大使のほうから日本代表団の皆様のご紹介をまずいただきまして、そのあと、質疑へと進めたいと思います。大使、お願いいたします。

2　リスト・オブ・イシューズに対する日本政府からの回答①

上田大使：

ありがとうございます。報告書、その補遺、文章による回答、そしてリスト・オブ・イシューズに対するわれわれの答え、これらにつきまして、日本政府の多くの省庁が対応しております。その代表団が私と一緒に来ております。内閣府から、警察庁から、そして法務省から、さらに外務省、文部科学省、厚生労働省、さらに国土交通省、これらの省庁から代表が参っております。

それでは、私のほうから、リスト・オブ・イシューズへの口頭回答を申し

上げます。これは、B規約委員会より事前にいただいたリスト・オブ・イシューズへの回答であります。必要に応じまして、私の代表団のメンバーから、追加的なご質問にあとからお答えしたいと思います（編者注：以下、原則として各回答者名は省略）。

【問1】
　それではまず、これは質問順に答える形になっておりますので、問1から開始いたします。問1は、B規約の規定が直接援用された事例と、その結果についての質問であります。第4回政府報告審査以降に、わが国の裁判所または行政当局においてB規約の規定が直接援用された事例、そしてその結果についてという質問でありました。
　訴訟において、原告側がB規約の条項を引用して争った際に、わが国の裁判所が国内の法律・規則等の当該条項違反の有無を判じた、最近の例をあげます。まず、最高裁2003年判決では、在監者の信書の発受に関する制限を定めた監獄法50条、および同法施行規則130条の規定は、B規約14条3項17章に違反しないとしました。また、最高裁2002年判決では、戸別訪問禁止・事前運動禁止等を定める公職選挙法の各規定が、いずれも本規約19条、25条に違反しないとしました。これ以外にもいくつか判例があります。最高裁において、わが国の法律・規則等が、B規約違反とされたものはありません。

【問2】
　問2は、独立した国内人権機構を設立することに関してのこれまでの進展、および今後のタイムフレームについての質問です。2002年3月、日本政府は、新たに独立の行政委員会およびこれを担い手とする人権救済制度を創設する人権擁護法案を、国会に提出いたしました。しかし同法案は、2003年10月、衆議院の解散に伴って廃案となりました。この法案は、1996年12月に成立した人権擁護施策推進法に基づいて設置された人権擁護推進審議会による答申を踏まえて、立案されたものです。この法案では、人権委員会は政府からの独立性が確保され、そして所掌事務といたしまして、人権救済事務とともに人権啓発事務を行うほか、政府および国会に対し意見提出権を有することと、国会への提出を目指すべきだと考えており、現在、法務省において検討を進めております。

【問3】
　問3はB規約第1追加議定書、いわゆる個人通報制度の加入・可能性についての質問です。個人通報制度については、条約の実施の効果的な担保を図

るとの趣旨から、注目すべき制度であると考えられます。しかし、司法権の独立を含め、わが国の司法制度との関連で問題が生じるおそれがあると考えられます。したがって、制度の導入の可否につき、運用状況等を見つつ、真剣かつ慎重に検討を行っているところであります。現在政府は、B規約委員会等に対する個人からの通報事例を可能な限り収集し、委員会や関係国の対応等について、研究を実施しております。

【問4】

　問4は、前回、政府報告書審査の最終見解で指摘された公共の福祉に関する質問です。公共の福祉とは、主として人権相互間の調整を図るとの理念のもと、人権保障といえども絶対、無制約ではなく、一定の制約がある旨を示す概念です。実際に人権制約の是非が問題となる場合、例えば、わが国の最高裁は、条例の規制が集会の自由を侵害するか否かが争われた2007年の事案について、弊害を防止しようとする規制目的の正当性、弊害防止手段としての合理性、この規制により得られる利益と失われる利益との均衡を、具体的に検討した上で判断を示しています。このようにわが国において、公共の福祉は、国家による、恣意的な人権制約を許容する根拠となるものではなく、わが国が公共の福祉という概念を根拠として、恣意的に人権を制約することはありません。

【問5】

　問5は、女性のみへの離婚後6か月間の再婚の禁止、および女子と男子の最低婚姻年齢の差を含む、民法上の条項の撤廃の検討状況についての質問です。1996年2月に、法務大臣の諮問機関である法制審議会が、民法の一部を改正する法律案要綱を答申しました。この要綱における改正事項として、最低婚姻年齢を男女ともに満18歳とすること、再婚禁止期間を100日に短縮することなどを内容とする提言が行われました。この民法改正の問題は、婚姻制度や家族の在り方にかかわる重要な問題であり、国民各層や関係方面でさまざまな議論があることから、現在、国民の意見の動向を注視している状況です。

　なお、女性の人権保護および地位向上という観点から、わが国は前回のB規約政府報告審査以降、多くの取り組みを行っております。特筆すべきものとして、1999年に男女共同参画社会基本法を制定し、男女が性別による差別的取り扱いを受けないことなどの男女の人権の尊重、社会における制度または慣行についての配慮、政策等の立案および決定への共同参画、家庭生活における活動等他の活動との両立、国際的協調という男女共同参画社会の形

成に関する理念を定めるとともに、国、地方、公共団体、国民、それぞれの施策を明らかにしました。この法律に基づき、2005年12月には男女共同参画基本計画、第2次の基本計画が閣議決定されました。

具体的には、育児などでいったん仕事を中断した女性の再就業の支援など、女性のチャレンジ支援策の推進。また、仕事と家庭・地域生活の両立を支援するため、男性も含めた働き方の見直しなど、男女共同参画社会の形成に関する施策の総合的かつ計画的な推進のために、必要な方策が示されています。また、これらの施策の実施状況を監視し、政府の施策が男女共同参画社会の形成に及ぼす影響を調査するため、男女共同参画会議において審査、調査、審議し、必要があると認めるときには、内閣総理大臣および関係各大臣に対し意見を述べています。

【問6】

問6、これは、政策・方針決定過程における指導的地位に占める女性の割合を高めるための施策についての質問です。各部門における女性の割合の推移を図表にして、リスト・オブ・イシューズへの書面回答に添付しておりますのでごらんください。政府は社会のあらゆる分野において2020年までに、指導的地位に女性が占める割合が少なくとも30%程度になるよう期し目標を設定し、男女共同参画基本計画（第2次）においても重点事項の一つとして明記し、取り組みを進めています。

また、2008年4月に男女共同参画推進本部において、女性の参画加速プログラムを策定しました。このプログラムは、仕事と生活の保障、いわゆるワーク・ライフ・バランスの実現、女性の能力開発・能力発揮に対する支援の充実、意識の改革の三つを施策の基本的方向として打ち出すとともに、2010年度までの具体的取り組みを定め、あらゆる分野における女性の参画の加速を図っています。

特に、国家公務員については、このプログラムにおいて活躍が期待されながら女性の参画が少ない分野として、三つの重点分野の一つとしています。2010年度末までに、2005年度現在1.7%である本省課室長相当職員以上に占める女性の割合を、5%程度とするという旨の目標を設定するなどの取り組みを進めております。また、地方公務員についても、女性職員の登用促進に向けた取り組みを推進するよう、要請しているところです。

国の審議会などにおける女性委員の割合は、2007年9月末現在で32.3%となっており、2005年9月末に30%の目標を達成いたしました。現在は、2020年までに政府全体として、男女のいずれかの一方の委員の数が、委員

の総数の10分の4未満にならない状態を達成すること。そしてまた、当面の目標として2010年度末までに33.3%とすることを目標としており、さらなる取り組みを進めております。

　ここで付け加えさせていただきますけれども、その一つの例として、この女性の参加が政府において非常に達成されたことを、わが代表団を見ていただくと分かると思います。この前の審査のときは、女性は一人だったんです。でも今回、見てください。私の補佐官、そのほか、ほかの省庁も女性がたくさん出てきています。これが、目に見える形での女性の参加のよい例だと思います。

【問7】

　では、7にまいりましょう。このような女性の参加の加速という観点から、私は、民間における管理職への女性の雇用促進のための施策等に関する問7について、お答えしたいと思います。わが国における女性管理職の割合は、長期的には上昇傾向にはあるものの、依然として低い状態にあります。女性の管理職への登用の促進は、引き続き重要な課題であると認識されております。このことから、募集・採用・配置・昇進等についての差別や、間接差別を禁止した男女雇用機会均等法の履行確保、女性活躍推進に向けた雇用管理の改善などに関する研修の開催や、好事例などの紹介などポジティブなアクションの促進により、企業の雇用関連において女性が不当な差別を受けることがないようにするとともに、女性の管理職への登用の促進を図っているところであります。

　また、間接差別の禁止については、2006年の男女雇用機会均等法改正において措置されたところであり、次のような三つの措置を決めております。合理的な理由なく、第1として募集・採用における身長・体重・体力要件、第2として、総合職の募集・採用における全国転勤要件、第3として、昇進における転勤経験要件を設けることを、違法としております。

　この改正法の施行後、間もないことでもあり、間接差別の対象範囲の拡大や制裁の強化は行ってはおりませんが、間接差別の対象範囲については、今後の施行状況を見つつ、必要な見直しを行うこととしております。なお、2007年の厚生労働省の調査によりますと、管理職全体に占める女性の割合は、部長相当職では4.1%、課長相当職では6.5%、係長相当職では12.5%となり、いずれも第5回政府報告書に言及されている2003年の調査結果よりも上昇しております。

　また、男女間の賃金格差については、もちろん第5回報告書について言及

されている取り組みのほかに、賃金格差縮小のためのより効果的な対策・方策について検討を行うための有識者からなる研究会を開催し、近年の男女間賃金格差の状況を把握するとともに、企業における賃金、雇用管理制度やその運用が、男女間賃金格差に与えた影響等について分析をしております。

さらに、2007年に実施された調査によると、出産者、女性に占める育児休業取得割合は89.7％、配偶者が出産した者、すなわち男性に占める育児休業取得割合は1.56％であり、いずれも2002年の調査時よりも上昇しております。仕事と生活の調和、ワーク・ライフ・バランス検証、および仕事と生活の調和推進のための行動指針、これは政府が2007年12月に策定したものですが、この中において2017年までの目標として、男性の育児休暇取得率10％、女性の育児休暇取得率80％、また、第1子出産前後の女性の継続就業率55％を掲げ、取り組みを促しております。現在、この目標値を達成すべく努力を行っているところであります。

【問8】

それでは、問題8に対してお答えしたいと思います。これは刑法における強かんの定義、および性別に基づく暴力の被害者の保護・支援の施策についてであります。問8であります。まず、強かんの定義についてでありますが、わが国の刑法177条は、配偶者による強かんについても処罰の対象としております。また、性別に基づく暴力の被害者の保護・支援のための施策として、代表的な四つの取り組みを説明したいと思います。

第1は女性の被疑者・勾留者・受刑者に対する配慮であります。女性被疑者の取り調べに当たっては、性的不適正事案防止のため、必要に応じて取り調べに女性警察官を同席させるなどの配慮をしております。加えて、捜査の一環として女性の身体捜索をする場合には、原則として成年女性を立ち会わせなければならず、女性の身体検査をする場合は、必ず医師または成年の女子を立ち会わせなければなりません。また、女子を裸にしての任意の身体検査は全面的に禁止されております。

留置施設においては、女性の被留置者の身体検査および入浴の立ち会いは、必ず女性警察官または女性職員が行うこととしています。そのほかの処遇については、可能な限り女性警察官が行うこととしております。また、女性の被留置者の処遇を女性警官が担当する、女性専用留置施設の整備を推進しています。女性専用施設に留置できない場合であっても、居室外の処遇は複数の看守で行う。居室にはできるだけ複数で留置し、一人で留置した場合には幹部職員の巡回を強化するなどとしております。女性専用の留置施設ではな

い場合には、女性の被留置者は男性の被留置者とは別の区画に留置され、室内にいるときはもちろんのこと、運動や出入場のために移動する際にも、お互いに顔や姿が見えることはありません。日本国政府は、引き続き女性専用施設の増設や、職員研修の充実等を行っていきたいと考えております。

　また、刑事施設においては、女子刑務官の配置の拡大、適正処遇を維持していくための職員研修の充実を図ったほか、女子被収容者の居室の扉を開けるときは原則として女子職員が行い、男性職員のみにより女子被収容者の運動や面会の立ち会いをせざるを得ない場合には、原則として複数の男子職員で実施するなどの配慮をしております。また、女性に対する不適正な処遇を防止するため、女性のいる区域の廊下に設置してある監視カメラ等による監視体制の充実を図り、幹部職員による巡回を強化するなど、適正な処遇を担保しています。今後とも、女子刑務官の配置の拡大等を図っていきたいと考えております。

　第2は、性犯罪の被害者への対応であります。各都道府県警察においては、性犯罪の被害者の精神的負担の軽減、性犯罪の被害の潜在化防止を図るため、性犯罪専門捜査官の育成などに関する担当官を設置したほか、被害者からの事情聴取をはじめとした性犯罪の被害者にかかわる業務を、女性検察官が担当しております。また、性犯罪にかかわる被害や、捜査に関する相談を電話で受け付ける制度や、性犯罪被害者のための相談室を設置し、女性の警察官が対応する等の措置を取っています。また、緊急避妊などに要する経費の措置、産婦人科医とのネットワーク構築等の施策も推進しております。

　第3に、裁判官等への研修があります。裁判官の研修を担当する司法研修所では、毎年、任官時を含めて新しい職務またはポストに就いた裁判官等に対して実施する各種研修の中で、ＤＶやジェンダーに関するものなど、性別に配慮した各種講演を実施していると承知しております。

　第4、法執行官への研修を行っております。入国管理局における初等科・初任科研修や中等科研修では、自由権規約や人身取引事案に関する講義を実施しております。また、2008年人権研修では、ＤＶ事案にも焦点を当てた講義をしました。

　矯正施設に勤務する職員に対する研修については、配偶者暴力防止法の趣旨、セクシュアルハラスメント等の女性に対する暴力の防止や、男女共同参画などについての講義を行っております。また、各矯正施設において、女子被収容者に対する処遇場面などを想定したロールプレイ研修や事例研究研修など、職場内研修を実施しております。法務省でも検察職員に対して、女性

に対する配慮等に関する講義を実施しているところです。

　また、警察においても、警察学校での研修や各種の専門的な研修等において、被疑者・被留置者・被害者等の人権に配慮した適正な職務遂行を期する上で必要な知識・技能などを修得させるための教育を行っており、その中で、女性被疑者・女性被留置者への適切な対応や、女性に対する暴力の被害者への保護・支援などに対する教育をも行っております。

【問9】

　次は、問9に対する回答であります。家庭内暴力に対する回答であります。第1、わが国の刑法は、家庭内で犯された暴力犯罪も、そうでない暴力犯罪も、いずれも暴行・傷害罪等として処罰する立場を取っております。犯情が悪質な家庭内暴力犯罪についても、一般の暴行罪・傷害罪等の法定刑の範囲内で適正に処罰できるものと考えております。わが国では、家庭内暴力についても、処罰規定の適用が排除されるものではありません。また、起訴に当たって、被害者による告訴が必要とされているものでもありません。警察は暴力の制止に当たるとともに、加害者が被害者に対し暴行・傷害行為等刑罰法令に触れる行為を行った場合には、被害者の意思を踏まえて各種法令を適用した措置を厳正に講じており、2007年の配偶者による暴力事件の検挙件数は、2,471件です。

　次に、家庭内暴力の被害者の保護・支援のための具体的施策の説明をいたします。まず、わが国における配偶者からの暴力にかかわる通報・相談・保護・自立支援等の体制を整備し、配偶者からの暴力の防止および被害者の保護を図ることを目的とする法律、配偶者からの暴力防止および被害者の保護に関する法律が2001年に制定され、さらなる改正が2004年および2007年に行われました。

　2007年の法改正のポイントを申し上げます。国民にとって身近な行政主体である市町村について、基本計画策定および配偶者暴力相談支援センター設置を努力義務として課すとともに、被害者への接近禁止命令等を命ずる保護命令制度について、被害者本人への接近禁止命令の実効性を確保するために、被害者の親族等への接近禁止命令を発することができることとなるなど、その拡充が図られました。

　内閣府では関係省庁と連携の上、配偶者暴力防止法に基づく基本方針を改正法の施行に合わせて改定し、法改正を踏まえた都道府県、市町村の役割に関する基本的な考え方、さまざまな手続の一元化や、同行支援といった被害者の支援についての先駆的な好事例等を示しました。また、内閣府では、

配偶者暴力相談支援センター等に対し、専門的な知識や経験を有するアドバイザーを派遣し、相談員への効果的な助言指導を行ったりしているほか、2008年度から、新たに被害者のニーズに合致したきめ細かな自立支援を行うため民間団体と連携し、被害者の自立支援策について先駆的な取り組みを試行的に実施し、その成果について関係機関等に提供し、普及を図ることとしております。

　次に、配偶者暴力相談センターや婦人相談所の取り組みを、詳しくご説明いたします。日本全国の都道府県等には、配偶者暴力防止法に基づき婦人相談所その他の適切な施設において、180か所の配偶者暴力相談センターが設置されています。そこでは配偶者からの暴力にかかわる相談、医学的または心理的な援助、婦人相談所における一時保護、自立支援などを行っています。また、被害者は一時保護所を退所したあとも、必要な場合には婦人保護施設に入所し、支援を受けることが可能です。家庭内暴力被害者および同伴家族の一時保護については、各都道府県に１か所ある婦人相談所が自ら行います。さらに、一定の基準を満たすもの、民間シェルターなどですが、これらに一時保護の委託が可能とされています。2007年度時点での一時保護委託先施設は256か所であり、その数は年々増加しています。

　また、配偶者からの身体に対する暴力により、その生命または身体に重大な危害を受けるおそれが大きい被害者からの申し立てにより、裁判所は、配偶者に対して保護命令を発令することが可能です。保護命令には５種類あります。被害者への接近禁止命令が、電子メールを含みますが、これが二つ。被害者の子供への接近禁止命令、これが三つめ。被害者の親族への接近禁止命令、四つめ。そして五つめとして、退所・退去命令があります。これらの５種類です。保護命令の発令件数は毎年増加傾向にあり、2007年には2,186件となっています。

　さらに、家庭内暴力被害者の自立支援を充実させるため、厚生労働省は一時保護の体制強化として、離婚や在留資格などに関する弁護士などによる法的助言の実施、一時保護所などへの心理療法担当職員の配置、就職やアパートなどの賃借にかかわる身元保証人の確保などに取り組んでいます。

　また、シングルマザーの雇用のアクセスと経済的支援については、母子家庭等就業自立センター事業といった事業があります。また、そのほかの就業支援策があり、これらの充実を期しており、また、無利子貸付等を行っている母子寡婦福祉貸付金の貸付限度額の引き上げなど改善に努めております。

　さらに、外国人被害者の保護についても、入国管理局は配偶者暴力防止法

の趣旨も踏まえ、人道的保護を促進するため、配偶者からの暴力によって別居または離婚の状況が発生している者から、在留期間更新許可申請または在留資格変更許可申請があった場合には、個々の事情を考慮した上で、他の在留資格への変更を許可することとしています。また、被害者が退去強制事由該当者であった場合でも、個々の事情を考慮した上で、安定的な法的地位を認めるとの観点から在留特別許可を判断することとしています。

【問10】

　次に問10にある、代用監獄制度について回答いたします。まず、代用監獄制度の改正についてご説明いたします。1908年に制定された監獄法は、2005年5月および2006年6月の2度の改正を経て、全面的に改正されました。そして、「刑事収容施設および被収容者等の処遇に関する法律」に改められています。以前の代用監獄制度は同法、この法律によりまして、起訴前の被勾留者を含む未決拘禁者などを刑事施設に収容することに代えて、留置施設に留置することができるとする代替収容制度に改められました。

　わが国の警察においては従来から、捜査員が留置施設内に留置されている被疑者の処遇をコントロールすることを禁止し、捜査を担当しない部門に属する留置担当官が被留置者の処遇を行うという、捜査機能と留置機能の分離を組織上および運用上徹底するなど、人権に配慮した処遇を行ってきたところであります。さらに、先ほど述べた改正において、このような被留置者の人権保障の観点にも十分配慮すべきであるとの趣旨をより明確にする観点から、捜査と留置の分離の原則が法律上も明確に規定されました。

　さらに同様の観点から、同改正において、一般の方を委員とする留置施設視察委員会の設置、不服申し立て制度の整備などの制度的改善が行われました。なお、従来から、警察本部や警察庁の留置業務を担当する職員が留置施設を巡回し、捜査と留置の分離を含め留置業務が適正に行われているかをチェックしておりましたが、この法改正において、これが法律上の制度として高い位置づけが与えられることになりました。

　さらに、従来から留置担当者に対しては、留置業務の重要性にかんがみ、被留置者の人権の尊重や、捜査業務と留置業務の分離の意義について、あらゆる機会を通じて教育指導を行ってきましたが、この改正において、留置担当官に対する人権教育が明確に規定されるようになりました。

　さらに、従前から被留置者の勾留については、被疑者に逃亡や罪証隠滅のおそれがあることなど刑事訴訟法所定の要件が満たされる場合に、裁判官が決定しているものであり、その勾留場所についても、裁判官が刑事訴訟法等

に基づいてその合理的な裁量によって決しているなど、被疑者の人権保障への配慮がされています。限られた身柄拘束期間の中で、被疑者の取り調べ等の捜査を円滑かつ効率的に実施しつつ、被疑者と家族・弁護人等の接見の便に資するためには、全国にきめ細かく設置されている留置施設に被疑者を勾留することが現実的であると考えます。

　次に、同じく問10の質問である、裁判前の段階における代用措置の使用、被疑者による起訴後の警察記録に関する資料の利用について、お答えいたします。わが国では、起訴後においては、裁判前であっても保釈が認められています。また、従来から検察官は、取り調べを請求する証拠書類および証拠物については、あらかじめ被告人・弁護人に閲覧の機会を与えなければならないこととされています。さらに、2004年の刑事訴訟法改正により導入された公判前整理手続等においては、被告人・弁護人に対し、検察官が取り調べを請求した証拠でなくても、それらの証拠の証明力を判断するために、重要な一定類型の証拠、および被告人・弁護人が明らかにした主張に関する証拠についても、開示の必要性と弊害等を勘案して開示するものとされ、証拠開示の範囲が拡大されました。

　次に、国選弁護人の利用についてご説明します。現在、死刑または無期、もしくは短期1年以上の懲役、もしくは禁固に当たる事件につき、勾留されている被疑者が、貧困その他の事由により弁護人を選任することができないとき等に、国選弁護人を付すこととされています。2009年5月から、来年からですが、対象事件を死刑または無期、もしくは長期3年を超える懲役、もしくは禁固に当たる事件に拡大することとされています。なお、2006年の統計によりますと、刑法犯により被疑者が勾留された事件の約8割が、死刑または無期、もしくは長期3年を超える懲役、または禁固に当たる事件であります。また、司法警察員または検察官は、逮捕された被疑者に対して国選弁護人の選任請求に関する事項を教示し、請求に必要な準備を行う機会を与えなければなりません。

【問11】

　問11は、証拠の開示に関する質問です。先ほど問10に対する回答で述べたとおり、わが国においては、2004年の刑事訴訟法改正により、被告人・弁護人に対して開示される証拠の範囲が拡大されました。

【問12】

　問12および13は、死刑に関する質問です。わが国においては、極めて限定された重大犯罪について、極めて厳格な手続を経た上で死刑判決がなさ

れています。ちなみに 2003 年から 2007 年までの 5 年間に死刑が適用され、判決が確定したものは、いずれも残虐な殺人事件や強盗殺人事件に限られ、人の殺害を伴わない事例はありません。

　すべての死刑確定者に対する死刑の執行を一時的に停止することは、現在、国民世論の多数が極めて悪質、凶悪な犯罪について死刑はやむを得ないと考えており、多数の者に対する殺人、誘拐殺人等の凶悪犯罪がいまだ後を絶たないという状況等にかんがみると、適当とは思われません。さらに、死刑の執行が停止されたあとにこれらが再開された場合、死刑確定者に死刑が執行されないという期待をいったん持たせながらこれを覆すことになり、かえって非人道的な結果にもなりかねないと考えます。したがって、すべての死刑確定者に対して、一般的に死刑の執行停止の措置を取ることは適当でないと考えています。

　なお、わが国においては、法律上死刑について恩赦・減刑を適用することも可能です。

【問 13】

　問 13 に対する回答です。わが国では三審制のもとで有罪の認定、刑の量定等について上訴が広範に認められ、また、被告人のみならず、死刑事件では必ず付される弁護人にも上訴権が付与されています。このため、死刑裁判に対する義務的な上訴制度を設ける必要はないと考えます。2007 年 6 月 1 日に施行された刑事収容施設および被収容者等の処遇に関する法律では、死刑確定者の身分上、法律上または業務上の重大な利害にかかわる用務の処理のため、面会することが必要なものと認められる弁護士との信書の発受や面会については、刑事施設の職員による信書の検査や面会の立ち会い等のもとで許されています。

　また、死刑確定者と再審請求弁護士との面会については、個別の事案ごとに、立ち会い等の省略を適当とする事情の有無や、立ち会い等の省略により死刑確定者の心情把握の必要性等を考慮しながら、立ち会い等の省略が相当と判断した場合には、これを省略することができます。

　なお、死刑執行命令を発するにあたっては、法文上は刑の執行停止事由に当たらないとされている再審請求や恩赦の出願についてもその事情について十分参酌します。

【問 14】

　問 14 は、被収容者の処遇についての質問です。受刑者を昼夜、単独室処遇に付する決定およびその継続についての判断は、刑事施設の鑑定職員から

なる審査会において慎重に検討し、必要に応じ、心身の状態に関する医師の意見、そのほか本人の処遇に関する専門職員の意見等を聞いた上で行なわれております。昼夜、単独室処遇に付された者については、必要に応じて、職員が面接をして、集団処遇に移行する意識を持たせるように努めたり、また精神科医師による診察を実施するなど、昼夜単独処遇をせざるを得ない事情の解消に努めるなどの措置を取っております。

また、被収容者に懲罰を科する場合には、当該被収容者の年齢、心身の状態および行状、反則行為の性質、その軽重、動機および刑事施設の運営に及ぼした影響、反則行為後におけるその被収容者の態度等を考慮しなければならないほか、面会の機会を与えなければならないなど、適正な手続を必要とすること。また、懲罰を執行する際には、刑事施設の医師の意見を聞かなければならないなどの措置が講じられております。さらに保護室への収容については、収容の要件がなくなったときは、ただちに収容を中止すること、収容の期間は、72時間以内とすること、ただし、特に継続の必要性がある場合には、48時間ごとにこれを更新できること、被収容者を保護室に収容し、またはその収容の期間を更新した場合には、速やかに刑事施設の医師の意見を聞かなければならない、などの措置が講じられております。

受刑者の隔離、屏居罰などの懲罰および保護室への収容について被収容者から法務大臣に対して不服申し立てがある場合で、同大臣がこれらの措置は違法または不当ではないと判断しようとするとき、法務省では弁護士や医師等の外部の有識者で構成される刑事施設の被収容者の不服審査に関する調査検討会に諮り、第三者の視点からこれらの措置の当・不当などについての審査を受けております。なお、刑事施設においては死刑確定者の身柄を確保するとともに、その者が心情の安定を得られるように注意をする必要があります。死刑確定者の単独処遇を原則としておりますが、死刑確定者が心情の安定を得るために、有益と認められる場合には、ほかの死刑確定者との接触を許すことも可能であります。

【問15】

問15、これは、留置施設や刑事施設への取り扱いに関して調査をする独立したメカニズムについての質問であります。刑事施設には刑事施設の全般的な運営に関し、その実情を的確に把握した上で、国民の常識を反映した意見を述べる仕組みとして、刑事施設視察委員会が設置されております。この委員会は、その権限、委員の任命手続等の面において、法務省や刑事施設からは一定の独立性を有しております。

また、被収容者は法務大臣等に対し、不服申し立てを行なうことができるところ、一定の不服申し立てについては、法務大臣において違法または不当がないと判断しようとするときには、弁護士や医師等の外部の有識者で構成される刑事施設の被収容者の不服審査に関する調査検討会に諮り、第三者の視点からこれらの措置の当・不当について審査を受けることになっております。また、被収容者は法務大臣に対する苦情の申し出、裁判所に対する民事、行政訴訟の提起、捜査機関に対する告訴・告発をすることもできます。

　次に、留置施設での取り扱いです。上記の新法において、先ほどご説明いたしましたが、留置施設にも部外の第三者からなる留置施設視察委員会が留置施設を視察し、被留置者と面接をし、留置業務管理者に意見を述べる制度を新設いたしました。委員会の委員は、人格、識見が高く、かつ、留置施設の運営の改善向上に熱意を有する者のうちから、都道府県公安委員会が任命いたします。具体的には、弁護士等の法律関係者や医師、学者、地域の住民等が任命されております。

　また、被留置者による不服申立制度については、従前から被留置者は、違法な行政処分に対しては行政事件訴訟を、違法な行政処分等により同人に損害が生じたときには国家賠償訴訟を提起することができるほか、訴訟によらない、簡易迅速な権利救済手段として、警察法に基づく都道府県公安委員会に対する苦情の申し出ができましたが、さらに、今までご説明いたしました新法のもとで整備された不服申立制度でも、不服申し立て先の一つとして、都道府県公安委員会を定めました。都道府県公安委員会とは、住民の良識を代表する者で構成される合議制の機関であります。その審査等は、第三者的な立場から、客観的、かつ、公平に行われ、不服申し立てに理由がある場合には、都道府県公安委員会が申請の対象である処分を取り消す等の措置を取ることとなります。また、ご質問にあった第三者機関への訴え等の数に関する統計は、書面回答に詳しく記載してありますので、ぜひそちらをご参照いただきたいと思います。

【問16】

　問16は、勾留者の取り調べに関する質問です。まず、お尋ねの点に対する回答の前提として、わが国における捜査機関は、犯罪が発生した場合に当該事案の真相を解明することを使命とする一方で、憲法のもと、刑事手続において、被疑者をはじめとするあらゆる個人の人権を尊重しておりまして、捜査機関は犯罪捜査の遂行に当たって、被疑者等の人権を最大に尊重しつつ、適切な捜査により真相を解明し、犯罪者を検挙することによって国民の安心

と安全の確保を図ってまいりました。被疑者の人権を適切に取り扱うため、わが国ではそもそも拷問等の、または長いあいだの勾留のあとで、結果として得られた自白は証拠とすることができないとなっております。

なお、お尋ねの被疑者取り調べの時間制限や取り調べの組織的な監視については、第5回政府報告書提出以降も新たな制度を創出するなど、積極的な取り組みを行っております。

まず、この点についてご説明いたしましょう。警察ではやむを得ない場合のほかは、深夜に、または長時間にわたり取り調べを行うことは避けなければならないこととするとともに、午後10時から翌日の午前5時までのあいだに被疑者取り調べを行う場合や、1日につき8時間を超えて被疑者取り調べを行う場合には、警察署長等の事前の承認を受けなければならないこととしております。また、より一層の適切な取り調べを確保するために、捜査担当部署以外の部署による取り調べの監督を行うこととするなど、組織的な監視の制度を本年4月1日に創設し、9月1日から試験的な運用を開始したところであります。この監督制度においては、捜査に携わるもの以外の者が、取り調べが適正に行われているかを監督することとされており、不適正行為につながるおそれがある行為が行われている場合には、当該監督者は取り調べの中止を求めることができます。

次に、弁護人の同席確保についてお答えしたいと思います。わが国の刑事司法手続においては、諸外国で認められているような司法取引や会話の傍受などの強力な証拠収集手段がほとんど認められていないことから、被疑者の取り調べは事案の真相解明のために極めて重要な役割を果たします。ところが、被疑者の取り調べに弁護人の同席を義務づけることとした場合には捜査に重大な支障を生じるおそれがあります。この問題については、刑事手続全体における取り調べの機能、役割との関係で、慎重な配慮が必要であり、さまざまな観点から慎重な検討を要する場面、問題であると考えております。

付言すると、日本の刑事訴訟法第39条第1項は、身体の拘束を受けている被疑者について、捜査のために必要があるときを除き、いつでも弁護人等と立会人なく、接見する権利を保障しています。警察当局も被疑者と弁護人との接見に対して、より一層の配慮をすることとしているところでありまして、被疑者の、弁護人の助言を受ける権利は十分に保障されているところです。

次に警察の留置施設における医療サービスの説明を行います。被留置者に対する医療上の措置については、おおむね月に2回、医師が健康診断を行う

ことおよび被留置者が負傷し、または疾病にかかっている場合には、医療上の措置をとるものとすることが刑事収容施設法に規定されており、実際にもこれらの規定に従った運用がなされています。また、被留置者は、自己の負担で特定の医師から特別な治療を受けることも可能であります。また、留置施設に身柄を拘束されているために、被留置者らの健康が損なわれることがないよう、すべての可能な措置がとられております。

最後に、わが国において言い渡された多くの有罪判決に占める自白事件の割合については、これを明らかにする統計がありません。しかし、わが国の刑事訴訟法上、自白が唯一の証拠である場合には、有罪とはされないこととされていることから、自白だけで有罪判決がなされるものではありません。これは自白に基づく裁判と言及されている点についてのお答え、説明でした。

【問17】

第17です。これは強制退去に関する質問です。「出入国管理及び難民認定法」は、第53条第2項において、国籍国に送還できないときは、本人の希望により、わが国に入国する直前に居住していた国等に送還する旨決めております。また、この「送還することができないとき」には、被退去強制者が国籍国において拷問を受けるおそれがある場合も含まれております。さらに、同条項第3項において、難民条約第33条の規定、いわゆるノン・ルフールマンの原則を国内法化しておりまして、迫害国向けの送還は原則として行わないことを明確に規定しております。したがって、国籍国が拷問の危険性がある国の場合には、当該国への強制退去は行っておりません。このような場合には、本人の希望を考慮して、そのほかの国へ送還することとしております。追って、退去強制を受ける者を送還する場合の送還先に拷問の危険性のある国を含まないことを一層明確にする観点から、こうした方針に関する法改正を行うことの要否について検討するために海外での事例を収集し、調査、研究を進めているところであります。

【問18】

問18、これも同じく退去強制に関連し、入国管理局の収容施設の状況に関する質問であります。入国管理局の収容施設に収容されている被収容者は、自己の処遇に関する入国警備官の措置に不服があるときには、同施設の長に対してその旨を申し出ることができます。また、施設の長の判定に不服があるときには、法務大臣に対して異議を申し立てることができます。これによって、処遇の適正化を図ることが可能であります。処遇の透明性を確保する観点から、処遇に対する第三者的な監視システムを設けることについて、その

■コラム■委員に抹茶をサービス

　日弁連は、今度の定期審査での大きな成果を上げたいと16名もの大代表団を派遣しました。その中には、次の日弁連を担う若い弁護士たちがタスクフォースとして参加されました。この方々は、いずれも外国に留学された経験があり、語学能力は抜群です。2回のNGOブリーフィングの時には、自由権規約委員会委員からの質問を受けて、メールで日弁連と連絡をとり判例等の検索結果を徹夜で翻訳し、翌朝には印刷した文書を委員会に届けるという素晴らしい活躍をしてくれました。また、志布志事件の映画上映班も国連の建物が借りられないというハンディの中、繁華街の会場で100名を超える観客を集める成功を収めました。

　それでは、団長は一体なにをすべきでしょうか？　政府代表部や自由権規約委員会との公式折衝に出るだけで、具体的な活動の場で貢献できないのではないかと思いました。そこで、開き直って日弁連の余裕を日本文化の一端を披露し委員の方々に和んでもらおうと考えました。

　幼い頃から、お茶どころ出雲で親しんできた抹茶を点てて差し上げようと考え、スーツケースに和服を忍ばせ、手荷物に茶道具一式を入れて日本を出発しました。ジュネーブ2日目に、初めて和服を着て国連日本代表部に挨拶に行き、3日目の午前中パレ・ウィルソンで茶席を設けました。団員の方々が、委員に話しかけて、何人かの方にお出でいただきました。

　喜んでお茶を喫し、もてなしの心を理解して下さったのだなと思いました。私自身は、その効果の程は判りませんが、藤原副団長から「特筆すべきは、田川副会長の和服とお茶席をもうけての国際人権外交能力です」とメールを頂きました。これで、私も、少しは役に立ったのかなと安堵した次第です。【田川章次】
（写真は、シーラー副委員長にお茶を点てる田川団長）

設置の是非を含めて検討するために刑事施設視察委員会の運用状況や海外での事例を収集し、調査研究を進めております。また、退去強制手続は、外国人の身柄を拘束して進めることとされているところでありますが、長期にわたって送還できない場合や、例えば、年齢、健康状態、家族状況そのほか人道上配慮を要する場合には、個々の事案に応じて、仮放免制度を弾力的に運用し、収容が長期間にわたらないように配慮をしております。

【問 19】

　問 19 にお答えいたします。刑務所の環境に関する問いであります。最近 5 年間の刑事施設における職員数の推移についてみますと 2003 年度の末の 1 万 7,119 人から 2008 年度末には 1 万 8,517 人となることから、人員不足の改善を図るために、5 年間で 1,398 人の職員を増加させたことになります。わが国の被収容者の収容人員は 1998 年以降、急激に増加しており、政府は過剰収容状況改善のためにこれまで収容棟の増築工事などにより収容能力の拡充に努めてまいりました。2007 年度については、5,000 人分の収容能力を拡大し、2008 年度末までには、さらに 4,500 人分の拡充をする予定であります。これについてはＰＦＩ手法を活用して刑務所の新設を含めております。その結果、収容人員が現在のままであれば、おおむねこれに対応できる収容規模を実現することができると思います。2008 年度末までと、いうことです。

　議長、私はこの辺でいったん中断をさせていただきたいと思います。議長および委員各位のご質問を待ちたいと思います。ありがとうございました。

3　委員からの質問①

ラファエル・リバス・ポサダ議長：
　詳細なご回答をいただき、私たちに豊富な情報を与えてくださったことについて、貴代表団長に感謝申し上げます。それでは、今から、委員会の委員から、コメントや質問、あるいは関連するとお考えになる諸問題を提起していただくこととしたいと思います。まず初めに、シーラー委員に発言権を与えます。どうぞ。

アイヴァン・シーラー委員：
　議長ありがとうございます。まず、わが国でもすぐれた元駐オーストラリア大使としてよく知られている上田大使に率いられました日本の代表団に、温かい歓迎の意を述べさせていただきたいと思います。貴代表団は、私たち

からも分かるように、大規模で、構成員の方々が貢献されている分野から生じる諸問題に答えていただくのに、極めて適任であります。よって、日本の人権状況に関して、非常に情報豊かで建設的な対話が期待できると私は確信しております。

おそらくこの会議で最も注目すべき事実は、国内のNGOが大半を占めるNGOコミュニティーの関心の強さであります。そして、この事実は人権問題が日本国内において健全かつ活発に論議されている確たる兆候であると、私は捉えます。私たち委員会は、これらNGOの存在と彼らが提出した資料のおかげで、日本の人権状況を理解するのに、大いに助けられました。

よって、議長、それゆえに、20年以上前の第1回報告に始まった委員会と日本の対話は、更なる段階に進んでいます。私たちは日本の、詳細で包括的な第5回定期報告書を歓迎し、今日と明日行われる対話に期待しています。しかしながら、必然的に時間が制限されます。委員会が全締約国と推進しようと努める対話が、とりわけ日本の場合において、委員会、締約国、日本国内のNGOの三者間のものであること、そして、その対話が次の定期報告書が予定されるまでの間も継続されることを望みます。

これを念頭に置いておくことは特に大切です。というのは、二日間という比較的短い会議期間中に生じうる多くの問題すべてを十分徹底的に取り上げることやときには問題すべてを取り上げることすら不可能だからです。今から、本日の議事における委員会の第一発言者として、この先に待ち受けている課題を明確にするという目的で、このような点を前置きとして述べるのが妥当であると考えました。そのため時間を割いてしまったことに対して謝罪します。しかし、日本の人権状況に対する前例を見ないほどの関心と、既に明らかとなっているあらゆる側面における協力的で敬意を表すべき気迫を目の当たりにしたために、言及せずにはいられませんでした。それではここから具体的な質問に入ります。リスト・オブ・イシューズの問1と問3です。

【規約の適用と下級裁判所の役割】

問1は、日本の裁判所で規約の規定が直接援用された事例を求めていると言えます。書面による回答と上田大使からいただいた回答から、二つのことが分かります。一つ目は、事例のすべてが最高裁判所のものであるということ、二つ目は、これらの事例のいずれにおいても、裁判所が実際に規約違反を認定しなかったということです。

今ここで二つ目については、コメントいたしません。これらの判例が慎重に審議されたことに疑いの余地はなく、これらの判例を再評価することは、

締約国の報告書を審査する当委員会の責任ではありません。しかし、私は最初の点に危惧の念を抱いております。下級裁判所ではいかなる事例もなかったのでしょうか。私の考えでは、下級裁判所が規約に精通しているというのは特に重要なことです。なぜなら、下級裁判所においてこそ、大半の人権問題、とりわけ、個人の自由、警察権限の行使、被疑者の勾留や取調べ、有罪の自白などに影響を与える問題が現実に最も起こりやすいからです。これらの事案は最高裁判所に持ち込まれない可能性があります。

現在、規約が日本の法律の一部として幅広く重視されていることは周知の事実ですが、この事実がすべての当局者や裁判所に一貫して認識されてきたわけではありません。更に、私はこの話題について書かれた同僚の岩沢雄司氏の本を読むことで大いに助けられたことを述べさせていただきたいと思います。しかし、回答で寄せられた少なくとも7つの最高裁判所の事例では規約を日本の法律の一部として認めているように思われます。そこで、この問題に関する私からの追加質問ですが、まず、（規約の違反が）認められたか、認められなかったかにかかわらず、規約が下級裁判所で援用されたと報告された事例はありますか。追加質問の二つ目は、規約があらゆるレベルの裁判官ならびに検察官に課される研修に組み込まれているのかということです。そして三つ目は、現役の弁護士、特に刑事弁護人が、研修や現在の法教育プログラムにおいて規約の重要性を学ぶことが奨励されているのかということです。この質問は、政府よりもむしろ日本弁護士連合会（日弁連）に対する質問になるかもしれませんが、これについて代表団は何らかの情報をお持ちかもしれません。

【選択議定書の批准】

ここで、リスト・オブ・イシューズの問3に移ります。ここでは、日本による規約の選択議定書の批准可能性の問題を取り上げています。そして、この問題は、当委員会が出した前回の総括所見においても勧告されていることであります。この問題について貴代表団は「真剣かつ慎重に検討中である」と述べられたことに着目したいと思います。また、日本が、委員会への個人通報制度を受け入れることにおいて躊躇している理由に言及し、それが司法権の独立性も含めた日本の法律制度に関わる問題を引き起こすかもしれないからだということが注目されます。

そこで私の質問は、選択議定書を批准することの意味合いが適切に理解されているのかどうか、また近い将来、締約国の当局がこの問題を更に検討することがあるのかどうかということです。私の考えでは、選択議定書への加

入が少なくとも締約国の憲法体系を改変させたり、さらなる上訴審を創り出すことになるようなことはありません。それは、規約を悪者にすることになるのでしょう。もっとも、締約国がご存知なければ注意を喚起させていただきますが、委員会では準備の段階において議定書の事例に関し委員会の見解状況について一般的なコメントをしますし、それは人権委員会のウェッブサイトでも閲覧できます。そして、それによって、選択議定書に基づく委員会の見解の法的性質が一層明確になればと思います。

　つきまして、選択議定書に関する締約国の立場を再検討することが可能かどうかをお尋ねすると同時に、選択議定書の下での国家の義務の性質を理解することにおいて、締約国には新たな発展の可能性を考慮していただきたいとお願いしたいと思います。そして、以上をもちまして私の最初のコメントを終了させていただきます。日本の代表団には前もって感謝申し上げるとともに、ご回答を期待しております。議長、大変ありがとうございました。

ラファエル・リバス・ポサダ議長：

　シーラー委員、大変ありがとうございました。オフラハティー委員に発言権を与えます。

マイケル・オフラハティー委員：

　議長、大変ありがとうございます。まず、私も議長ならびにシーラー委員と共に、貴代表団を温かく歓迎いたします。貴代表団はその規模と多方面にわたる識見において印象深いものであります。また、興味深い報告とリスト・オブ・イシューズへの有用な書面での回答、ならびに今日発表の口頭でのコメントに感謝申し上げます。これらすべてによって、私たちは大変有益な対話ができると思います。

　総括的な前置きとしてあえて申し上げるなら、報告書の提出が遅れたのは残念であります。報告書の提出はやや締め切りを過ぎており、これによって締約国との間に進められている対話に従事しうる私たちの活動が制限されます。更には、リスト・オブ・イシューズへの回答が、委員会で使われる各言語の翻訳に間に合うように提出されなかったのも残念です。もちろん、国連での翻訳には最近ではますます時間がかかることから、すべてが日本政府の責任ではありません。しかし、締約国が余裕を持って私たちに書類を届けてくださいれば、それらの書類を各言語で準備することができ、意見交換に大いに役立ちました。

【パリ原則に基づく国内人権機関】

　具体的な質問に移らせていただきますが、三つ質問させていただきたいと

思います。まず、そのうち二つの質問については、残念ながら前回締約国に対して委員会が扱った事柄と深く関与していますが、その状況に大した進展はないように思われ、私たちは前回と同じ論点を提起するという羽目になっています。最初の質問は問2に関してであり、国内人権機関の設立の可能性についてです。この問題は、前回の委員会においても、委員会が取り上げた問題です。他の多くの人権条約機関も関与しています。そこで、この問題がまだ審議中で、法案提出の可能性が議論されているという事実は歓迎しますが、私たちが期待するようなタイプの国内人権機関が依然見られないというのは残念なことです。

そして今日は、この議論を多少なりとも進展させる目的で、日本が必要とする人権機関のタイプに関して、これまで具体的に指摘されたいくつかのポイントについて代表団にご回答いただければと思います。そのポイントというのは、日弁連による大変興味深い報告書で指摘されたものです。報告書は2002年2月とかなり前のもので、そこでは六つの基準を満たす機関の設立を提唱しています。そこでできれば、これら六つの基準を提示させていただき、以前にも取り上げたこの問題について、私たちの対話を推し進めることを目的として、貴代表団には基準ごとにご回答いただければと思います。

日弁連によって示された第1基準は、特定の省庁よりむしろ内閣府の所轄に設立すべきであるということでした。第2に、機関の委員の選任は、透明性、適格性をもった手続が採用されるべきであること。第3に、独立性をもった委員の任命手続が明確に保障されていること。第4に、適切な知識と経験を有する者のみが任命されなければならない、いやむしろ、任命されるという保障があること。そして第5に、委員会は各都道府県に設置されるか、あるいは少なくとも地方ごとに事務職員が選任されるべきであること。そして第6に、極めて重要なことですが、機関の所掌事項は日本が採択している国際人権基準をすべて含むべきであること。要するに、これらが六つの基準だと思います。よって、問題がどのように進展しているか理解できるように、代表団に一つ一つについてご回答いただければ非常に参考になります。

そして最後に、代表団に、日本がパリ原則に完全に適合した機関を設立する心づもりがあることを、今日私たちに約束してくださるよう要請したいと思います。

【「公共の福祉」の名のもとの制限】

それでは、問4に移りますが、公共の福祉という名目で人権の制限、あるいは人権を制限する司法上の建てまえが存在することに関してずいぶん昔

から取扱っていますが、再びこの問題を提起することに愕然とします。今となればこれは、この可能性は、とても広範囲にわたる条約の諸機関ばかりでなく日本国内の学識経験者やNGOコミュニティーからも厳しく批判されており、私も締約国のこの質問への回答を深い関心をもって読むしだいです。司法が、公共の福祉を、恣意的な形ではなく、かつ日本政府の恣意的あるいは不適切な行動を決して許すことがないような形で実際に解釈する保障については、当然歓迎します。このことに、とても安心しました。しかし、単に現在の司法と政治指導者に積極的な意思があるから、たまたまこのような問題を回避できているということに、私は懸念を抱きます。しかし、このような保障と意思がある一方で、制度上の亀裂、すなわち、規約や人権諸条約に基づいて認められている以上に制限して解釈するという制度上の可能性が継続的に存在するのです。そして、前回の日本との対話で、規約は制約を認める範囲が極めて限定されていることが示されたことを思い起こします。規約上の制約は、大変明確な範疇に分けられ、明示的に定められています。たしかに、中には絶対的で制約を認めない権利もあり、明示的に定められた制約の範囲を超えるいかなる制約の可能性も規約に反します。

　そこで再び、日本代表団に、公共の福祉の制約と国際的な義務との両立についてコメントしていただきたいと思います。そして、これについて話を進めるため、1992年、前任の安藤仁介教授によってなされた提言を代表団に提案したいと思います。また同時に、この委員会の歴史において非凡な存在であられた教授にしかるべき敬意を表したいと思います。安藤教授は、他の委員同様に、委員会の文化や法制、指導体制を築き上げました。私たちは安藤教授を大変懐かしく思います。現在では、日本は安藤教授ではなく、岩沢委員が的確に代表しています。

　しかし、安藤教授に話を戻して簡潔に述べさせていただきますが、安藤教授は規約に規定されている具体的な制約は日本国憲法における「公共の福祉」という言葉の解釈上の手段として、かつこの問題（編者注：公共の福祉の名の下の制限の問題）を解決するための政府の支援すなわちイニシアチブとして適用されるべきだと提案しました。

【性的指向と差別】

　最後に、議長、質問を一つ、といいますか一連の質問をさせていただきたい。これはリスト・オブ・イシューズには関係ありませんが、別に私たちに提示された情報から派生するものです。締約国には男性・女性同性愛者に対する差別の問題が存在し、雇用や住居の分野で憂慮すべき事件が起きていると

信じざるを得ません。

　例えば、公共住宅に関する法律は同棲する未婚者の異性愛者のカップルの居住の権利は保障するが、同性愛者のカップルには同様の保護が与えられないと示唆しています。そこで、私の記憶が正しければ、これはコロンビアの先例において委員会と委員会の法的見解に基づいて直接審議された問題で、この種の差別は規約の無差別条項に違反すると判断されました。よって、貴代表団に、これらの報告の妥当性について、また女性あるいは男性同性愛者に対する差別に関して実際問題があるのかどうかについて情報をいただければと思います。

　また、同様に質問したいのですが、議長、これが私の最後のポイントですが、性的指向が締約国の差別禁止法において許されない差別のカテゴリーの一つとして認識されているのかどうか教えてください。そして、実際に性的指向が含まれていないとするなら、締約国はこれに緊急課題として取り組むつもりでしょうか。大変ありがとうございました。

ラファエル・リバス・ポサダ議長：
　大変ありがとうございました。パーム委員に発言を許可します。

エリザベス・パーム委員：
　議長、ありがとうございます。議長ならびに私の前に発言した同僚とともに、日本からお越しになられた貴代表団を心から歓迎させていただきたいと思います。そして、私たちの手元にあり、私たちの仕事の手助けとなる素晴らしい報告と書面回答を褒めたたえたいと思います。さらに、本日多くのNGOの代表者の方々にお会いでき、とてもうれしく、また心強く感じております。私は主に問5、6、7に焦点を絞ります。この背景には興味深い問題や議論されるべき質問も数多くあるでしょう。しかし時間に制限がありますので、質問は二つか三つに限定します。

【女性に対する差別】
　締約国の1998年第4回政府報告書に対する総括所見において、委員会は日本には依然として女性に対する差別的な法律があると言及しました。そこには、女性の再婚は前婚の解消または取り消しの日から6か月以内は禁止され、結婚年齢も男性が18歳、女性が16歳と年齢が異なるとされています。そして、委員会は女性を差別する法規定すべてが規約第2条、第3条、第26条に反すると指摘しました。

　女性差別撤廃委員会（CEDAW）による総括所見においても、委員会が2003年に同様の懸念を示し、締約国に対し民法にいまだ存在する女性に対

する差別的な法規定を廃止するよう要請したと理解しております。貴報告書の第338項および今日の代表団による口頭回答においても、この問題に関する委員会が設置され、当該委員会は1996年に民法の部分的改正を求める法案の要綱とともに報告書を提出した、と述べられております。

　代表団の書面回答では報告書と同じことが繰り返されているだけで、時期に関する情報は全く与えられていません。ゆくゆくは民法における法規定を改正するでしょう。委員会がこの件に関して懸念を表明してから、10年の長い年月が経過しています。よって、これらの点に関して遅滞なく民法を改正するというご回答をいただきたいと思います。

【男女共同参画】

　問6と問7に移りますが、まず締約国が第4回報告書の審査以来成し遂げた男女共同参画の推進における重要な業績を讃えたいと思います。特に、1990年施行の男女共同参画社会基本法、男女共同参画会議と男女共同参画局の設立、また新たに設置された男女共同参画推進本部をあげたいと思います。もちろんこれらすべてが歓迎されるべきですが、これらの手段を整えるだけでは十分ではありません。適切な措置をもって法律を実施しなければならず、そして具体的な措置をもって法律と行動計画を実施しなければなりません。

　多くの割合の女性がパートタイム労働者であり、かつ、パートタイム労働者の賃金が正社員より低いという理由で、男女の賃金格差が依然存在すると聞いております。私の質問は、締約国は正社員とパートタイム労働者の現状の差別を見直すつもりがあるのかということです。女性がパートタイム労働者であるという理由の一つは、仕事と家庭の両立の負担が大抵女性にのしかかるということです。また、長時間労働と適切な保育施設不足により、多くの女性が子どもを出産後に職場を離れたり、極めて低い賃金で半分の時間だけ働いたりすることになります。そして、家庭と社会における男女の役割や責任に関して日本に深く根差した既成概念への固執が、男女共同参画の大きな障害であると言われています。

　共同参画問題に少しでも携わったことのある人間ならだれでも、たいていの国で最初のうちは共同参画の実現に対する抵抗があることを知っています。平等の権利を主流化させるという考えを社会の全領域に普及させるのは困難です。私の経験から言えば、男女共同参画を改善するには、人びとは社会のあらゆる分野における平等性について敏感でなければなりません。そして、教育、ジェンダー教育、人権教育などの分野で、活発な措置が取られな

ければなりません。さらに、特別なプログラムを導入、実行し、より充実した保育施設を設置しなければなりません。

　私も他の委員たちも全員、とられた様々な諸措置について、報告書を読み、口頭報告を聞きました。それらすべてが大変良いものなのですが、それら各措置の日常生活における効果については、実際に何の情報もありません。例えば、保育施設の普及や、公務員や裁判官、検察官を対象としたジェンダー教育のコースなどです。代表団に、具体的にどのような措置を取り、どんな結果が出ているのかについてもっと情報をいただければと思います。また、日本において女性が男性と平等に日々の労働生活に参加できる可能性を実現する、あるいは促進するために、締約国は何を意図しているのでしょうか。

　意思決定の過程に女性が参画するという点に関して、代表団の書面回答と今日の口頭回答から、日本政府が2020年までに社会のあらゆる分野において指導的地位の少なくとも30%を女性が占めることを目標に定めていることに留意しております。この目標を達成するには、日本では重要な措置を取る必要が必ず出てくるでしょう。例えば統計上から諸省庁の女性の高級官僚の数は2005年にはわずか1.7%だったのが分かります。そして、今、2010年の終わりまでに5%にするとの目標を掲げました。この目標は控えめ過ぎではないにしろ、かなり控えめだと言わざるを得ません。物事のピッチを上げるため相当な努力をしない限り、女性参画が満足できるレベルに達するまでかなりの時間がかかることでしょう。

　また、国会の女性議員の数が、非常に低い1997年の7.6%から2007年の12.3%と増加の傾向にあることを留意しております。この傾向が続くこと、これが更に加速化することを切に願います。12.3%に至るには長い年数がかかりました。

　これらすべての問題を鑑みて、女性が官僚機構に就くよう、あるいはもっと国会に進出するよう促進また奨励したりするためどのような実効的な措置をこれまでとってきたのか、締約国に詳しくお聞きしたいと思います。採用に関して言えば、地位の高い職種の採用がある場合、締約国には例えば以下のような他国で実施されているようなシステムが整っていますか。そこでは、管理職が二人の名前を推薦するのが義務になっていて、一人は男性もう一人は女性で、もちろんそのうちから一人が採用されます。しかし重要なことは選ぶのはいつも男性と女性のうちから一人ということで、男性だけから選ぶのではないということです。もちろん男性はたいてい男性を選びますので、高い地位に就いている女性を見ることは決してありません。そこで官僚機構

において女性が高い地位に就けるよう促進する何からの仕組みがあるのかお聞きしたいと思います。

　また、民間セクターの企業が女性を採用することを奨励するよう何か試みましたでしょうか。民間企業において高い地位に就く女性の数が極めて少ないということは多くの国々でよく知られている問題で、この問題をいかに解決するかは困難です。しかし、国によっては4分の1が女性というところもあります。そうでなければならないのです。企業の役員会では男女それぞれの比率が少なくとも40％を占めなければならないところもあります。日本がこのレベルまで到達することはないかもしれませんが、日本で、対策や計画ではなく具体的な措置として何を試みてきたのか伺えれば興味深いと思います。これで私の質問を終わります。日本の代表団はどうぞよろしくお願い申し上げます。ご回答を楽しみにしております。ありがとうございました。

ラファエル・リバス・ポサダ議長：
　ありがとうございます。では次にマジョディーナ委員に発言を許可します。

ゾンケ・ザネレ・マジョディーナ委員：
　議長、大変ありがとうございます。日本の代表団が、政府の報告書について建設的な対話に従事するためここにいらっしゃったことに、私ども委員会は温かい歓迎の意を表明いたします。とりわけ、政府組織内の様々な省庁からいらした高レベルで多岐にわたる対話の質と、大使からの包括的なご回答に感銘しております。私は、問8、9、17と、若干問18にも触れたいと思います。議長、ごく簡潔に述べさせていただきます。

【女性に対する暴力】
　問8についてですが、性に基づく暴力の犠牲者を保護・支援する措置の具体例が盛り込まれた詳細な書面回答に注目します。実に、女性に対する暴力に取り組むという点においてかなりの進歩がありました。とりわけ、規定された法的枠組みに関して言えば、例えば配偶者による暴力やDVなどです。しかしながら、依然、女性が恐怖心や性的暴力に付随する羞恥心を克服しながら警察官に通報したときの、警察の役に立たない対応についての報告もあります。しかし、残念ながら今日においても日本の女性はまだ二次被害を経験するのです。例えば、NGOから提供された情報によると、法執行官を対象にジェンダーに配慮した訓練を導入しなければならないとする法律の規定はないということです。

　そこでこの点に関して、代表団にもっと情報をいただければ大変嬉しく思います。まず、書面回答の通りに適切な訓練を与えられた法執行官の実際の

数、女性警察官の実際の増加数、女性が警察に助けを求めた時の相談室ならびに女性専用カウンセリングのための電話相談の窓口数を教えてください。またこの質問に関してもう一つ、被害者支援のための警察庁のガイドラインならびに方針は、あくまでも方向付けに過ぎず監視メカニズムに強力な実効力がないと留意しております。そこで繰り返しになりますが、被害者の安全を確保するために配偶者からの暴力やDVに関する法律について、もっと精力的な措置を取る必要があるように思われます。

　以上が、私が問8についてお聞きしたいことです。また問9についてとても詳しいご回答をいただきましたが、その問9のご回答の第1段落にDVを他の暴力より深刻にとらえるのは適切ではない、とあることに注目したいと思います。しかし同時に、DVが女性にもたらす生涯にわたる影響を考慮すると、懲役刑を下限とすることは、不当に厳しいといえるのかとの疑問が残ります。書面回答では現行の暴行・傷害罪の範囲で処罰されていると言及しています。しかし、この点に関して代表団にもっと情報をいただきたいと思います。DVに懲役刑を下限として導入することに対して、締約国はどうしたいとお考えですか。

　第2に、議長、書面回答は保護を強化する方法について詳しく述べています。例えば、日本全国の180か所に配偶者暴力の相談支援センターがあるという話です。ここまでの進歩は大変素晴らしいです。しかし、このような保護措置の効果性について調査はあるのか知りたいと思います。例えば、離婚係争中の女性、あるいは居住状況を変更したい女性に対する法的支援の実施の現状はどうですか。シェルターに心理療法士を配置したりすることが女性被害者の状況を改善するのに貢献したかどうかについての調査はありますか。被害者が住宅を見つけたり、とりわけシングルマザーの被害者が、仕事を探すためのコースを受けたりキャリア相談をしたりするとき、その保証人となる人を確保することに関する情報はありますか。

　外国人妻が被害者の場合、書面回答には在留期間の更新や永住許可の申請を検討するにあたり、個々の状況が特別に考慮されるとあります。代表団にはこれについてもう少し詳しく説明していただくとともに、過去5年間でこの措置により恩恵を受けた人の実際の数を教えていただきたいと思います。

【「慰安婦」】
　議長、女性に対する暴力への私のコメントは、「慰安婦」という歴史的問題とその影響に言及することによって終わりたいと思います。日本政府には、

この事件を調査し、まだ生存する加害者を起訴する意図があるのかどうか、またこの問題に関して一般国民を教育し、さらには「慰安婦」達の人権を侵害したことへの償いという形で被害者に補償を提供する意図があるのかどうか、教えていただきたいと思います。

【移民・難民】
　さて問17に移りますが、そこでごく簡潔に知りたいのは、日本では庇護申請者で難民資格が認められる認定率が極めて低く、また庇護に関する決定の独立的な司法審査が受けられる保障が十分でないと報告されているということです。明らかに、このことは、日本の出入国および難民に関する法令においてノン・ルフールマン原則の保障がないという一連の問題と関連しています。しかし日本の名誉のために申し上げますが、ノン・ルフールマン原則に反する法令の批判に直面し、日本政府は第三国定住プログラムを導入しました。これについてどんな進展があるのかお聞きしたいと思います。特に、難民認定率が非常に低いことを考慮し、ここでも何人がこの第三国定住プログラムの恩恵を受けたのでしょうか。

　また、日本では難民資格の決定過程において依然多くの問題があるように思われます。そして問題のいくつかは、法務省の中に難民部門と出入国部門が併設しているという事実と関係していると私は思います。またこのことが、混乱と重複、さらには正式な難民が不法移民といっしょに国外退去となるという事実をもたらしかねないと私は思います。これは多くの国で起こっています。日本だけで起こっていることではありません。

　そして最後に、問18についてですが、議長、私は時間制限を考え、長くなり過ぎないように、私の質問を一部省きました。失礼ながら、締約国からいただいたご回答は、収容状態を扱う独立した司法的調査あるいは監督制度を設けるという意思があるのかという問題を、正当に扱っていません。結果、依然として然るべき法的プロセスがなく強制送還が行われ、無期限で収容されているケースもいまだ多くあると報告にあります。例えば、ベトナム人で母国が受け入れないため長期間収容されているという例があります。そこで、独立した法的制度があればこのような問題に対処できると私は想像します。しかし、これに対する締約国のご回答を期待して待つことといたします。議長、大変ありがとうございました。

ラファエル・リバス・ポサダ議長：
　委員、ありがとうございました。シャネ委員の発言です。
クリスティーン・シャネ委員：

議長、ありがとうございます。日本からのとても重要な代表団に温かい歓迎の意を送りたいと思います。私は、1993年、1998年、そして2008年の審査に参加しておりますが、日本からの代表団とこのような対話が持つことができうれしく思います。これまでは、ややもすると、同じような質問をして同じような答えを受けるという繰り返しでした。今回の意見交換では、進展があったものを強調し、同じ勧告をせざるを得ないことがないことを望みます。大使は、代表団に女性がいることが進展であると強調されました。今の時点で女性に関する問題についても女性からの声は聞こえておりません。しかし、この討論を通して女性の声を聞き、とりわけ日本における女性の立場に関する女性の考えが聞けることを真に望みます。

【代用監獄】
　問10の代用監獄について話させていただきたいと思います。これはあまり評判がよくないことを私たちは承知しております。日本はこのような制度がある唯一の国で、多くのNGOがこの制度に反対しています。また委員会も毎回非難しています。通常、人権理事会は、特に当初、司法手続の詳細を議論する慣習はありませんでしたが、今回は議論しました。人権理事会は、この制度は日本の国際社会における責任にそぐわないと考えました。日本代表団は、これはとても役に立つ良い制度で、取り調べと勾留には大差はないと話しています。しかし、日本はそのような回答を私たちが本当に信じると考えているのでしょうか。代用監獄制度が何でも解決するある種の体制維持の問題であるとするなら、私たちがこの問題を突きとめていけば、日本の刑事司法制度全体がたちゆかなくなるかもしれません。しかし、実際は、すべてが自白を中心に展開していることが問題なのです。
　あなたがたは何がしたいのか、それは、24日間（編者注：発言のまま。正確には23日間である）何の制限もなく自白を得ることです。四六時中、警察署ではビデオ録画もなく弁護士も立ち会わずやりたいことをやっており、非常に多くの場合、弁護士は邪魔になると考えられています。要するに、すべてのことが基本的には自白を取るために行われています。（このようなやり方は）明らかに自白をとるためには効果があります。コメントを二つ、述べます。一つは、起訴に関する制度上の不平等な可能性です。弁護士が隅の方へ追いやられ訴追側が優位にあるというのに、一体どうして規約第14条1項つまり訴追側と弁護側の平等を尊重していると言えるのでしょうか。弁護士が被疑者と接触することを許されることもありますが、ただ単に接見できるということだけでは、実際に弁護士が手続の中心的な役割を果たしていると

は言えません。弁護士の役割は副次的で、これは規約第14条1項の明らかな違反だと思います。また、勾留中の被疑者に与えられる圧力はかなり際立っていると考えます。

そこで、私には、時代遅れで効果のない制度に固執する日本が理解できません。髪の毛一本が、圧力の下に置かれた人間（の供述）より物を言う時代です。私たちの科学捜査の発展は目覚ましく、日本はその技術の先端を走っていると思います。極めて発達した技術でこれまでになかった捜査ができます。捜査が極めて効果的なものになるのです。何でもやってしまったと自白してしまうほどの圧力の下に置かれる必要はまったくありません。

私たちが知るところとなった事例の中には、自白が明らかに嘘であるケースや、ある人物が自分が犯人だと述べたもののDNAがその人物が犯人ではあり得ないと示したことにより、自白が科学捜査によって排斥されたというケースがあります。このようなことが日本で起こっています。他の国でも起こっています。そこで、捜査の有効性のためにも、この制度はこれ以上存続させるべきではないと日本の代表団に主張したいと思います。

【死刑制度】

死刑に関する問12ですが、ここで廃止に賛成する発言をするつもりはありません。日本の立場は周知のところです。何度も繰り返されており、人権理事会における定期報告でも繰り返されました。日本は死刑を廃止したり、第二選択議定書を批准する意思はないということです。ここで私の考えを述べるに留めたいと思います。死刑が犯罪抑止のためのものだとすれば、なぜ死刑判決が増加しているのですか。死刑に抑止効果があるとすれば、死刑によって人は死刑相当犯罪を犯さないようになるのではないでしょうか。議定書の批准は任意のものですが、（日本における）死刑適用犯罪のリストは、規約を満たしていません。

爆発物の不法使用を例に見てみましょう。不器用であるとか花火を使ったからといって人を死刑にすることはできませんね。私は爆発物の不法使用が最も深刻な罪になるとは思いません。最も深刻な罪というのは、国際社会が考えるところでは流血のある犯罪です。委員会では、規約第6条が第14条とともに尊重されることが望ましいとします。すなわち、死刑の危険性のある人物には裁判を受ける権利が保障されます。

そこで、問10に関して私が予めした質問には、救済措置や上訴に関する部分もありました。宮崎氏は再審の手続中に死刑執行となりました。そこで代表団に明確にしていただければと思います。再審手続で刑の確定（編者注：

発言のまま。正確には執行のことを指すと考えられる）が停止ないし延期されますか。取り調べ期間と家族の置かれた状況について詳しくお聞きしたいと思います。これまでは家族は死刑執行についてマスコミを通して知らされるということだったと思うのですが、現在は個人的に知らされるようです。これが本当かどうか、少し説明していただけませんか。

　日本政府代表団の主張が「世論が死刑に賛成だ」ということは知っておりますが、これはどこの国でも同じです。死刑が既に廃止された国でさえ、世論は常に死刑賛成です。つまり、世論によって問題に対処すべきではないのです。この問題は、NGOのような意見を持つ団体と対処すべきです。NGOはサイレント・マジョリティではありません。弁護士会もあります。死刑廃止に賛成の国会議員もいます。世論が反対する対策を講じたり、立場をとったりするとき、気がとがめることはありません。世論に支持されなくても裁判員の参加する刑事裁判に関する法律を通し、社会全般が反対の中、実施しようとしています。ですから、おっしゃるような世論が賛成・反対だという議論は使えないと思います。しかし、前もって、貴代表団からのいかなるご回答にもお礼を申し上げたいと思います。議長、ありがとうございました。

ラファエル・リバス・ポサダ議長：
　シャネ委員、ありがとうございました。ナイジェル・ロドリー委員の発言を許可します。

【代用監獄】

ナイジェル・ロドリー委員：
　大変ありがとうございます。私もシーラー委員および他の委員同様、素晴らしい貴代表団を委員会に歓迎したいと思います。私からは問13のご回答に対応して、一つか二つ質問があります。ただその前に、オフラハティー委員が述べた一点について取り上げさせていただきたいと思います。それは、代表団からのご回答を読みながら、その内容と拷問禁止委員会や私たちがこれまで2回述べてきたことに既視感（デジャヴュ）を覚えたということです。まるで死の対話のようです。私が光栄にも委員になる前の前回審査においても委員会は、総括所見の7項で人権の保護を強調し、人権基準は世論調査で決められるべきではないと述べています。規約における義務に反するかもしれないにもかかわらず締約国は自らの姿勢を正当化するため世論調査を繰り返し使用してきたことを、委員会は懸念しております。これは委員会が10年前に申し上げたことです。では、ダイヨウカンゴク——あるいは何か新しい名前があるかもしれませんが——に関しての私たちの手元にある回

答に何が見出されるのでしょう。(10年前と)同じ制度なのです。

　政府回答によると「現在、刑事司法制度を変革し、捜査期間を短くしたり起訴基準を低くしたりするという国民からの強い要求はありません、よって、代用監獄制度を廃止するため、前述の刑事収容施設に関する法律を早急に改正することは適切ではないと考えます」とのことですが、被拘禁者にもっと配慮した取扱いがなされるべきだと一般市民が要求する国が世界のどこにあるというのでしょう。そのようなことは起こらないのです。委員会が10年前に申し上げたことを恐らく貴代表団がお読みにはならなかったのは、残念なことです。同じようなことを考えていらっしゃるということも残念でなりません。しかもそれは、代用監獄に関してだけではないのです。

【死刑制度】

　死刑に関して言えば、シャネ委員が非常に明確に話してくださった発言が私たちの懸念を表しています。世論の大半が死刑判決は避けられないとする状況を、私たちはどのようにとらえたらいいのでしょうか。このことは、大半の国に当てはまります。概して、一般国民が死刑廃止派になるのは廃止後25年前後経ってからのことだと示す研究があります。世論の変化を待つとすれば、死刑を廃止することは決してないでしょう。そこで繰り返しになりますが、委員会は締約国に同じ主張を引き合いに出さないようお願いしましたが、現にまたこの部屋で同じ主張がなされています。これに対して、建設的であることを目的とするこの対話の生産性を私たちはどれだけ信頼できるかという意味において、いくぶん失望してしまいます。

　問13に関して2、3お聞きしたいと思います。NGOから教えていただいたことですが、有罪で死刑判決を受けた多くの人々が実際には上訴せずに、あるいは途中で上訴を取り下げて、死刑執行になるということです。締約国のご説明を聞き、いくぶん腑に落ちない面があります。実際に多くの死刑事件が上訴され、あるいは上訴中であることを考えれば、死刑判決に対する必要的上訴制度を設立するのは必要ないだろう、ということですが、これは逆であるべきと考えます。最後の手段としての権利主張を行うことなく死刑を執行された人々の数。彼らは、上訴によって結果を出すのがとても難しいために上訴を取り下げたのかもしれません。上訴審が成功するのは、恐らくとても大変なのでしょう。もちろん、有罪判決でも、自白や他の獲得された証拠が信用性に欠けるという理由で覆されるものもあります。しかし、被疑者に不適切な圧力がかけられることのないよう、分離したこの素晴らしい代用監獄制度であるとするならば、どうしてこのようなことが起こるのか（信

用性がないと判断されるのか）私には分かりません。

　しかし基本的に自白が原則として存在し、それが標準となっています。適当な統計がなくとも、そうであると聞いております。また代表団から基本となるのは自白であると聞きました。有罪判決を覆すのは極端に難しいに違いありません。仮に再審請求を目的として接見するとしても、職員の立会なしで弁護士と会うことすらできないのです。弁護士との作戦も聞かれてしまいます。私はこの現状に完全に困惑しております。

　またどのような法的援助にアクセスできるのかも、よく分かりません。これは、可能な法的援助に関する問13で私たちがした質問です。そして私の知る限り、少なくとも口頭でのご回答において、代表団の貴団長から締約国で実際に適用される法律扶助の過程について詳しくお話していただければ大変嬉しく思いますし、法律援助を適用した経験のある方々からお話いただければ尚のこと役に立つかと思います。

　これらが私たちの抱いている懸念です。今後もこれらの懸念を抱き続けるでしょう。私たちは今、死刑が頻繁に適用されていることを知っています。昨年は一昨年の2倍以上の執行がありました。代表団に、私たちが取り組んでいるこの審査の価値をどのように捉えているのかについて聞かせていただきたいのです。なぜなら、代表団の方々がこの審査を仕方なくやる単純作業と感じ、日本に帰ってもこれまでと同じように物事を継続させていくのであれば、私たちは貴代表団の時間を無駄にはしたくないからです。時間の無駄は、貴代表団にとってフェアではありませんし、私たちにとっても、またNGOにとってもフェアではありません。そして規約の下で保障されている権利がおびやかされるかもしれない人々にとってもフェアではないのです。このことは、常にいら立たしいことではありますが、日本代表団に限ったことではありません。またある特定の国だけの問題ではないということを明確にしておくことが大切です。かなり多くの国々が、私たちのところにやって来て、「これが我々のやっていることだ。これがその理由だ」と述べるだけなのです。彼らは問題がなぜ規約に適合しているのかを説明しません。正に私たちが申し上げたいのはそのことなのです。私たちがお話しているのは、様々な国の異なる制度において一貫性のある方法で条約を理解し適用していくということなのです。よって、単に「これが我々のやり方だ」と言われるのは建設的対話の過程においてはあまり役に立ちません。他の委員と同様、私もこの意見交換がより建設的な結果につながることを願います。議長、ありがとうございました。

ラファエル・リバス・ポサダ議長：
　大変ありがとうございました。ウェッジウッド委員に発言権を与えます。
ルース・ウェッジウッド委員：
　議長、大変ありがとうございます。私からも貴代表団のご参加に感謝申し上げます。私が国連における日本の役割について初めて知ったのは、私たちが「慈悲の仏さま」と呼んだ緒方貞子氏を通してでした。ニューヨークでの活躍をとても嬉しく思っております。緒方氏は釘のように強い人物だと思いました。私の個人的見解ですが、国連内部でどの部署も扱おうとしない疎外された人々の問題があれば、それを捉えて進んで行くのです。緒方氏は国連難民高等弁務官に就任し、ただただ職務を全うしました。それゆえ、日本に対する高い期待は、ある意味で人道法における仕事において尊敬された緒方氏が模範を示していることによります。そこで、貴代表団が同じ精神でこれらすべての質問を受けとめることを願います。
　日本はまた海外の開発援助において多大に貢献し、この分野でとても寛大でもあります。よって、国連の平和維持および難民支援活動ではとても素晴らしい隣人と言えます。しかし、他の国に対してもそうであるように日本にも一連の厳しい質問をさせていただきます。ユーモアをもって受けとめていただきたいと思います。最初に2、3の質問をさせてください。

【規約の適用】
　規約が日本の裁判所でかなり頻繁に、明らかに私の母国よりも頻繁に引用されているという点に注意を引きました。これが私の問1に関する所感です。しかし、これらのケースを一つずつ見て行った時、よくお分かりと思いますが、次から次へと見ているうちに、規約がいかに援用されているかについて多少驚きました。とりわけ、選挙前の戸別訪問および戸別の文書頒布に関してです。日本の裁判所において規約第19条および25条で保障されている表現の自由および政治活動の権利が戸別訪問禁止を覆すのに適用されるのではないかという主張がありましたが、驚いたことに、そのような判断でありませんでした。むしろ、日本の裁判所は、私の母国では選挙になると高校生や大学生ならだれでもするような、一般市民による支持する候補者の選挙用文書の戸別配布や郵便受けへの投函を禁止することは、第19条で保障されている表現の自由と矛盾しないと判断しました。そこで、これに関して何かコメントがあるか知りたいと思います。今の段階でリスト・オブ・イシューズは提示しませんでしたが、私たち弁護士が言いますように、（審査の開始により）「突破口が開けた」ところで、どうしてこのような考え方が根強く

残るのかお聞きしたいです。というのも、一般市民の戸別活動は草の根民主主義のごく普通の活動であるからです。

【ジェンダーの平等】

　またよろしければパーム委員が取り上げた女性に関する質問の何点かについても触れたいと思います。このような問題に個人的に興味があるのは私だけかもしれません。2020年までの女性の社会的地位の高い職業への募集・採用目標に注意を引きましたが、2020年は当分先のことです。私は気が短い性格ですので、中間目標を立てたのかどうかお聞きしたいと思います。私が懸念するのは、女性が一歩引いた地位にあるのは様々な要因が絡んでおり、積極的にかつ総括的に解決する努力をしない限り、結果は得られません。学校のカリキュラムでジェンダーの平等について教えるのです。専業主婦という概念も改められなければならないと思います。夫が夜11時に帰宅することには満足できないという家族中心の文化でなければなりません。現代日本や私の母国の労働時間は、男性が家庭生活に参加できないことを意味することもあります。男性不在のため、女性が父親と母親を務めるのです。これは子どもたちにとって良いことではありません。また、女性の平等や職場にとっても良くありません。

　そこで、男性も女性も仕事と家庭のバランスがきちんと取れた生活が送れることを可能にする試みの中で、より広範な取り組みをお考えかどうか聞かせてください。私どもは経済的および社会的権利に関する委員会ではありませんが、しばし均等な待遇に対する権利は、両方の権利の要素に関連しています。同様に、日本には、職場でのセクシュアル・ハラスメント——過去においてこれは私の国では深刻な問題だったのですが——そして学界や政界でのセクシュアル・ハラスメントを禁止する政令がありますか。そこで、日本が2020年までに目標を達成するつもりであればこれらの問題について慎重に考えなければならないと思います。

　また、一瞬、社会学者のような口調で申し上げますが、一種のカスケード効果というものがあります。法律が男女の間に区別をつけると、人々がその区別からどんな結果を引き出すかという問題に発展します。結婚できる年齢が16歳か18歳かで違うのは、必要性（needs）と能力に関して基本的に男女間では異なっているからだと考え、この考えを人はより広い文脈の中に置き、女性がより高い地位にいないのはそのためだと言います。離婚後、男性ではなく女性が結婚を遅らせなければならないという考えや、父親確定をめぐる争いのためのDNA鑑定でさえもまた、人々にいろいろなことを考え

■コラム■ NGOブリーフィング　綱渡りの上での成功

　今回の審査では通常1国について1回しか開催されないNGOブリーフィングが2回開催されました。いずれも昼休みの1時間を使って行うので、ブリーフィングそのものはあわせて正味2時間だけです。場所はパレ・ウィルソンで、通常、委員会が審査を行っている部屋を使えることになったのですが、開催の告知は委員会事務局からはなく、私たちがチラシを作って委員に配布するしかないことがわかり、大慌てで作成・配布し参加を呼びかけました。おかげで1回目は11人の委員が、2回目は6人の委員が出席してくれました。

　1回目のNGOブリーフィングの司会は日弁連が、2回目はアムネスティ・インターナショナルが担当しました。日弁連側の司会進行は私が務めることとなり、英語での司会という慣れない経験に、ずいぶんと緊張しました。ブリーフィングでは、時間の制約から、質疑応答の時間を確保するために、関係者で相談し、各団体の発言について、1回目は問題テーマごとのプレゼンテーション、2回目は個別事件ごとプレゼンテーションと分けました。それでも、1回目には11団体の発言が予定されることとなり、司会の役割は効率よく議事を進行させて、質疑の時間を確保することでした。事前に決めた順番で発言してもらうこと、1団体の発言時間制限を3分間と決めました。発言の順序も、委員の理解を助けるため、1回目は全般的な問題を扱うNGO、外国人と難民、女性と性奴隷制度、婚外子、死刑と刑務所、という順序にし、2回目は布川事件、狭山事件、痴漢えん罪事件の当事者の方々の発言、表現の自由、戸別訪問に関する事件の当事者の方々としました。ほとんどの団体はこの時間制限を忠実に守ってくれ、おかげで委員との質疑応答に20分〜30分程度の時間を作ることができました。

　1回目の質疑応答では、捜査と拘禁の分離後の警察拘禁の実情、国内人権機関についての国内での議論の進展、外国人研修生の問題などが問題となり、2回目は警察拘禁の最近の状況、弁護士の面会と取調べとの関係、弁護人の選任可能時期と国選弁護人の選任時期との関係、黙秘権行使の裁判上の評価など、刑事手続関連に質問が集中しました。また、選択議定書の批准の重要性についてシーラー副議長が発言され、死刑執行の時期や高齢者の死刑執行などについても質問がなされました。このような形で整然とNGOブリーフィングができたことは、日本におけるNGOコミュニティの成熟度を委員会に示すこととなったものと信じています。【海渡雄一】

させるでしょう。よって、2002年までの目標を達成すると見せかける、あるいは本当に達成するおつもりでしたら、この問題についてかなり広範な文脈の中で真剣に考えなければいけないと私は思います。

問8に関して、配偶者によるレイプの有罪判決についてさらに詳しくお聞きしたいと思います。配偶者によるレイプのケースがあるということですが、有罪判決はありますか。また同じく問8ですが、女性刑務官が極めて少ないのはどうしてですか。女性の被収容者は女性刑務官によって処遇するという要求をどうして満たすことができないのですか。

【取調べの録画】

問10に関して、全般的に私はナイジェル委員の見解に同意します。私は元検察官で、実際かなり強靭でした。ですから、罪を犯した人間からは申し分なく有罪判決が取れると言えますし、温厚な方法を用いればさらに良いと思います。自白をビデオに録画することは、検察側にとって、裁判員や事実認定者に何が起こったのか示すことができるので良いことですし、また不正行為に走る衝動も防ぎます。逮捕時に被疑者に黙秘権があると告げることが、実際、自分の犯罪の冒険話について話したがる被収容者との効果的な対話（dialogue）の妨げになることはあまりありません。私には黙秘権は完全な公正さの要素であると思えます。

【取調べと弁護士の立会い】

弁護士が取り調べに立ち会えないと聞きました。私選弁護人がついていて、同席を依頼しても、弁護人が立ち会うことはできません。私にはこれは驚きとしか言いようがありません。コモン・ロー制度下ではそうはいきません。日本では弁護人が選任されるまで72時間の時間差があります。また黙っていることは罪を犯したことと解釈され得るそうです。私が言えることは、前にも言及されましたが、日本の先端技術や繊維分析、指紋、DNA鑑定を駆使すれば、手続から弁護士を締め出さなくても、虚偽の自白を防ぐためのもっとずっと保護的な体制を持つことができるということです。また、日本の現状は一般的な日本のイメージと役割および国連の制度と調和しないものと思います。

もう一点だけ述べさせてください。これは私が委員になる前から大変真剣に考えていることなのです。時宜を得たやり方で無罪の証拠を被告人側に開示する義務は絶対であるべきです。昔、私は不当な自白を取ることについて気を病んだもので、死刑制度がある国では特に、徹底的に神経を使わなければなりません。それで、無罪の証拠を被告人側に開示する義務は絶対である

べきなのです。そのことは、規約第14条と整合すると言えます。
　私からはだいたい以上です。また最後になりましたが日本の代表団に敬意を表したいと思います。安藤氏は委員会においてはまさにお手本となるような方で、知恵と聡明さを備え、絶好のタイミングで仲裁に入ることを心得ていました。また、岩沢氏は優れた判断力と洞察力を発揮してきた本当に立派な後継者です。ですから、日本は、（緒方氏を含め）このような偉大な人物3人を有し、余人をもって代え難い国と言えます。それゆえ次回の報告では、規約の要求と実際の日本の警察業務や職場の運用との適合性において、大いなる変化が示されることを願います。ありがとうございました。

ラファエル・リバス・ポサダ議長：
　ありがとうございます。セッションの終了まで残り時間は14分です。3人の委員が発言を求めています。よって、委員による見解に対する締約国の回答を待たなければなりませんが、今日は時間がないため、回答は明日にします。そこで今から残りの3人の委員に発言権を与えます。サンチェス・セロ委員、あなたに発言を許可します。

【パリ原則に基く国内人権機関】

ホセ・ルイス・サンチェス・セロ委員：
　議長、ありがとうございます。私も日本からの大規模な代表団を私たち委員会の会合に歓迎いたします。問2に言及したいと思います。締約国は書面回答において、パリ原則に則った国内人権機関が今日いまだ設立されていない理由を説明しています。ここで締約国に改めて申し上げたいのですが、これは、当委員会によって繰り返し勧告がなされていますし、人権理事会の普遍的定期審査（UPR）の結論でもあります。そして、パリ原則に基づく国内人権機関がいまだに設立されていないのは、誠に残念なことです。
　ご説明では、法案が国会を通らなかったということです。しかし私たちがうかがった情報によると、この法案は欠陥法案でNGOから激しい反対を受けたということです。一体私たちは誰の言うことを聞けばよいのでしょうか。もちろん、この法案は、受け取った書面回答によると、現在再検討中ということです。再検討が進行中ですが、日本政府にはパリ原則に特別な注意を払っていただきたいと思います。また、この法案が、国内人権機関によって示されるべき独立性、すなわち日本政府とりわけ法務省からの独立性、また機関の財政および委員の独立性を考慮に入れることを望みます。

【「慰安婦」】
　別の問題に移りますが、ジェンダー問題に歴史的観点から言及したいと思

います。日本には、いわゆる「慰安婦」に対して歴史的責任があります。「慰安婦」というのは1945年以前に日本兵士のために置かれた一種の軍隊内の性的娯楽です。この状況の中で、締約国は「慰安婦」の女性たちに対し、彼女たちが亡くなる前にただちに補償しなければなりません。なぜなら、私たちが話題としているのは1945年より前にさかのぼる昔のことだからです。この女性たちが亡くなる前に、そしてこの残虐行為の加害者が亡くなる前に、締約国は加害者を調査し、裁判にかけ処罰する義務があります。これは日本の尊厳に関わる問題であり、日本は、この世界の歴史的記憶に対する態度を示し、かつ、犠牲者に対し償いをすること、また調査を実施して加害者を処罰することにより過去の不正義を克服しなければならないと、私たちは信じます。

【代用監獄】

3番目に、他の委員も言及しましたが、司法の問題について述べさせていただきたいと思います。代用監獄の問題です。実際、日本ではこれに関する法律が改正され、変化があったと聞いております。しかしながら、被疑者に対する長時間で苦痛の伴う取調べは存在します。日本はこの制度の廃止に向け動くべき必要があると信じます。規約人権委員会および普遍的定期審査と関連して人権理事会からは多くの勧告がなされました。この理由から、規約の遵守あるいは日本の法律と規約とを整合させることを願います。代用監獄制度は人間の尊厳と人権を侵害するものです。議長、ありがとうございました。

ラファエル・リバス・ポサダ議長：

どうもありがとうございました。ララ氏に発言権を与えます。

ラジスーマー・ララ委員：

【取調べと弁護士の立会い】

議長、大変ありがとうございました。時間を考慮して、私からは手短に述べさせていただきます。話の途中に邪魔をするつもりはありませんでしたが、ここで発言することが全く必要なように思われます。問16への回答の第2、第4段落をじっくり注意深く読みました。第2段落の最後に、「この問題については、刑事手続全体における取調べの機能、役割との関係で慎重な配慮が必要であり、様々な観点からの慎重な検討を要する問題である」と書かれています。私にはこの「観点」が何であるのか分かりませんが、規約第14条に書かれている観点ではないことは確かです。取調官と裁判官の役割について全くの誤解があるように思われます。取調べ中なぜ弁護士の立ち会いが

必要なのか、代表団の理解には完全に混乱があるようです。

　シャネ委員やナイジェル委員、また他の委員が第14条1項の違反について言及しましたが、まだ他にも一つあります。被告人には黙秘権があります。どうして黙秘権があるのでしょうか。それは、第14条3項に基づいて与えられる最低限の保障の一つが、自己に不利益な供述または有罪の自白を強制されないということだからです。これは公判中に適用されますが、この保障が取調官によって守られなければ一層問題であると言えます。公判においてすら、自白を要求されることはないのに、なぜ取調べ中に自白を要求されなければならないのでしょうか。

　理由を読んだ時、正直ショックを受けました。それは、弁護士の同席の義務付けは必要ないというものでした。第2段落で、取調べ中の弁護士の同席は取調べに大きな危険をもたらすと述べています。例えば、取調官が被疑者と集中的に向き合い被疑者を説得したり、被疑者の信頼（respect）を勝ち取り真実を明らかにしたりという取調べの主たる機能を大きく減殺してしまうという危険です。これは、完全に、検察、警察による裁判所の役割の侵害です。このようなことをするのは裁判所なのです。また裁判所では、被告人は自白をしたり自分に不利益となる証拠を提出することは要求されないのです。ここには、規約第14条の規定に準拠した訴追および訴追のための取調べとは何かについて、全くの誤解があるように思われます。

　また、第4段落に、「刑事訴訟法によって、自白が唯一の証拠である場合、有罪の判決はできない」と書かれています。よって、日本において、自白のみによる有罪判決は可能ではないのです。これはうれしく思いますが、自白が必要で、また法律で禁止されていないことについては納得がいきません。そもそもなぜ自白が必要なのでしょうか。他の証拠があるのにどうして自白が必要なのですか。

　私が思うに、議長、日本政府当局は刑事手続全体を極めて慎重に検討する必要があります。他の委員も発言していましたが、これは無実の人間をも巻き込むのです。なぜなら、無実の人間に有罪が言い渡され死刑となってしまえば、誰も彼らを救うことはできません、神でさえも。

　私からの懸念はここで終わりとします。日本政府が規約第14条を全く理解していないということは自明の理です。弁護士の取調べへの立会いは、正に、被告人（被疑者）の権利の保障を確保するために必要なのです。まだ私が若い弁護士だった頃、取調べに立ち会い、警察が被告人（被疑者）に反対尋問を始めたとき、異議を唱えたことを覚えています。このようなことが他

の国で可能なのに、なぜ日本ではできないのでしょうか。被告人（被疑者）側が黙秘権を行使し何も言わない時、取調べ当局はどうするのかお聞きしたいと思います。何か言うまで23日間勾留するのでしょうか。議長、6時近くなりました。私が聞きたかったのは以上です。ありがとうございました。

ラファエル・リバス・ポサダ議長：

　ありがとうございました。ここで前もって通訳の方々に、ケラー委員が発言できるよう短時間の延長を認めてくださったことに感謝申し上げます。ありがとうございました。

【死刑制度】

ヘレン・ケラー委員：

　議長、ありがとうございます。私からは大変短いです。問12、死刑に話を戻したいと思います。他の委員が既に述べたように、日本政府は世論に大変大きく依存しています。世論について、具体的に三つ質問があります。まず、どんな方法でこの世論が調査されているのですか。公的機関ないし民間企業によって行われた世論調査があるのでしょうか。また死刑に関する国民投票のようなものはありますか。次に、具体的な数字はどうなっていますか。大多数あるいは過半数ですか。その数字はどれだけ古いのですか。最後に、日本政府は、日本の人々に対し、何らかの手段を用いて、死刑制度に極めて問題性の高い側面があることを示す意思がありますか。大変ありがとうございました。

ラファエル・リバス・ポサダ議長：

　大変どうもありがとうございました。割り当ての時間を使い切りましたね。対話を続行させるため、明日の朝10時に会いましょう。そして、委員による質問に答える形で、貴代表団からお話をうかがいます。

上田大使：

　議長、大変ありがとうございました。明日の朝、簡潔な回答を準備してまいります。そして、リスト・オブ・イシューズの問20から29までの回答も継続させていきます。大変ありがとうございました。

ラファエル・リバス・ポサダ議長：

　大変ありがとうございました。休会とします。明日の朝10時に会いましょう。

審査2日目（午前の部）
2008年10月16日（木）第94回委員会 第2575回会合 午前10時〜午後1時

4　委員の質問に対する日本政府からの回答①

ラファエル・リバス・ポサダ議長：

　おはようございます。これから第2575回目の人権委員会を開始したいと思います。では、日本政府代表団長である上田大使より、昨日出された委員会からの意見と質問に対してお答えをいただければ幸いです。では、大使、お願いいたします。

上田大使：

　議長ありがとうございます。みなさまおはようございます。では、日本政府代表団から、昨日午後の私の口頭説明後に頂いた委員会からの質問についてお答えをさせていただきます。まずは、リスト・オブ・イシューズの問1および2について、法務省の担当官からお答えいたします。

【問1・2】

法務省：

　リスト・オブ・イシューズ問1について、シーラー委員からのご質問であったかと存じますが、（報告書にあがっている）以外に自由権規約違反の判例があったかというご質問でした。時間の制約上、下級審の判例については言及することができませんでした。ですが、リスト・オブ・イシューズの問27におきまして、三つの判例を紹介しております。そのうちの一つである最高裁判例では、国籍法について違憲判断がくだされました。この判決によって、国籍法の改訂がされている最中です。この判決では、国籍法が婚外子の人権を保護しているかどうか、について判断する理由の一つで自由権規約を参照しています。

　問2については、国内人権機関についてのご質問です。昨日、大使からご説明したとおり、我々は法案を提出しました。法案の中では、法務省から独立した機関を想定しておりました。しかし、大使がすでにご説明申し上げた通り、この法案は、廃案となり、検討は継続中というところです。したがいまして、（この人権機関が）どのような組織になるのかについては、現在までのところこれ以上ご説明することはできません。

【問3・4】

上田大使：

問3および4については、(外務省)志野課長にお願いします。
外務省：
　議長、大使ありがとうございます。みなさんおはようございます。日本語通訳がおりますので、通訳にお願いするのが一番よいと思われます。よって、私は日本語でゆっくりお答えさせていただきたいと思います。そして、通訳に英語にしていただきたいと存じます。ありがとうございます。

　第一選択議定書の締結について、今後我々が締結する可能性についてご質問いただきました。日本国政府は、1999年12月から個人通報制度に関する研究会を継続的に実施しております。特に、この自由権規約委員会に対する個人からの通報事例やみなさん（自由権規約）委員会のジェネラル・コメント、見解を中心に分析を研究してきておりまして、個人通報制度受入れに関する諸論点について、有識者・学識関係者を交えて検討を行なってきております。政府におきましては、ひきつづき自由権規約委員会に対する個人からの個人通報事例や委員会の見解を可能な限り収集、勉強し、検討してゆきたいと思っております。

　ひきつづき、次の質問にございました、「公共の福祉」の概念とそれからそのB規約との適合に関する質問についてお答えをさせていただきたいと思います。この件に関しましては、昨日、上田大使のほうから、リスト・オブ・イシューズの問4に対する回答でご説明をいたしました。わが国の最高裁判所は、人権制約の是非を判断するにあたりまして、弊害を防止しようとする規制目的の正当性、それから弊害防止手段としての合理性、この規制により得られる利益と失われる利益との均衡、これを具体的に検討しております。わが国は、「公共の福祉」という概念を根拠として、恣意的に人権を制約することはございません。わが国の憲法は、国民に対し、すべての基本的人権は侵すことのできない永久な権利である、権利として与えられると規定しております。これは包括的かつ網羅的な人権保障を規定しており、その内容はB規約と軌を一にするものでございます。そして裁判所においてはB規約の規定を直接解釈し、適用する例もありますほか、必要に応じてB規約による人権保障の趣旨も踏まえ、憲法をはじめとする国内法を解釈し、適用することにより、個々の事例に適切に対処していると承知しております。

　この関係で、委員より、選挙活動としての戸別訪問が自由権規約違反ではないかとされたご質問がございました。個別の裁判の結果に関しましては、行政府であるわれわれが、司法府に対してコメントする立場にはございません。しかしながら、一般論として申し上げますと、わが国憲法第98条第2

項におきまして、国際法規の誠実な遵守をうたっており、またわが国が締結し、公布された条約は国内法としての効力を有します。また、条約は法律に優位するものと考えられております。裁判官、検察官等への人権教育に関しましては、今回提出いたしました政府報告書の第23から34段落をご覧ください。ありがとうございます。

【問5・女性に対する差別と民法改正】

上田大使：

それでは、問5につきまして、婚姻に関係するものであり、法務省のほうからお答えをお願いします。

法務省：

ありがとうございます。パーム委員からのご質問であったと承知いたします。確かにご指摘のとおり、そして私ども、大使からの説明があったとおり、この婚姻年齢、そして再婚の禁止期間、待婚期間につきまして、法制審議会のほうからの答申が出て、その中に入っております。さまざまな意見を参照しつつ、現在、これを実際にどのように実現していくかを検討中という段階であります。ありがとうございます。

【問6・男女共同参画】

上田大使：

では次に、問6につきまして、内閣府からお答えいたします。

内閣府：

まず、男女共同参画基本計画が策定されたことにより取られた措置およびその効果についてお答えいたします。

わが国においては、政策方針決定過程への女性の参画の拡大、男女共同参画の視点に立った社会制度、慣行の見直し、意識の改革をはじめとする12の分野が重点分野とされています。そしてそれぞれの分野について、目標、施策の基本的方向、具体的施策および具体的施策を担当する省が記載されています。

施策の例とその成果を紹介いたしますと、男女共同参画に関する認識を深めるためのシンポジウムを国や地方公共団体において行うなど、男女共同参画に関する広報、啓発活動を推進した結果、「夫は外で働き、妻は家庭を守るべきである」という考え方に反対する者の割合が半数を超えてきております。また、政策方針決定過程への女性の参画拡大に関しては、国家公務員採用Ⅰ種試験の事務系の区分試験の採用者に占める女性の割合は25％程度になるなど、比較的高くなってきております。

次に、2020年に指導的地位に占める女性の割合を30％にするという目標の達成に向けての具体的な措置についてお答えいたします。女性の参画を促進するためには、その背景にある課題を解決していくことが重要であると考えております。このため女性の参画加速プログラムでは、仕事と生活の調和・ワーク・ライフ・バランスの実現、女性の能力開発・能力発見に対する支援の充実、意識の改革の三つを一体として進めることを施策の基本的方向としています。

　プログラムにおける具体的な措置の一部を紹介しますと、経済界等各界のトップ層へ、女性の登用への積極的な取り組みを働きかけること、女性の人材育成、エンパワーメント、積極的な取り組みに対する評価や好事例の提供などがあります。また、国家公務員に関する具体的措置の例としては、ワーク・ライフ・バランスの実現という課題の解決のため、育児短時間勤務、早出遅出勤務、テレワークの活用等、柔軟な勤務体制の推進、女性職員を従来配置されていなかった部署に配置するなど、職務経験を通じた積極的なキャリア形成の支援等、女性の意欲向上とエンパワーメントのための取り組みを盛り込んでいます。

　次に2020年に30％という目標の中間的な目標についてご質問がありましたので、お答えいたします。中間的な目標といたしましては、国家公務員採用Ⅰ種試験の事務系の区分試験については、採用者に占める女性の割合を2010年度ごろまでに30％程度を目標とすることが男女共同参画基本計画に盛り込まれています。また、2010年度末までに、2005年度現在、1.7％である本省課室長相当職以上に占める女性の割合を5％程度とする旨の目標を設定しました。なお、国の審議会等における女性委員の割合については、2010年度末に33.3％とすることを目標としています。そのほかの分野については、中間的な目標は設定していませんが、毎年社会の各分野における指導的地位に女性が占める割合に関する状況をとりまとめ、公表をしています。ありがとうございました。

【問7】

上田大使：

　それでは問7、これは賃金格差に関するご質問でありました。そのほかに、育児に関するご質問もありました。それでは、厚生労働省からお願いいたします。

厚労省：

　フルタイムとパートタイムの賃金格差を解消する措置についてのお尋ねが

ございました。パートタイム労働者の公正な待遇を確保していくことは重要な課題です。このため2008年4月1日から、パートタイム労働法の改正内容が施行されています。これはパートタイム労働者の多様な就業形態に応じて、正規労働者との均衡のとれた待遇を確保することなどを内容としております。具体的には、事業主、使用者に対しまして、まず正規労働者と同視できる働き方をしている者については、賃金などの待遇について短時間労働者であることを理由とする差別的取り扱いを禁止しています。そして、その他のパートタイム労働者については多様な就業形態に応じて正社員との均衡のとれた待遇の確保に努めるよう規定しています。今後ともこの法律の施行などを通じて、パートタイム労働者と正規労働者の均衡待遇が実現されるように努めてまいります。

次に、保育施設についてのお尋ねがございました。本年4月時点で、保育所の施設数は2万2,909か所、保育所の入所定員数は212万1,000人となっております。わが国においては、2002年度から2004年度までに15.6万人の受け入れ児童数の増加を図ってきております。また、2009年度までに保育所受入児童数を215万人に拡大をするということにしております。報告の中にも述べさせていただきましたが、2008年2月に新待機児童ゼロ作戦を策定しました。今後3年間、集中的に取り組むことによって希望する全ての人が安心して子どもを預けて働くことができるサービスの受け皿を確保する、待機児童をゼロにすることを目標としております。このため、厚生労働省としましては来年度の予算としてトータルで4,200億円を要求しておるところでございます。具体的に予算の額が確定するのはまだ先のことではありますが、引き続き保育の質、量の拡充に努めてまいります。

私から3点めの回答で、民間企業において女性を採用するためにどのような具体的措置をとっているかというご質問にお答えします。第5回政府報告およびリスト・オブ・イシューズへの書面回答で述べましたように、女性の採用や管理職への登用を促すために、女性の能力発揮促進のための企業の積極的な取り組み、すなわちポジティブ・アクションの取り組みを推進しています。

具体的な取り組み内容としましては、いくつかご紹介をさせていただきますが、まず1点めとして企業の中の推進体制の整備や計画の策定。2点めとして、女性がいない、または少ない職務、役職について女性を積極的に採用するまたは教育訓練を女性に対して積極的に実施をする。3点めとして、中間管理職の男性や同僚の男性に対し、女性の能力発揮の重要性について啓発

を行う。4点めとして、女性が働きやすい職場環境を整備する。5点めとして、仕事と家庭の両立のための制度を整備し、実際にその活用を促していくという項目があります。

　各企業においては、それぞれの企業の実情に応じてさまざまなこのような取り組みが行われているところでございます。国としましては、これらの企業の取り組みを推進するために、政府報告、リスト・オブ・イシューズの回答でも述べさせていただきましたが、さまざまな相談、助言、情報提供、いろいろな支援を行っていきたいというふうに考えております。ありがとうございました。

【問8・女性に対する暴力】
上田大使：
　それでは次に、問8につき、警察庁、そして法務省からお答えをお願いしますが、この問8において、いわゆる慰安婦に関するご質問がありましたが、21において口頭回答においても触れたところでありますけれども、まず、警察庁および法務省のほうから、問8における質問についての答えをお願いします。マジョディーナ委員よりこの質問がありました。警察の性犯罪の被害者についてのお答えであります。

警察庁：
　捜査官の訓練を担当する指導者の数が本年332人となっており、10年前に比べ、7％の増加となっております。昨日、委員のご指摘にあったように、いわゆるセカンド・レイプを防止するために、性犯罪の被害者に関わる業務は女性警察官が担当することとしていますが、女性警察官の数は1万3,600人であり、10年前に比べ約1.7倍となっています。性犯罪の被害者のための相談室や相談を電話で受け付けるホットラインの数は、それぞれ52室、53回線あります。われわれは今後とも被害者を守るための取り組みを強化してまいります。ありがとうございました。

【女性の処遇】
法務省：
　続きまして、ウェッジウッド委員からのご質問で、女性刑務官の数が非常に少ないのではないかといった点についてご質問がございました。この点に関しまして、法務省からお答えいたします。

　2008年3月末現在における刑事施設の被収容者総数、これに占める女性の被収容者数の割合は約6.7％、これに対しまして刑務官全体に占める女性刑務官の数、これは約6.5％となっておりまして、ほぼ同程度であります。

これによりまして、原則として女性刑務官が女性の被収容者に対し適正な処遇を実施し得る体制を維持しているところであります。法務省といたしましては、女性刑務官を増員させる方針を持っておりまして、過去5年間で女性刑務官の数を、率にしますと約27％増加させたところであります。今後とも女性刑務官の採用を増やしていきたいと考えております。ありがとうございます。

【問9・ドメスティック・バイオレンス】

上田大使：

それでは、問9、ドメスティック・バイオレンス（DV）につきまして、内閣府から答えをお願いいたします。

内閣府：

問9に関しまして、家庭内暴力被害者の対策の実効性や実績についてのお尋ねがありましたが、それについてお答えいたします。配偶者暴力相談支援センターには、2007年度には約6万2,000件の相談件数があり、これは2002年度の約3万6,000件から2倍弱の伸びを示しているところであります。また、配偶者暴力相談支援センターとしての、婦人相談者においては、DV被害者の一時保護や昨日既に大使からもコメントしたようなさまざまな自立支援措置を講じているところであります。

例えば、心理療法担当職員の配置に関しましては、国は2002年度より補助を創設し、2007年度に拡充したところであるが、2007年度の実績としては、婦人相談者は47か所すべてにおいて心理療法担当職員が配置され、特に12か所は複数配置であります。婦人保護施設は50か所のうち24か所に心理（療法）担当職員が配置され、特に5か所は複数配置でございます。このほか、2006年度には弁護士による法的な相談援助を行う事業、2007年度には、身元保証人事業を開始するなど、年々、自立支援のための事業を開始しているところであり、今後、さらにDV被害者の自立支援を図ってまいりたい。

また、入国管理局においては、DVが重大な人権侵害である等の観点から、DV被害者である外国人に対しては、警察、婦人相談所、配偶者暴力相談支援センター、NGO団体等と連携して身体の保護を確実なものとする一方、DV被害者から在留期間の更新申請がなされた場合は、原則としてこれを許可し、またDVを原因として不法残留等をしている場合は、在留を特別に許可するなど、地方入国管理局において速やかに、かつ、適切に対応してきているところであります。本年7月には一層の保護を促進するため、DV被害

を受けているとして、地方入国管理局に相談に来た方や地方入国管理局職員がDV被害者である可能性がある方を発見した場合の対応について、地方入国管理局に改めて指示し、事案を速やかに法務省入国管理局に報告するよう通知したところである。

　このようにして、現在では法務省入国管理局において、外国人被害者の実態を的確に把握した上で、在留資格「定住者」等への在留資格変更許可や在留特別許可の判断を適切に行っている。なお、本年7月から10月15日までの間に、当局において在留期間更新申請や退去強制手続の過程等において把握した外国人DV被害者は14人であります。ありがとうございます。

【問10・代用監獄】
上田大使：
　それでは、代替収容制度についてのご質問に対するお答えをいたします。警察庁からです。

警察庁：
　シャネ委員、サンチェス・セロ委員、ロドリー委員から言及のありました代替収容制度について回答させていただきます。代替収容制度につきまして種々の批判があること、また、その運用に関しまして、第3回、第4回の審査におきまして、当委員会から懸念が表されていることについては十分私どもとしても認識いたしております。

　しかしながら、代替収容制度の必要性につきましては、（政府報告書の）アネックスの8、リスト・オブ・イシューズ問10への回答、卓上に配布させていただきましたパンフレットの6ページから9ページの記載のとおりであります。日本特有の事情があります。なお、念のため申し上げますが、警察の留置施設はあくまで被疑者の収容施設であり、取り調べの場所ではありません。こうした中、代替収容制度への批判、懸念を踏まえ、これまで警察におきましては捜査と留置を厳格に分離し、被留置者の処遇が捜査部門によってコントロールされないようにしてきました。また警察は、人権に配慮して被留置者の処遇を行ってまいりました。さらに日本政府は、前回の審査時から被留置者の人権をより保障するため真摯な検討を積み重ねてまいりました。

　その結果、代替収容制度の運用に関し、昨年施行した刑事収容施設法のもと、次のような改善を行いました。一つは、捜査と留置の分離の原則を法律において明確に書いたことであります。二つは、留置施設視察委員会の制度を設けたことであります。これまで委員には有識者、例えば弁護士や医師

などが任命されています。視察委員会の委員は全部で251人います。うち、弁護士は52人、約20％です。また、女性は62人、約25％です。2007年6月から2008年5月にかけて、留置施設視察委員会は約900の留置施設を視察し、約500人の被留置者と面接をしています。委員会は警察から独立して活動をしております。したがいまして、捜査と留置の分離が遵守されているかどうかについて第三者機関がチェックできる制度となっており、問題がある場合は、委員会は意見を述べます。三つめが不服申立制度を整備したことです。詳細は、卓上に配布したパンフレット、10ページから15ページのとおりです。

　わが国といたしましては、引き続き捜査と留置の分離を徹底し、被留置者の人権に配慮した適正な留置業務を推進してまいります。ありがとうございました。

【問13・死刑制度】
上田大使：
　それでは問13に関しまして、死刑についていくつかのご質問があったと思います。法務省がお答えをいたします。
法務省：
　シャネ委員から、死刑の執行の事実を、家族がマスコミを通じてしか知ることができないという現状があるのではないかということでご質問をいただいております。この点に関して法務省からお答えいたします。
　死刑執行の事実につきましては、法令の規定に基づいて執行後、死刑確定者があらかじめ指定した人、これは家族であったり、弁護士あるいは友人等を本人が希望して指名することも当然可能であります。このような指定された人に対しまして、速やかに通知することとしております。この通知を行った後にマスコミに公表する取り扱いとしております。ありがとうございます。
法務省：
　続きまして、ロドリー委員のほうから、死刑確定者と再審請求の弁護士との面会に施設の職員が立ち会うのは不当ではないかという質問がございましたので、これにお答えします。
　まず、裁判所の再審開始決定が確定した死刑確定者については、その弁護人とのあいだで、刑事施設の職員が立ち会うことなしに面会できるということをご理解ください。次に、いまだ再審開始決定が確定していない死刑確定者が、自己が依頼した弁護士と面会する場合については、昨年施行された新しい法律の定める一定の場合には、刑事施設の長の裁量により、そのような

面会への職員の立会いを省略することができることとなっています。実際に再審請求中の死刑確定者と弁護士とのあいだで、施設の職員の立会いなしの面会が実施されている事例もあります。そのような場合以外は、刑事施設の職員が面会に立ち会うことになります。

　死刑確定者は、その刑罰の重さから自殺や逃走の防止の確実性が特に強く要請されるため、その動静を把握する必要性も特に高く認められることなどから、いまだ再審開始決定が確定していない段階において、面会に職員の立ち会いを行うことを原則とする運用はやむを得ないものと考えております。以上です。ありがとうございました。

【問16・取調べの可視化】

上田大使：

　次に16に対するものであります、捜査そのほか、取り調べに関するものであり、警察庁、法務省の順に答えをお願いいたします。

警察庁：

　ありがとうございます。まずは警察庁から申し上げます。昨日、シャネ委員、ウェッジウッド委員、ララ委員から取り調べにおける自白の強要に関する懸念が示されたところです。ここでぜひご理解いただきたいのは、日本警察も違法な取り調べの絶無を期すべきであるとの認識を有しているということであります。

　その手段として、日本警察においては、捜査に携わらない者による、取り調べの監督制度を創設したところです。日本警察が講じた措置の詳細は、リスト・オブ・イシューズ問16の回答および（政府報告書の）アペンディックス9に示したとおりです。ご理解くださいますようお願いいたします。

　なお、裁判員裁判対象事件における被疑者の供述の任意性の立証に資するため、取り調べの一部の録音、録画の試行を開始したところであります。これについても文書に記載のとおりであります。以上です。ありがとうございました。

【刑事司法制度】

法務省：

　法務省からのお答えでありますが、昨日、委員の皆様方からご質問をいただきまして、大使から既に申し上げました代替収容施設、取調べあるいは死刑につきまして、詳しいことについて繰り返しはいたしません。しかし懸念を表明していただきましたけれども、われわれにつきましては、決して人道性に劣るシステムではないということに自信を持っております。違う視点か

らこれについてご説明を申し上げたいと思います。

　自白について焦点が向けられておりますけれども、これは拘禁、有罪という点だけ、あるいは死刑の適用ということだけではありません。この自白の意味というのは、ただ単にやりましたと認めるということだけではありません。被疑者が被害者に対して謝罪をするといったこともあるわけであります。日本の社会あるいは被害者は、ただ単に厳罰を望むというよりは、後悔の念や謝罪の念を真摯に示してもらいたいということを望むわけであります。そして、そのような措置がされ、再犯がされないということになりましたら、再犯の可能性もその帰責性も低くなるわけであります。

　例えば、現行犯逮捕という場合もあります。その場合には、被疑者にその犯罪に立ち向かってもらい、そして後悔の念を感じ、再犯という事態に至らないようにしたいと思うわけであります。

　われわれの制度について、昨日ご説明のときに笑いが漏れたわけでありますが、実際、犯行者の中には、「こんなに話を聞いてくれてありがとう」と、そして刑事手続が終わったならば、人生をやり直したいというふうに警察官や検察官に言う人もいるわけであります。このような捜査官とのやりとりがありますと、社会復帰の率も高まり、低犯罪率にも寄与するものであると思います。

　さて、机の上に『犯罪白書』をお配りいたしました。毎年、法務省が出しているものであります。51ページをお開けいただけますでしょうか。ちょっと変わった表があるかと思いますが、これは刑事手続について述べたものであります。公判手続から、あるいは略式的なものなど、いろいろなルートがあるということがお分かりいただけると思います。実際に実刑になる率はその中でも限られているわけであります。ただ、全体に、起訴に至るのは半分以下でありまして、80％以上は略式手続、罰金、過料ということになっております。

　確かに、この検察の段階で非常にスクリーニングがされますので、公判に至る例は非常に高いわけでありますけれども、実際には、執行猶予となる例が大半であります。警察、検察、裁判官とも詳しい事実が必要であり、そうすることによって適切な手続を決めなければなりません。すべてが微罪というわけではもちろんありません。ただ、単に情状酌酌するというだけでは社会に対する責務を果たすことはできません。われわれの制度が完璧でないということは承知しております。したがいまして皆様方とのコミュニケーションをしたり、あるいは国内での例えば、NGOなどの批判を受けまして、改

善等を行うことによりまして適切なシステムをもち、一方でわれわれの適切と思われる司法の側面を維持することもできると思います。

　2点だけ、重要な点を申し上げたいと思います。検挙という言葉を用いておりますが、これは逮捕とは違います。ほとんどの犯行者が拘禁には至っていません。55ページを見ていただきますと、実際に拘禁に至った率が書かれております。全体におきまして、勾留となった例、身柄を拘束された例は31.7%であります。もちろん、犯罪性が重大となれば、拘禁される確率は高くなるわけでありますけれども、逮捕された人がすべて身柄を拘束されるわけではありません。

　それから、また60ページを開けていただきますと、例えば殺人のところでありますけれども、825例がこれによりまして、対処されております。そして、このほとんどが有期刑であり、そのうち18.3%は執行猶予であります。一方で死刑の適用例は、13人でありまして、これを見ていただくと分かるとおり、われわれは、個別の事例を慎重に配慮した上で死刑の適用は限っております。

　それから三つのご質問についてお答えしたいと思います。シャネ委員のほうからですけれども、爆発物取締罰則ということで、重大な犯罪ではないのではないか、そして死刑になるのかという話がありましたけれども、故意に治安を妨げ、または人の身体自体を害せんとする目的をもって爆発物を使用することにおいて死刑であり、これは重大な犯罪であると思います。

　また、宮崎受刑者（編者注：死刑確定者）の例についてお話がありましたけれども、既に受刑者としての最終的な地位は確定していたものであります。そして、このリスト・オブ・イシューズの13に関しまして、詳しいところを見ていただきたいと思います。

　それからまた、死刑制度に関する世論調査についてご質問がありました。内閣府が行ったものであります。実際のところは専門家が行ったものであり、私自身は統計学的な詳しいことは承知しておりませんけれども、2004年に無作為抽出で3,000人を対象に質問がされました。「死刑は廃止すべき、いかなる理由をもっても」「一定の事例においては、死刑は必要である」「よく分からない」という三つの選択肢がありまして、死刑存続については81.4%、「特定の場合において廃止」については6%、「分からない」は12.5%でありました。お答えになっていればと期待いたします。ありがとうございました。

【問17・難民認定制度】

上田大使:
次は 17 でありまして、法務省にお願いをいたしたいと思います。
法務省:
昨日、マジョディーナ委員からご指摘があった点について申し上げます。認定数のことと、難民認定プロセスに対する独立したレビューへのアクセスについてのご指摘でございました。

まず、難民認定者数の関係でございますが、わが国と難民の出身国との地理的関係ですとか言語の相違からですね、難民認定申請をする方の数が少ないということが、難民認定者の数が少ないということの一つの大きな要因であるというふうに考えます。なお、2007 年におきまして、わが国が難民認定をした方の数、それから人道的配慮から在留を許可した方の人数、その合計で見ますと、その庇護率は 26.5% となっております。

次に、難民認定プロセスの関係でございます。法務大臣は難民と認定しない場合は、その処分の基礎となった理由を個別具体的に付した通知書を申請人本人に交付いたします。それとともに、その処分に不服があるという場合には、入管法の 61 条の 2 の 9 に基づきまして、法務大臣に対して異議を申し立てることができる旨も併せて通知をしております。この異議申立て手続につきましては 2005 年の入管法の改正によりまして、難民認定申請を二次的に審査する中立的な第三者機関、「難民審査参与員制度」といいますが、これが導入されております。また、空港におきまして、渡航文書を所持していない外国人の方が、わが国に庇護を求めてきた場合についてでございますが、一時庇護のための上陸許可申請、また難民認定申請につきまして案内をいたします。その上でその申請を受理し、適切に対応しております。

先ほど申し上げました改正入管法の中では、難民認定手続と退去強制手続の関係について整理をしております。その中では難民認定手続を優先する。不法滞在者であります難民認定申請中の方の法的地位の安定を図る。このために仮滞在を許可する制度を創設いたしました。この許可による滞在中は、退去強制手続が停止されます。この許可を受けていない場合でも難民認定手続中は、送還は行わないという旨を入管法において明確に規定をしております。

また、退去強制を受ける方が国籍国において迫害を受けるおそれがあるというふうに判断される場合については、難民認定または人道配慮による在留許可がなされることになります。したがいまして、迫害を受けるおそれがある国に送還されるということはありません。

なお、以上に関連しまして、入管法53条に送還先について規定をしております。この送還先に拷問の危険性のある国は含まないということを明確にする観点から、こうした方針に関する法改正を行うことの余地について検討をしております。わたくしからは以上でございます。

【第三国定住】
外務省：
　第三国定住に関するご質問がございました。第三国定住に限らず、難民の受け入れは、難民自体の人生のかかっている問題ですので、受け入れた難民がわが国において自立した生活を確立できるかどうか、その支援を作ることが重要です。したがいまして、第三国定住による難民の受け入れに関しましても、政府全体の問題として十分な協議が必要だと考えております。
　このため2007年9月、第三国定住による難民の受け入れに関し、共通の認識をもつことを目的として、難民施策に関係を有する関係省庁の非公式な勉強会を立ち上げました。この勉強会で第三国定住による難民の受け入れの実施に係る問題点や課題の整理などを行うなどして実施の可能性について検討を行ってきております。勉強会における検討の状況を踏まえ、本年7月、関係省庁の課長レベルでわが国における第三国定住による難民の受け入れにつき、今後政府として検討を行う旨、申し合わせを行っております。以上です。

【問18・入管収容施設】
上田大使：
　続きまして問18に関し、法務省からお願いいたします。

法務省：
　マジョディーナ委員からご指摘のありました件でございます。これは入管収容施設における独立した監視機関の設置に関すること、それから長期の収容に関することでございます。まず、収容施設における監視システムについてですが、現在は被収容者が収容施設の長に対して不服を申し出る制度、それから法務大臣に対して（不服申し立ての結果について）異議を申し出る制度というのがございます。これらによって処遇の適正化に努めております。入国管理局といたしましては、処遇の透明性を確保するという観点から、処遇に対する第三者的な監視システムを設けることにつきまして、各方面から要請や助言があるということについて十分認識しております。この第三者的な監視システムの設置の是非も含めて、そのあり方につきまして検討をしております。そのために刑事施設視察委員会の運用状況ですとか海外での事例を収集して調査、研究を進めております。

次に、収容の長期化について、でございます。この関係では、仮放免制度を弾力的に運用しているということを申し上げたいと思います。退去強制令書の発布を受けた後に、仮放免の許可を受けて出所をした方の人数でございます。2003年が262件でございましたが、2007年には938件となってございます。こうした措置によりまして、収容期間の長期化防止を図っております。なお、退去強制を決定した場合でございますが、その場合でも実際に送還を実施するためには、その方の国籍に対しまして、その方の送還受け入れについて協力を求める必要がございます。わが国政府といたしましては、その状況に応じて、その協力を求めるということについての努力を行っております。以上でございます。

【性的少数者】

上田大使：

さらに、性的マイノリティーに関してのご質問がありました。（外務省）志野からお伝えをいたします。

外務省：

性的マイノリティーの方に対する人権侵害に関し、ご質問いただきました。わが国憲法は第14条におきまして「法の下の平等」をうたっております。いかなる性的指向を有するにせよ、そのことを理由とした人権侵害は看過できない問題であると認識しております。性的指向を理由とした偏見、差別の解消に向けた啓発活動のほか、個人の人権侵害事件についても適切な解決を図ってまいりたいと思っております。

オフラハティー委員から質問のあった事例を私は承知しておりませんが、今後も引き続き適切な対応に努めてまいりたいと思っております。

上田大使：

議長、私どものほうから、昨日委員側からあげられましたご質問に対するお答えをいたしました。ありがとうございました。

5　委員からの質問②

ラファエル・リバス・ポサダ議長：

貴代表団に、私たちの質問と委員会の委員から掲げられた様々な懸念にご回答をいただき、感謝申し上げます。次はもちろんパーム委員ですね。パーム委員に発言権を与えます。

エリザベス・パーム委員：

【パートタイム労働者】
　私の質問に対する貴代表団のご回答に感謝します。心強いものもありましたが、がっかりするようなものもありました。一つだけコメントします。それはパートタイム労働者についてです。パートタイム労働法に改正があったことは分かりましたが、詳しく調べてみると、この法律に定められた条件のため、改善点が適用されるのは、私が聞いているところによりますと、200万人以上のパートタイム労働者のわずか4〜5パーセントになります。ですので、今朝、締約国より、パートタイム労働者を取り巻く状況は大きな問題であり、大半が女性に関係するこの状況の改善を続けていくことを考慮すると伺い、大変嬉しく思いました。

【婚外子に対する差別】
　議長、私からは今日はこれ以上発言権を求めませんが、この機会を利用して、日本における女性の地位にも関係する他のポイントについてごく簡単に触れたいと思います。
　委員会は前に総括所見において、日本の「非嫡出子」に関する差別的な法律に対する懸念を表明し、差別的な規定をすべて削除し、規約第2条、第24条、および第26条に沿うべきであると勧告しました。差別的な規定は、ご存知のとおり、「非嫡出子」は法的に嫡出子と区別して特別扱いしており、相続権に関しても差別的な規定があります。近年いくつかの改正が見られましたが、法律は依然として「非嫡出子」を差別しています。法律の規定を改正することがどうしてそれほど難しいのか、お聞きしたいと思います。改正は、立法的視点から言えばかなり単純なことに思われますが、ここでもまた、代表団は世論に言及し、世論は法の改正に反対だということです。私からの質問ですが、締約国は、この法律を改正し、規約に適合させるつもりはあるのですか。議長、ありがとうございます。

ラファエル・リバス・ポサダ議長：
　ありがとうございました。他の委員に補足質問があるかどうか聞こうと思っていました。ある委員もいるかもしれませんね。異議ですか、それとも発言権をお求めですか。発言であれば、私から言うべきこと、言いたかったことをこれで終わりにします。昨日、問14は網羅されなかったので、問14について言及を希望するナイジェル委員に発言権を与えます。そして、他の委員に補足質問のための発言権を与えます。それではこれでいきましょう。ロドリー委員、発言を許可します。

ナイジェル・ロドリー委員：

【独居拘禁】

　お心遣い、ありがとうございます、議長。昨日、規約第14条の問題を取り上げなかったことについて、皆さま、同僚の委員、貴代表団にお詫び申し上げます。誤解があったことによります。そこで、問14に関して、1、2の問題を取り上げさせていただければ幸いです。まず、NGOから日本の刑務所における独居拘禁（solitary confinement）の利用がかなりの数で増えていると聞いております。よって最初の質問ですが、これは本当ですか。本当であれば、なぜ独居拘禁の使用を増やす必要があると考えられるのかについて、ご説明をいただけますか。これまでの制度をより透明度を高めるものにするため、視察委員会制度や法務省や法務大臣または監査官に対する苦情の申出制度などの要素が導入されたことに印象付けられました。

　思うに、これらが、独居拘禁や独居拘禁に関する決定にまつわる問題に常

■コラム■委員へのアプローチ

　18人の委員の中で、誰がどのような分野に関心があり、通じているかということは、国連のウェブサイトから入手可能な委員の履歴書や国際NGOからの情報などにより事前にチェックした。もちろんNGOブリーフィングへの参加の有無やそこでの発言は重要な資料だ。NGOブリーフィングに参加してくれる委員は、自らNGOとの対話を望んできているので、NGOの意見を積極的に聞いてくれる。そして審査が始まってからは、ひとりひとりの発言とそれに対する政府代表団の応答に注意を払う。委員に「こういう質問をしてほしい」というだけでなく、政府の回答が正確さを欠く、ないしは誤解を招くような内容であったとき、委員の理解をより正確にして的確な発言をしてもらいたいときなど、要フォロー！　と思ったら迷わず接近する。委員はとにかく忙しいので、簡潔にポイントを述べる。そのとき質問で使える短いペーパー（統計データなど、具体的なもの）を用意して渡せればなおよい。運がよければ委員から「こんなデータはあるか？」と言ってもらえるかもしれない。そうしたら万難を排して資料を用意し手渡す。問題は、目当ての委員をつかまえるのが結構大変なこと。人によっては、開会ギリギリに入室し、しかも終わった途端に退室してしまう、ということも。複数のターゲットがいれば仲間で分担することも必要。常にチャンスを伺っていれば、必ず1回はチャンスがある。数少ない好機を逃さず、素早くアプローチする行動力が必要だ。【田鎖麻衣子】

に対処できるわけではない、という事実があります。例えば、私たちが独居拘禁と呼ぶものは二つの形で起こり得るとうかがっております。一つは、懲罰として与えられます。これは旧制度からあり、不服申立制度のような適切なセーフガードに服するもので、異常なものではないといえます。しかし、単に個人の区分によって独居拘禁が決められることもあるということです。区分には、4区分あると理解しています。そして、この区分は刑務所自身によって決められます。この区分決定に対しては、不服申立をすることができず、また実際に、大変尊敬すべきNGOにより指摘されたことですが、施設当局が懲罰として隔離処遇を科すことに対して、現在では実施可能となっている監督的措置を回避する手段として使われているものです。これに関して、貴代表団のコメントをお聞きしたいと思います。
【死刑確定者の隔離と高齢者の死刑執行】
　死刑確定者の隔離（isolation）についてですが、私はこれについてかなり頭が混乱していると言わざるを得ません。ご回答には、死刑という恐ろしい概念になじんでいかなければならない確定者にとって、他の被収容者と普通の関係を持つことは、例えそれが施設内の同じ条件下にある被収容者であったとしても、心情の安定を乱すようなものである、とあります。しかし孤独感に対応するため様々な措置が取られているということですが、私は、彼らが孤独感を味わうことはないと想定されていると考えていたのですが。私はまるでキツネにつままれたような感じです。もちろん、ある特定の状況下においては、死刑確定者によって、ある種の隔離が相応しいあるいはある種の隔離を希望するということもあるでしょう。
　私が理解できないのは、死刑確定者の居室を原則的に単独室とする「刑事収容施設及び被収容者等の処遇に関する法律」の第36条が、なぜ必要なのかということです。どんな専門の精神医学的アドバイスに基づいて、立法で隔離を原則としたのでしょう。死刑を宣告された人々の隔離についてです。
　これと関連したある特徴についてですが、居室が単独室なのは最初の数日間とか数週間とかではありません。時には死刑執行になるまでのとても長い年月の間ということになります。昔と違い今は高齢者を尊敬することがない社会に生きる人間からしても、大変驚いたことがあります。すなわち2006年12月、ある人物が30年間の拘禁期間を経て77歳で死刑が執行されたのです。また2007年12月7日には、別の人物が29年以上の拘禁の後、74歳で執行されました。そして、最近ですが今年の6月17日、ある人物が20年以上の21年間の拘禁の後、73歳で死刑が執行されました。

私はこれらの事例を通して、二つの問題を提起します。一つは直接規約第14条に関わり、何年も何十年も原則として単独室に昼夜にわたり収容するということはかなり大きな問題です。それだけの期間を経て、またそのような高齢で執行するということは、とても私には理解しがたいものです。どうしてこのようなことが起こり得るのか何らかのご説明がいただければと思います。もちろん、これらの死刑確定者は、問題が何であったにせよ有罪の判決を受けたことを、私は承知しております。これらの死刑確定者が複数の殺人罪で有罪となったことを、私は十分に承知しています。犯した罪が重大であることは疑う余地もありませんし、そうでないと申し上げるつもりはまったくありません。そういうことは問題ではありません。しかし、単独室への長期間にわたる昼夜間収容と非常に高齢での死刑執行という状況に、私は懸念を抱いております。よって、代表団の皆様よろしくお願いいたします。いただいたご回答について、1、2点補足したい点があるのですが、もしよろしければ、それらについては後ほど戻ってきても構いません。ありがとうございました。

ラファエル・リバス・ポサダ議長：
　大変ありがとうございました。では、オフラハティー委員に発言権を与えます。

マイケル・オフラハティー委員：
　議長、大変ありがとうございました。今朝のご回答につきまして、代表団に心より感謝申し上げます。私からは大変短く申し上げます。時間の節約のためにも、代表団には私の質問に口頭でお答えいただくのではなく、私たちが総括所見を採択する前に、通常通り、書面で情報をいただけるようお願いしたいと思います。私がこのようなことを申し上げるのは今朝時間が大変制限されているからです。昨日、いくつかの質問をしましたが、部分的な答えしかいただいていないと思います。代表団は、昨日私が聞いた次の具体的な質問に対して、書面でお答えいただけますでしょうか。

【パリ原則に基く国内人権機関】
　最初に、国内機構に関する法律制定において、締約国は何を実施するにせよ、国際基準であるパリ原則に準拠する意思はありますか。締約国は法案がどうなるかに関係なく、パリ原則に準拠する意思がありますか。

【公共の福祉による制限】
　2番目に、公共の福祉を根拠とする制限に関して、代表団は、この問題に対する安藤教授の解決策が実行可能なものだと考えますか。これについても、

昨日言及してあります。貴代表団は留意したはずです。この問題において、安藤教授のアプローチは前衛的に過ぎますか。
【性的指向に基づく差別】
　3番目に、性的指向による差別について、代表団のご回答に感謝しています。これはリスト・オブ・イシューズになかったことを承知しておりますので、代表団が快くこの件に取り組んでくださったことについてありがたく思います。しかしながら、私が取り上げた事例は、お気付きではないかもしれませんが、ある個人にまつわるものではありません。私は具体的な法律「公営住宅法」に言及しているのです。とりわけ、第23条1項についてですが、どうやら私の情報によりますと、法的に結婚していないカップルを含め同棲する異性のカップルは公営住宅を賃借できますが、結婚していない同性のカップルには便益がないということです。そこで、これは同性のカップルの結婚する権利とか何とかという話ではありません。簡単に申し上げると、結婚していない異性のカップルは公営住宅に入居できるが、結婚していない同性のカップルは同様の便益がないように思われる、ということです。
　昨日触れなかったまた別の法律について付け加えさせていただきたいのですが。配偶者による暴力防止の法律に関しても、同じような状況があります。この法律は、同棲している異性のカップルの間の暴力は対象にしていますが、同棲している同性のカップルの間の暴力は対象にしていません。そこで、これらは規約の下で、明らかで直接的な問題を引き起こし、未婚の異性のカップルに権利を与えれば、同様の権利を未婚の同性のカップルにも与えなければいけないことは明らかではないでしょうか。これは、最近あった少なくとも一つのケースについての私たちの法的見解の直接的な結果です。また、この点についても書面で回答いただければ、非常に助かります。大変ありがとうございました。

ラファエル・リバス・ポサダ議長：
　どうもありがとうございました。ではシャネ委員に発言権を与えます。
【規約の適用】
クリスティーン・シャネ委員：
　議長、ありがとうございます。日本代表団に、委員が提起した質問に対し具体的に答える努力をしていただいたこと、感謝申し上げます。私自身もいくつか質問させていただきました。そして、取調べの録画については進展があったことを知り、満足しております。しかしながら、私がまだかなり困惑するのは、規約が実際どんなものであるかの理解がない、またその理解を委

員会に示すことができていない、ということです。代表団の方はこれまで誰として一度も「規約」という言葉を使ったことがありません。また、代表団の方はこれまで誰として一度も規約の具体的な条項を引き合いに出したり、国内法に取り込まれているのか説明したりしたことがありません。貴代表団のお話はもっぱら国内法についてで、またそれを正当化しています。これは、規約をどの程度まで国内法に反映させる必要があるのか、国内法が規約に適合しているかどうかは、話題にすら上がっていません。

　日本の国内法と規約の間にある私たちが目にしてきた隔たり、これはすべて委員会が指摘しましたが、日本はこれについて認識していないように思われます。にもかかわらず、代表団は、例えば具体的には第14条や第19条ですが、規約の条項は一切留保しませんでした。検察と被告人との間の対等性を完全に保障する制度がない時、留保することが希望であればそうできるのです。しかし日本は留保しませんでした。そして、代表団は日本の制度で大事なのは何であるかを全く腹蔵なく語っています。それでも、14条3項は、有罪とみられてはいけない、推定有罪ではいけないと具体的に規定しています。この例においても、代表団は規約が何であるのかを全く理解していません。それを示す象徴的な発言がいくつかあります。

　そして、ここにいらっしゃる代表団は、国内法を正当であると説明し、ある程度一致する規約の主要なカテゴリーに国内法を分類して、これがいかに機能し得るかを説明し、正当化しています。しかし、例えば、司法制度の核心であるべき推定無罪についての理解が全く欠如していることは、何が起こっているかを私たちに示しています。ここ第5回定期審査において、同じ問題が俎上に載っていて、また同じ質問に同じ類の答えが返ってきているのです。

　安藤委員は本当に素晴らしかったです。そして今は岩沢委員がいらっしゃいます。皆様にはとても規約に詳しい優秀な法律専門家がいらっしゃいます。ここにいらっしゃるNGOの方々は厳しいです。彼らには厳格さがあります。それで、国家の利益を前提にすると、どうして、日本の国内法を正当化する目的で国内法に言及するのではなく、規約そのものについての論議ができないのですか。規約は条約です。これは拘束力のある条約で、委員会の任務は、締約国が規約に適合しているか否かを検討することなのです。私たちはこれを、条項ごとに行うことになっています。貴代表団にもう一度このことを思い出していただければと思います。議長、ありがとうございました。

ラファエル・リバス・ポサダ議長：

ありがとうございました。次にシーラー委員に発言権を与えます。

【下級裁判所における規約の普及】

アイヴァン・シーラー委員：

　議長、ありがとうございます。とても簡単に述べたいと思います。私の質問への代表団のご回答に感謝いたします。問1について、下級裁判所での規約の研修プログラムや知識普及についてお尋ねしました。これらは最高裁判所では実施されていると理解しています。しかし、規約に関する知識を下級裁判所の判事に周知させることが肝心であると思われます。今朝、これについての回答はありませんでした。時間がかかりますので、必ずしも今ご回答いただかなくて結構ですが、定められる期限内に書面での回答をいただければ大変嬉しく思います。議長、ありがとうございました。

ラファエル・リバス・ポサダ議長：

　大変ありがとうございました。ロドリー委員、コメントがありますね。発言権を与えます。

【代用監獄】

ナイジェル・ロドリー委員：

　私からはもっと短く述べさせていただきます。代表団からのご回答に、他の委員同様、感謝しておりますが、そのご回答に触れさせていただきます。代用監獄制度について、漏れや落ちのないよう注意を払いたいと思います。私たちが懸念しているのは、シャネ委員もおっしゃっていましたが、被収容者がどこに収容されているかという事務的な問題ではありません。私たちが懸念しているのは、制度そのものであり、この制度は、すべてが警察の管理下にあり弁護士との接触が非常に制限され、またとても長時間にわたる取調べが行われ、抑圧を受けるような環境で、それがごく普通になっているということです。

　もちろんここで、卓越した法務省からの代表者の方がおっしゃった、自白だけで事件が明らかになるのではないという論点も重く受け止めたいと思いますし、他の要素もあることでしょう。しかし、私たちも自分たちの国で全員経験していると思います。確かに私も、大変よく知られた冤罪のケースが心に残っています。そこでは、自白がとられ、その自白は、暴力的手段ではなく、腕の良い取調官が取りうる手段によって、20日間どころか、2、3日間で得たものです。真面目な取調官は純粋に問題の人物を疑っているのです。そして、そう疑う理由があります。結果的に有罪の根拠となる他の多くの資料もあります。自白だけが証拠ではありません。決して自白だけではありま

せん。

　そして問題なのは、この代用監獄という設定が、起こり得る可能性というものを本当に助長しているということです。人が、どんな犯罪であれ、有罪となるのは、当然いつでも悲劇です。その悲劇が死刑を伴うかもしれないとしたら、それは受け入れ難いものです。またどうやら、死刑に関連する要素の一つは、被疑者が自白をして謝り、反省の意を表しているかどうかということのようです。そうですね、自分が無罪だと信じる人物は、反省の意は表明しないでしょう。それは、自分の無罪を主張する弁護と矛盾するからです。よって、これは、罪を認めるか死刑を取るかの選択を強要していることになり、置かれる状況として大変不幸なものです。

【死刑確定者と弁護士との面会における立会い】

　死刑確定者と弁護士との面会における立会いの問題についてですが、これも私にはよく理解できないと認めざるを得ません。一見したところ、基本的に保安上からの理由のようです。重罪で死刑判決を受けた死刑確定者がいるわけで、よって保安が問題になり、弁護士との面会を監督する必要があるということです。しかし、いったん裁判所によって再審開始が決まると、監督はなくなるそうです。なぜ、再審開始の決定によって保安に関する状況が変わるのか、まったく分かりません。一方、私が懸念しているのは、再審のため裁判所の許可を求めるため、死刑確定者と弁護士が何が再審理由となりうるのかについて話し合っている時、その話し合いが筒抜けだということです。これは、極めて深刻な話し合いで、弁護士と依頼人の間の完璧な秘密が守られるべきです。が、どうやら、保安上の理由でその秘密は守られていません。また保安上の理由は首尾一貫して適用されているようではなく、もちろん、個別的な理由でもありません。代表団からご回答をありがたく思いますし、その論拠を理解するよう努力はしていますが、私にはあまり分かりません。よって、代表団からもう少し更に詳しく説明していただければ、大変感謝いたします。

　私からは、これで終わりにさせていただきます。大変ありがとうございました。

【捜査機関の役割】

ラジスーマー・ララ委員：

　議長、大変ありがとうございました。ごく短く述べさせていただきます。日本における捜査当局が担う役割について、代表団からのご説明を大変興味深く聞かせていただきました。そこで、日本の制度と規約が要求するものと

の間に、全くの解釈の違い、正真正銘の誤解があることをますます確信いたしました。

既に同僚の二人がこの問題を取り上げようとしました。私たちが取り組んでいるのは規約です。公正な裁判を確保するために作られた単なる手続の話でなく、一歩踏み込んだ問題なのです。このことは被疑者の自由にも関係します。私が驚いたのは、警察はもちろん犯人が誰であるか知っている、被疑者が罪を犯したか否かを知っているという、代表団による発言です。これは警察の役割ではありません。

警察の役割というのは、犯罪が起こった時、逮捕された特定の人物がその罪を犯した証拠があるかどうかを調査し、そしてそのような証拠を裁判所に提出することです。この過程についての理解が気になります。つまり、この捜査の過程を、被疑者・被告人が裁判で保障されているものを避けるために使うことは私には異常に思われます。これは、規約の全くの誤解です。結果的に適正手続の保障を避けることとなるように捜査過程を使うことはできません。

そして、どうして捜査当局が実際に弁護士の立ち会いを歓迎しないのか、私には理解できません。弁護士は立ち会うことにより、推定無罪の保障を確保し、実際に、国家の支配下にあり全く無防備な人間が、供述や自白が強制されない保障を確保するのです。よって、日本政府には、シャネ委員も要求していましたが、日本で適用されている制度が、ありとあらゆる側面において規約と一致しているかどうか、また規約の文言だけではなく、規約の背景にある趣旨にも適合しているかどうか、研究し検討していただけるよう訴えたいと思います。有益な対話を持つには、私たちも、より深く日本について研究する必要があります。なぜなら、私たちはここで趣旨について話しているからです。日本政府当局に以上のことを訴えたいと思います。ありがとうございます。

ラファエル・リバス・ポサダ議長：
　次にケラー委員に発言権を与えます。
【死刑制度】
ヘレン・ケラー委員：
　議長、ありがとうございます。私の第1番目と第2番目の質問に実に詳しい回答をいただきましたことに対しまして、代表団に感謝申し上げます。とてもご親切にも数字をあげていただきました。しかしながら、私の第3番目の質問には一言も回答がありませんでした。第3番目の質問というの

は、日本政府は、日本国民に対し、何らかの手段を用いて死刑制度の極めて問題性の高い側面を示す意思がありますか、というものです。そこで、代表団には私たちへの書面提出の際にこの問題を取り上げていただきたいと思います。そして、シャネ委員とララ委員と志を同じくし、規約の理念に沿って、規約を真剣にとらえて、ご回答願いたいと思います。大変ありがとうございました。

ラファエル・リバス・ポサダ委員長：

　ありがとうございます。ウェッジウッド委員に発言権を与えます。

【戸別訪問と表現の自由、刑事司法制度】

ルース・ウェッジウッド委員：

　議長、ありがとうございます。私からも短い返答が二つあります。一つ目は、規約、とりわけ第19条と第25条を引用した裁判所の判例の問題についてで、私は戸別訪問と、他の市民たちと話すため小冊子を自由に配布する権利に関した判例に興味を持ちました。代表団の論点は分かります。司法の独立性は尊重されるべきで、外務省では裁判所にどうこうしろと指図はできないというポイントは理解できます。規約の性格づけを含めた論点も十分分かります。

　しかし、にもかかわらず、日本政府の裁量によって、国内法を改正し、一般市民による印刷物の自由な戸別配付を認めることができると私は考えます。言い換えるなら、第19条と第25条に関する政府の見解と、判決における見解の間に相違があってもよいのです。言論の自由と完全な国民参加の原則を信じるなら、隣人と接触し、政策がどうあるべきか、誰に投票すべきかなどと話すことはその人の権利であるべきだと私には思われます。これは普通のことなのです。これは個人の主権であり、特権なのです。

　二つ目のポイントですが、簡単に、私たちのこれまでの対話を踏まえて発言させてください。私はこの対話を大変ありがたく思っています。それは、もう一度、裁判の過程および取調べ過程についてです。ずいぶん昔、イェール大学で「証拠法」を教えていた時、学生たちには「証拠法」は実際は応用認識論のコースであると思うと、よく言ったものです。私には哲学的素養など全くありません。しかし、裁判の過程における証拠というのは、自分が知っていると思うことを、どのようにして知るのか、に関するものです。そして、自分が知っていると思っているものを知ることはとても難しいことなのです。強い信念があるかもしれませんが、どうやったら自分の信念に十分な根拠があるかどうかが分かるのですか。そして、この意味において、取調べ方法や、無罪を確立する証拠の開示や、取調べのビデオ録画に関する規則は、

ある部分で、認識論的プロセスの核心部分を突いています。検察官は、事件を起訴する時、その男が有罪であると強く証明したくなり、夜更かしをして、朝方の2時まで仕事をするのです。自分の精神力対弁護士の精神力です。ほしい、やりたいと強く思わなければだめです。しかし、それでも、熱心に仕事に従事している過程において、また証明の過程において、自分自身の認識が歪んでしまうこともあるということを意識しなければなりません。そのために、対審的なプロセス、真に当事者対立的なプロセスが非常に必要なのです。よって、この意味において、私が一瞬ためらってしまうのは、2,000件のうち1件のみが無罪放免になるという、この並外れた有罪判決率です。ちょうどある国の選挙を思い出します。地域によって大統領への投票率があまりにも高いと私は警戒してしまうのです。成功率が高すぎます。アーサー・ケスラー（Arthur Koestler）が書いた『真昼の暗黒（Darkness at Noon）』という本は皆さんお読みだと思いますが、条件が揃えば誰でも何についても自白させることができるのです。後に自分が間違っていたと発見するのは、日本の誇りゆえに、私自身もそうした名誉心を共有するものですが、この世で最も屈辱的なことだと思います。私はこのことを自分の体験から学びました。ですから、取調べをして事件を証明する過程における予防措置は、名誉心を守るためのものです。重大な間違いを避けるために、あらゆる予防措置が取られてきました。最後になりましたが、毅然とした態度で終始私たちの批判を聞いてくださった大使の方々に感謝申し上げます。しかし、これは国家と個人の関係の核心に触れる問題だと思います。ありがとうございました。

ラファエル・リバス・ポサダ議長：
　ありがとうございます。マジョディーナ委員に発言を許可します。時間が押しておりますので、急いでいただけますか。宜しくお願いいたします。

ゾンケ・ザネレ・マジョディーナ委員：
【女性に対する暴力】
　議長ありがとうございます。また、日本の代表団の皆様方に置かれましても私が出しましたほとんどの問題にご回答頂きありがたく存じますが、問8、9にちょっと戻らせていただきます。ジェンダーに基づく暴力の被害者を保護するためにとられている措置に関してその多さと、何度も繰り返し述べられていることは嬉しいのですが、まだ締約国がどのように警察の対応が効果を上げるようにしているのか、そして警察庁において被害者支援のためのガイドラインがあるだけで強力な監視システムがないと回答で仰っていたことについてどう考えているのかが不明確だと思います。同じことは問9につ

いても言えるのですが、私が申し上げた、配偶者からの暴力の防止に関する法律の施行を通じて実施される、すべての措置の効果に関して何か研究がないのかということに関し、ご回答をいただいていませんので、私は締約国が適切な研究を通じてどれだけこれらの措置が効果を上げられるのか御検討いただければと願います。

【難民認定制度】

また、問 17 におきましても、詳細なご回答をありがたく存じますが、認定された難民に関する数字がご回答からははっきりと分かりません。2007 年に 26.5% とのことですが、これは何の 26.5% なのかが分かりません。問 18 に関してですが、これに関しても、締約国が、長期間の拘禁を防ぐ措置を確保するため、世界中の拘禁制度を研究していく必要性を考慮していることを嬉しいと思います。議長、ありがとうございます。

ラファエル・リバス・ポサダ議長：

ありがとうございます。それでは代表団の方にこれら、委員会のメンバーが説明しました、追加された事柄についてお答えいただく機会を与えます。大使、どうぞ。

6　委員の質問に対する日本政府からの回答②

上田大使：

議長ありがとうございました。今、何人かの委員の方たちが言われましたように、いくつかのご質問については、書面にて後ほど出させていただきたいと思っております。しかし中には、今お答えできるものもあるかと思います。多くの回答が最初の報告書、また別添資料また、リスト・オブ・イシューズに対する答えで出されているとは思うんですけれども、しかしわが代表団に対して、今答えることができるものに対しては、答えるようにお願いをしたいと思います。例えば追加的な質問が出されているかと思いますが、順番が違うかもしれませんが、志野さんにお願いして、表現の自由とそれから戸別訪問、戸別訪問のキャンペーンの禁止についてのお答えをしていただいてはどうでしょうか。

【戸別訪問】

外務省：

昨日の質問は公職選挙法が禁止する、戸別訪問禁止の際に、B 規約がどうして適用されなかったかという質問だったと思いましたので、行政府として

はお答えをしなかったわけですが、公職選挙法が戸別訪問を禁止している事由について、政府からこちらのほうでお答えをしようと思います。ウェッジウッド委員に全く賛成しますとおり、選挙運動は可能な限り自由にするべきであると考えております。ただ、選挙の公正を確保するためには、選挙運動に一定のルールが必要であるということも、認識を共有していただけるものと思います。

　現行法が戸別訪問を禁止している理由としては、戸別訪問が買収・利害誘導等の温床になりやすい、あるいは選挙人の生活の平穏を乱す恐れがある。この弊害と、それから二つ目として、無制限に文書・図画を、人を使って配布することは、選挙に大変お金がかかる要因となり、選挙が財力によってゆがめられる恐れがある。この二つの事由、つまりこれらの弊害を防止し、同時に選挙の自由と公正を確保することにより、戸別訪問が禁止されているというふうに理解しております。選挙運動における不当な不平等の排除を目指すものであって、国民の選挙権や、表現の自由全般を不当に侵害するものではないというふうに考えております。ちなみに、先ほど私が申し上げました二つの事由は、最高裁判決でも合憲とされていると承知しております。

上田大使：

　それでは、この死刑に関しまして、ご質問がいくつかありました。これについて、法務省のほうからお答えをお願いしましょう。そして、取り調べに関しまして、警察庁のほうからお答えいただこうと思います。それから、配偶者暴力に関しまして、内閣府からのお答えをお願いしたいと思います。ではまず、法務省のほうからお願いします、いいですか。

【高齢者に対する死刑執行】

法務省：

　ご質問が、ロドリーさんだったでしょうか、ありました。非常に高齢で死刑が執行された例があるというお答えでありまして、はっきりしたお答えをすることはできないのですが、現在われわれの制度におきましては、死刑の執行の停止を、ただ単に年齢を理由としてすることはできません。可能性といたしましては、非常に高齢である、そして凶悪犯罪を犯したという場合に、ただ単に年齢を理由として、この減刑をすることはありません。

　死刑の執行に関しましては、この言い渡しに関しましては、非常に、三審制を踏まえて、慎重に時間をかけて検討した、審査をした結果のみ、そして重大な犯罪に対してのみ、言い渡しがされるようにしています。そしてそうなりますと、高齢者にも適用される可能性はあるということであります。こ

のように慎重を期するという原則も高齢者に対して適用されます。
【死刑確定者と弁護士面会】
法務省：

　同じロドリー委員から、再審請求中の死刑確定者と弁護士との面会への立ち会いについて質問がありましたので、お答えいたします。

　再審決定が確定した死刑確定者というのは、その死刑となった裁判についてやり直しが行われることになります。ということは、いったん確定した死刑判決が未確定の状態になります。そして、その死刑確定者は今後行われる再審において、被告人としての地位を有することになります。つまり裁判の当事者、対等な当事者としての地位を得ることになります。こういったことから、……被告人と同様に、弁護人とのあいだで、職員の立ち会いのない面会、いわゆる秘密接見が許されるということになります。

　再度申し上げますが、……再審決定が確定した死刑確定者は、被告人、被疑者ではありません、被告人としての地位を有することになります。アキューズドとしての地位を有することになります。他方、再審決定がまだ確定していない死刑確定者については、やはり死刑が確定したものという地位は変わりません。こういった死刑確定者については、自殺等の防止、またそのための動静把握等の要請が優先されるものと考えます。このように再審決定が確定した死刑確定者と、再審決定がまだ確定していない死刑確定者とのあいだでは、やはり違いがあるものと考えます。以上でございます。ありがとうございました。

【独居拘禁】
法務省：

　刑務所における昼夜独居、昼夜単独室処遇についてのお尋ねがありました。昼夜単独室処遇は、何らかの理由で集団処遇が困難な事情のある受刑者の強制処遇の一環として行われるものでありまして、懲罰であるとか、その他の目的でされる隔離とは、法的な性質や処遇の内容も異なっております。単独室処遇が増えているというご指摘がありましたが、わたしどもが持ち合わせておる数字からは、増えているということは、認識しておりません。それから、不服申し立ての対象となっていないのではないかというご懸念が示されておりましたが、刑務所、刑事施設において自己の処遇に対する刑事施設の長の措置、その他自己が受けた処遇、これすべて全般についてですが、あらゆる刑事施設内での処遇につきまして、不服申し立ての対象となっております。これは法務大臣に対するもの、あるいは、定期的に巡回をする官吏に対

するもの、それからその人が収容されている刑事施設の長に対するもの、この三者に対して、秘密のもとで不服の申し立てをすることができます。以上です。ありがとうございました。

【難民認定制度】
法務省：

　マジョディーナ委員からご指摘のありました庇護率25.6％について、ご説明を申し上げたいと思います。これは。よろしいですかね。

　2007年におきまして、難民認定申請、難民認定された方、その難民認定を受けた方とそれから難民不認定になった方、その方の合計が487人でございました。いわばこれは2007年におきまして、難民認定の審査の結果が出された数、人数ということです。そのうちで難民認定された方の人数、それから難民の認定はされなかったけれども人道的な配慮を要するということで滞在を認められた方の人数、これを合計しますと129人でございます。ということで、487人中の129人ということで、庇護率は26.5％になるということです。以上でございます。

【取調べ規制】
警察庁：

　続きまして、警察庁から説明いたします。ウェッジウッド委員から、取り調べについて、彼は悪い人なのだから午前2時まで取り調べてもいいんだということにならないか、といったご懸念が示されました。被疑者に過度に過酷な取り調べになってはならないという認識は、警察においても同じ認識を有しております。警察においては、前回審査以前から深夜に取り調べを行うことを避けるよう、内部規範で定めておりました。

　このルールがどの程度守られているかということをご判断いただくための参考となる資料をお示しいたします。皆様のお手元に配られている、この警察の留置業務という資料の13ページ、（3）第2パラグラフをご参照ください。記載にありますように2004年12月および2005年10月の調査の結果、警察の捜査のため留置施設から出場した被留置者が、午後9時を過ぎて留置施設に戻ってきた割合は、約1％でした。このような深夜の取り調べの制限に加え、警察においては、前回審査の最終見解後、長時間にわたる取り調べについても、内部規則で禁止したところであります。さらに、取り調べの適正を図るために、午後10時から翌日午前5時までの間に被疑者取り調べを行う場合や、1日につき8時間を超えて被疑者取り調べを行う場合には、警察署長等の事前の承認を受けなければならないこととしております。以上

でございます。ありがとうございました。
【犯罪被害者支援】
警察庁：
　続きましてマジョディーナ委員より、警察における被害者対策について、お答えいたします。2005年に犯罪被害者と基本計画を閣議決定いたしました。警察庁の策定する被害者対策推進計画には、この閣議決定の内容を盛り込んだものを策定し、諸対策を推進しているところです。
　委員からは、対策をどのように実行的なものにするのか、どのように監視・モニターするのかということについてご指摘がありましたが、基本計画に盛り込まれた施策については、被害者から寄せられたさまざまな要望も踏まえて策定されたものです。計画の実施状況は毎年国会へ報告されます。また、官房長官および国務大臣等がメンバーである犯罪被害者等施策推進会議が、その実施状況を検証・評価・監視しております。すなわち、警察における被害者対策については、国会および申し上げた会議等において十分に監視されているものと理解しております。以上です。
上田大使：
　ありがとうございました。時間の大変制約がございますので、われわれとしては、残りの回答は書面で提出したほうがよろしいのではないかと思われますが。
ラファエル・リバス・ポサダ議長：
　ありがとうございます。それではリスト・オブ・イシューズ問19までの対話を終えまして、後半のほうに行きたいと思います。問20以降についてお願いしたいと思いますので、では日本代表団長お願いいたします。

7　リスト・オブ・イシューズに対する日本政府からの回答②

上田大使：
　議長ありがとうございます。それではまた口頭回答を申し上げます。これは問20からそれ以降ということであります。
【問20】
　まず問20につきましては、人身取引に関する質問であります。まずわが国は、人身取引は重大な人権侵害であり、人道的観点からも迅速・的確な対応が必要と認識しています。この認識のもとで、人身取引対策のための包括的な施策といたしまして、政府は2004年4月に人身取引対策に関する関

係省庁連絡会議を立ち上げました。人身取引対策行動計画がさらに同じ年、2004年12月に採択されました。人身取引の防止・撲滅・被害者保護を施策とした、中心としたこの行動計画の着実な実施に努めております。政府はこの計画に従いまして、さまざまな被害者保護のための措置を取っております。

いくつかそのうちご紹介を申し上げます。代表的なもののみであります。まず第1に婦人相談所の活用であります。先ほどの人身取引行動計画におきましては、各都道府県に設置されている婦人相談所などを活用することが定められております。そして人身取引被害者の保護を図るとされております。2008年3月末までに、222人の被害者を保護いたしました。

次でありますが、人身取引刑事犯に関する効果的な訴追処罰承認の保護・強化について説明いたします。2005年に刑法が改正されました。人身取引議定書で犯罪化が要請されている、すべての人身取引事犯の累計について、処罰対象とされております。そして人身取引事犯の訴追・処罰が重ねられています。このさらに2007年の刑事訴訟法の改正によりまして、わいせつ目的の人身買い受け罪など一定の犯罪について、被害者を特定できる事項を公開の法廷で明らかにしない旨を決定することができるようになりました。そして、被害者の保護がこのように図られております。

それから、次に被害者への在留許可の付与、そして、自国に送還された被害者が直面するリスクについての独立した機関による査定についてでありますが、入国管理局におきましては、人身取引被害者と認定した者が入管法違反者であるということが分かった場合には、法的地位の早期安定化を図り、被害者の保護に資するため、帰国した場合の生命・身体等の危険性、刑事手続への協力、被害者の心身の状態、保護の必要性などの事情を考慮し、在留を特別に許可することとしています。

また、2005年には入管法が改正されました。人身取引などの被害者については、一部の上陸拒否事由および、退去強制事由から除く、そして人身取引などにより他人の支配下に置かれたために不法滞在状態に陥った者であっても、上陸特別許可および在留特別許可の対象となることが明示されました。この改訂がされて以降、2007年末までのあいだに保護した人身取引被害者のうち、不法滞在状態にあったもの全員について、在留を特別に許可しています。また帰国意思を持つ被害者に対しては、帰国支援を行い、IOM（国際移住機関）を通じて改めてリスク・アセスメントを実施しています。仮に帰国後にリスクがある場合には、本人に状況を説明し、引き続き一時保護を

実施するなど、人道的観点からそれぞれの状況に応じた、（措置を）取ることになります。また、個々のケースに応じた帰国後の社会復帰支援も実施しています。

さらに被害者救済のためのアクセス確保促進にも努めております。まず、匿名通報ダイヤルが設置されています。市民から匿名による事件情報の通報を受けます。その情報が警察に提供されます。また、人身取引被害者が警察・入国管理局などへ保護を求めやすくするため、リーフレットを9か国語で作成し、広く配布しています。

またそのほか、入国管理局におきましては、人身取引対策の一環として2005年および2006年に、在留資格興行の上陸許可基準を定める省令の改正を行いました。そして、この興行の在留資格が人身取引に悪用されないよう、厳しい措置を取っております。これによりまして、この在留資格興行での新規入国者数は、2004年の約13万5,000人から2007年には3万9,000人と大幅に減少いたしました。一定の効果があったものと考えております。外務省といたしましては、さらに2005年4月より興行というこの査証審査を厳格化し、興行のみでなく短期滞在などの査証についても、人身取引の手段として悪用されることがないよう、慎重な審査を行っています。

【問21】

次は問21、慰安婦に関する質問であります。昨日午後に一部の委員からのご質問がありましたので、口頭でこれをもってお答えを申し上げます。まず申し上げたいことが、お伝えいたしたいことがありますが、この本規約は、わが国が規約を締結した1979年以前に生じた問題に対して、遡って適用されない、従って慰安婦問題を、規約の履行状況の審査の場において、取り上げることは適切ではないと考えております。

これを前提として申し上げるならば、日本政府は慰安婦問題に関し、さまざまな努力を取っております。この91年12月から2年弱にわたり、全力をあげて調査を行い、結果を発表し、そして93年8月には慰安婦問題を、多数の女性の名誉と尊厳を傷つけた、深く傷つけた問題であると認識した上で、おわびと反省の意を表明するという旨の官房長官談話を発表いたしました。そして、この談話に示されたこのような立場は、日本政府の一貫した基本的立場であります。

慰安婦問題を含めまして、先の大戦にかかわる賠償並びに財産および請求権の問題については、日本政府はサンフランシスコ平和条約、2国間の平和条約およびその他の関連する条約等に従って、誠実に対応してきており、慰

安婦問題を含め、これら条約等の当事国とのあいだでは、法的に解決済みであります。

　このような立場を踏まえつつ、日本政府は本件問題への対応につき国民的な議論を尽くした結果、すでに高齢となられた元慰安婦の方の現実的な救済を図るため、95年7月に設立されたアジア女性基金が2007年3月をもって解散するまで、同基金の事業に対して政府予算より、約48億円の拠出を行うなど最大限の努力を行ってきました。また日本政府はアジア女性基金の事業を通じて、元慰安婦の方々に、総理の謝罪のお手紙をお届けしております。政府としては、基金の事業を通じて表された日本国民の気持ちに理解が得られるよう引き続き努力し、そして基金の意思を継いで、元慰安婦の方々のケアを行うための事業につき、積極的に努力していく所存です。

【問22】

　問22、これは難民申請を却下された者への保護に関する質問です。法務大臣によって難民と認定しない処分を受けた者は、法務大臣に対して異議申立をすることができます。そして、難民審査参与員は法務大臣に対し、異議申立人に、口頭で意見を述べる機会を与えるよう求めることができるとされています。異議申立人の口頭意見陳述に立ち会い、参与員は審尋することができます。心証形成のため、直接異議申立人を面接する権限が参与員に与えられています。この難民審査参与員制度は2005年5月から施行されましたが、現在に至るまで法務大臣が難民審査参与員の提出した多数意見と異なる判断を行った事例はありません。

　このように、出入国管理、および難民認定法の庇護手続においては、申請から異議の申立に至るまで庇護申請者の権利・利益に配慮した適正な手続が確保されています。また、庇護申請を二次的に審査する中立的な第三者機関として難民審査参与員制度が設けられ、その意見を尊重する運用がされています。2005年5月には不法滞在者である、難民認定申請中の者の法的地位の安定化を図るため、一定の要件に該当しないときには、仮滞在を許可するという制度が創設されました。仮滞在の許可を受けた者については、退去強制手続が提出され、そして身柄の収容をしないまま、難民認定手続を先行して行うとしています。仮滞在を許可されなかった者については、難民認定申請中は送還を行わないことを法律で明記し、保護を図っています。

【問23】

　次に、問23についてお答えいたします。独立行政委員会である中央労働委員会では、わが国の労働組合法により付与されている、審問廷の秩序を維

持する権限と義務に基づき、審問廷における秩序維持を図るなどのために、当事者および傍聴者の腕章の着用を認めない方針を採っております。政府としてはこの問題は、準司法的手続である不法労働行為の審査・手続に関する問題でありますから、中央労働委員会が自らの判断で行う対応を尊重すべきであると考えます。2004年4月以降中央労働委員会において、腕章の着用を理由に審問を拒絶した事実はありません。

【問24】

次に、問24でありますが、国民的・人種的、または宗教的憎悪を扇動する行為を刑事罰の対象としたり、刑法の条項を改正する考えがあるかという質問であります。そもそも、わが国では現行の法のもとでこれらの行為を適切に処罰できています。そのような改正の必要は、従って、ないと考えます。例えば差別的思想などの流布や表現に関して、それが特定の個人や、団体の名誉や信用を害する内容であれば、刑法の名誉棄損罪、信用棄損・業務妨害罪などで処罰可能であります。特定の個人に対する脅迫的内容であれば、刑法の脅迫罪、暴力行為等処罰に関する法律の集団的脅迫罪、常習的脅迫罪などにより、処罰可能です。また、このような差別的思想などを動機・背景とする暴力行為については、刑法の傷害罪・暴行罪などによって処罰可能です。

【問25】

それでは問25、児童虐待の対応に関する回答です。わが国は児童虐待を防止し、すべての児童の健全な心身の成長、ひいては社会的自立を促していくため、発生予防から早期発見・早期対応・保護支援に至るまで、切れ目のない総合的な支援を講じております。児童虐待を防止するために、児童虐待の防止に関する法律が2000年11月に施行され、2004年、2007年には、同じ法律および児童福祉法の改正が行われました。改正の具体的内容としては、次のようなものであります。

まず第1に、児童の安全確保のために、都道府県知事が裁判官の許可を得た上で、児童相談所の職員等に開錠などを伴う、鍵を開けるということですが、を伴う立ち入りなどをさせる立ち入り調査の強化等。また、接近禁止命令の創設を含む保護者に対する面会・通信の制限の強化、さらに保護者に対する、指導に従わない場合の措置の明確化等の措置が講じられることです。そしてこの場合の、今申し上げました法改正は、2008年4月より施行されております。

また、児童買春および児童ポルノを規制し、児童を性的搾取および性的虐待から守るために、1999年に児童買春・児童ポルノに係る行為等の処罰お

よび児童の保護等に関する法律を制定いたしました。同法は2004年に改正されまして、児童買春や不特定多数への児童ポルノの提供等の罪の法定刑を引き上げたほか、特定少数者に対する児童ポルノの提供行為を処罰化するなど、処罰範囲を拡大いたしました。さらに児童ポルノの撲滅には、その需要を絶つことが重要であるという認識から、2008年6月、児童ポルノの単純所持についても犯罪化する法改正案が国会に提出されました。

【問26】

次、問26、これは前回報告審査の最終見解で指摘された、合理的な差別の概念に対する質問です。一般的意見18、パラ18にも述べられてると同様に、規約が規定する差別の禁止は、不合理な差別を禁止しているものであり、合理的な根拠に基づく区別を禁止しているものではないと考えております。わが国では、ある取り扱いに対する差異が合理的であるか否かについては、そのような差異が設けられた目的を考慮し、それぞれの事案により、個別・具体的に経済的・社会的そのほか種々の事実関係を踏まえて、総合的な価値判断を行っています。わが国は規約に記載されたとおり、差別の禁止に努めていく所存であり、委員会が合理的な差別と呼んでいる概念を根拠として、恣意的な差別を行うことはありません。

【問27】

問27では、嫡出でない子に関する質問です。わが国の国籍法は第2条1項において、出生の時に父または母が日本国民であるとき、出生により日本国籍を取得することを規定しています。また国籍法第3条1項では、日本国民である父と外国人母とのあいだに生まれた嫡出でない子については、国籍法第2条により、出生時に日本国籍を取得しない場合でも、父母の婚姻およびその認知により、嫡出たる身分を取得した場合には、届出による日本国籍の取得を認めております。

しかしながら2008年6月、つい最近のことですが、最高裁判所は国籍法第3条第1項の規定が、父が出生後に認知した子について、父母の婚姻により嫡出子たる身分を取得する準正が生じた子と、単に認知されたにとどまる嫡出でない子とのあいだに国籍取得に関する区別を生じさせていることは、合理的な理由のない差別であるとして、憲法第14条第1項に違反すると判断したところであり、現在この国籍法第3条については、最高裁判決を十分に検討した上で、同判決の内容に沿った改正をする方向で対処しているところであります。

また1996年2月に、法務大臣の諮問機関である法制審議会が、民法に一

部を改正する法律案要綱を答申いたしました。この要綱における改正事項として、嫡出でない子の法定相続分を嫡出である子と同等とすることなどを内容とする提言がされました。この民法改正の問題は、婚姻制度や家族のあり方にかかわる重要な問題であり、国民各層や関係方面でさまざまな議論があることから、現在国民意見の動向を注視している状況であります。

【問28】

問28は、少数民族の児童への教育機会提供のための施策などについての質問であります。まず最初に、在日韓国・朝鮮人に対する施策を説明いたします。多くの在日韓国・朝鮮人学校において、在日韓国・朝鮮人は独自の文化について学べる機会を得ており、そのほとんどがすでに各種学校として、所管庁・各都道府県の認可を受けており、その所管長等が補助金を提供しております。わが国の大学の入学資格については、わが国の国籍の有無にかかわらず、わが国の高等学校の卒業者、またはこれと同等以上の学力があると認められた者に認められております。

また2003年9月には、大学入学資格の弾力化を行い、わが国にある外国人学校の修了者については、外国政府により高等学校に相当する、当該外国学校と同等のものとして、当該外国の制度上位置づけられた、わが国における教育施設の修了者、国際的に評価団体の認定を受けた外国人学校の修了者、例えばウエスト・アソシエート・スクール、ヨーロピアン・カウンシル・オブ・インターナショナル・スクール、アソシエート・クリエーター・インターナショナル・スクール等ですが、これを受けた者、またこれらが国際的な評価団体の認定を受けた外国人学校の修了者ということになりますが、そのほか、大学において個別の入学資格審査により、受け入れを認めたものを新たに追加したところであり、外国人の子女については、すでに広く大学入学資格が認められております。

次に、アイヌ民族に対する施策をご紹介いたします。わが国はアイヌ文化の振興ならびにアイヌ文化の伝統等に関する知識の普及および啓発に関する法律に基づき、アイヌ文化の振興等を図るため、次の事業に対して支援を行っております。第1は親と子のアイヌ語学習授業であり、これはアイヌ民族の親子を対象として、アイヌ語話者およびアイヌ語研究者の協力を得て、アイヌ語の振興およびアイヌの伝統や保存を図るというものであります。第2は、小中学生向けの副読品の作成・配布であって、アイヌの歴史や文化についての児童・生徒の理解を深めるため、学校教育の場で使用される副読本を作成し、全国の小中学校へ配布をして、アイヌの歴史や文化などについて知識の

普及・啓発を図っております。

　またこれに関して、アイヌの人々に関するわが国最近の進展につき、ご説明いたします。2008年6月わが国の国会において、アイヌの人々に関する決議が全会一致で採択されました。これにより、わが国はアイヌの人々を日本列島北部周辺、とりわけ北海道に先住し、独自の言語・宗教や文化の独自性を有する先住民族と認めることになりました。この国会決議を受けて、政

■コラム■　一夜漬けの醍醐味

　ジュネーブ入りして3日目。昼間のNGOブリーフィングで、ナイジェル・ロドリー委員から、代用監獄について質問が挙がった。2007年の新法が「捜査と留置の分離」を規定したことで、「完全な分離」が実現したというのが政府の立場である。そこで、「新法施行後の問題例はないのか」というのだ。日弁連代表団は、すぐに会議を開き、質問の真意を探った。「裁判所の心証開示と同じで、我々の立証が足りない部分の指摘だ。応えるには、今夜しかない」。

　まずは、藤原弁護士が、自ら弁護人として経験した事例をメモにした。海渡・田鎖両弁護士の専門家チームは、日弁連の主張をまとめながら、現地時間の午前2時ころ、「至急、具体例の収集が必要」と日弁連の事務局に電子メールを打つ。日本時間のビジネスアワー真っ只中の職員たちは、他の仕事に優先して必死で記事検索し、集まった情報は、専門家チームが文章に織り込んでいく。

　北村弁護士と私の翻訳チームは、仮眠を取って午前4時に起床し、作業開始となった。説得的な構成を心がける。前々日、前日も深夜まで作業が続いたため、どうしても回転は遅い。しかし、翻訳文を送信すると、交代で就寝したはずの専門家チームから、すぐに内容のチェックが入り、メールや電話で次々指示が飛ぶ。この勢いに圧倒されて、睡魔は立ち去った。

　翌朝午前9時。推敲はおろか見直す時間さえない英文を残したが、とにかく約束の時間に仕上がった。田島・川﨑両弁護士が印刷場所まで駆けつけてくれた。他の弁護士たちは、あたたかくねぎらってくれる。こうした連携プレーで完成した日弁連の成果に、ロドリー委員が感激したのは言うまでもない。

　その日の昼行われた日弁連会議には、少々遅刻してしまった。おしゃれなカフェでひそかにクレープを堪能していたからだ。チームワークで仕事を成し遂げた心地よい疲労、習い初めのフランス語の響きとほろ苦いクレープ・オ・ショコラ。至福の瞬間（とき）とはこのことだ。【大村恵実】

府は内閣官房長官談話を発表し、本年7月にアイヌ政策のあり方に関する有識者懇談会を設置し、今後の施策について、同懇談会の中でアイヌの人々の話を具体的に伺いつつ、わが国の実情を踏まえながら、検討を進めていく予定であります。

【問29】

　最後の質問は29でありまして、政府、報告作成における市民社会との協力や規約の広報活動です。わが国は第5回自由権規約政府報告を作成するにあたり、2001年および2003年にNGOを対象とした非公式ヒアリング、および外務省ホームページを通じた書面による意見募集を行いました。2001年10月の非公式ヒアリングには、NGO35団体、および政府10省庁が参加いたしまして、政府報告作成に関する自由な意見交換を行ったのであります。また2003年10月の非公式ヒアリングには、少数民族に関連するものを含むNGO44団体、および政府10省庁が参加し、活発な議論が行われたのであります。また、国際人権規約の情報を国民に広めるために、外務省はパンフレット作成等にも積極的に取り組んでおります。1998年には「世界人権宣言と国際人権規約」というパンフレットを作成し、2006年には「国際社会と人権」というパンフレットを作成いたしました。さらに、外務省ホームページにおいても国際人権規約の紹介を行っております。

　わが国は国内人権状況の改善のための取り組みの一環として、市民社会との協力および人権関連条約の広報活動を政府が積極的に行うことは欠かせない要素であると強く認識しており、今後もこれらの取り組みを継続していく所存であります。

　以上が貴委員会から事前にいただいたリスト・オブ・イシューズへの回答であります。またそれに関連したわが国国内の最近の進展事項の説明をさせていただきました。これが、代表団として委員会の皆さまと有意義な議論ができることを期待しております。ありがとうございました。

8　委員からの質問③

ラファエル・リバス・ポサダ議長：

　ありがとうございます。リスト・オブ・イシューズの第2部（後半部分）に関する回答をしてくださりありがとうございます。これから議題を変えなければいけないのですが、午後のセッションのためにも、午前の部の対話を長くても1時間半で終わらせなければいけません。問20に関して発言を求

めている委員の発言者リストが手元にあります。最初の発言者はオフラハティー委員ですが、質問とコメントをまとめてしていただければ午前の部が午後1時までに終了できますし、午後はさらに質問が出ますので、この午前の部ではあと委員1名分しか十分な時間が取れませんので、宜しくお願いいたします。

マイケル・オフラハティー委員：
　議長ありがとうございます。私は手短に述べさせていただきますので、昼食前にもう一人の委員の発言分は時間があるかと思います。問20と25に関してだけ問題提起したいと思います。

【人身売買】
　まず、問20の人身売買です。日本が人身売買と闘うために取り組みを進めていることは疑いませんし、その対応は非常に助けとなるものだと感じておりますので、私が追加的に質問を呈するのに十分な枠組みであると思います。締約国から、なぜ人身売買の事件に関する統計が提供できなかったのかに関するより多くの情報が欲しいと思っております。ケアを受けなければいけない人々などの統計はありますが、実態に関する情報です。実態をはかるということは極めて難しいことだということは承知しておりますが、そうした努力が払われていることは重々承知しています。ユニセフおよび様々な地域において現場の実態の感覚を掴む面白い試みがなされていますが、日本ではそうしたことがなされているのか、なされていればどのような結果なのかということです。二つ目に、国家行動計画に関する情報を呈していただいた事を歓迎いたしますが、もう少しより多くのことを知りたいと思っております。例をあげると、政府の中でどの部署がこれをコーディネートするのか、この問題に関わる政府内の様々な部局を跨いでどのように省庁横断的な側面が取り扱われるのかということを知ることができれば嬉しく思います。例えば、省庁間タスクフォースか何かでしょうか。というよりも、日本が人身売買に対するプログラムにおいて、外部の団体が恒久的な役割を担うことを認めている分野が二つあると思います。一つは、民間のシェルターを利用すること、そして本国への帰国という問題になったときのIOMによるアセスメントに頼っているということです。私が問いたいのは、この外部委託を日本がどのように監督しているかということです。民間シェルターがそこに来る人々をどのように扱っているかということに関して、人権を十分に遵守する事をどのように保障しているのか、そして人権機関ではないIOMが日本の人権保障義務のもとで適切な方法をもってアセスメントを行うようどのよう

に保障しているのでしょうか。

　問20に関して、人身売買をする人たちに科される刑罰が非常に軽いものであるとする情報に関してです。示されたものによると、2005年時点の法務省の統計において、有罪判決を受けた75名のうち6名しか懲役・禁固刑を受けておらず、しかも6名の平均刑期が2年です。そして、興味深いことに、懲役・禁固刑を受けた6名のうち1名を除いてそのすべてが外国人であったわけです。ですので、私の質問は、なぜこんなにも軽い刑なのか、そしてなぜ外国人だけが刑務所に送られるのかということです。

【性的同意年齢】
　少しだけ問25に触れますが、もちろん議長に申し上げたとおりに、短くだけ触れます。子どもへの虐待の問題についてです。繰り返しになりますが、有益なご回答に感謝したいと思います。ご回答に見られるとおり、この深刻な問題に取り組む日本の姿勢に疑いはありません。しかしながら、頂いたご回答では（性交）同意年齢に関しての質問については見落とされています。なぜ日本における同意年齢が、13歳とこれほど低いのかという私たちの質問へのご回答をいただいていません。私たちはこの質問への回答がぜひとも必要だと思います。また、この同意年齢が男児、女児とも同じなのかも教えていただければと思います。子どもの虐待を防ぐための包括的な支援について言及していただきました。その包括的な支援は国の行動計画といった形に反映されているのでしょうか、そしてそうであれば、その行動計画の詳細を教えていただけませんでしょうか、そしてそうでなければ、そうした計画なくしてどうして対応が包括的といえるのか、教えていただければと思います。

　そして、最後に、今年の6月に日本でもついに児童ポルノ所持を犯罪とする法案の審議がされたという有益な情報を示してくださいました。これは非常に重要なイニシアチブであり、以前にはこの問題に関してもNGOが批判していました。それは、その行為を犯罪化していない国では、犯罪が国境をこえて行われたときに、対応が実際のところ非常に困難になるからです。そこで、今その法案はどうなっているのか、そしてまだ法律として制定されていないのであれば、児童ポルノの所持を刑法上禁止する規定がいつできる見込みなのか教えてください。ありがとうございます。

ラファエル・リバス・ポサダ議長：
　ありがとうございます。それでは午前の会議を終了いたします。委員会および代表団は午後3時に議場に戻っていただくようお願いします。3時から他の委員からコメントおよび質問があります。それでは休会いたします。

審査2日目（午後の部）
2008年10月15日（水）第94回委員会 第2576回会合 午後3時～午後5時4分

ラファエル・リバス・ポサダ議長：
　ここに当委員会第2726回会合を招集いたします。委員による発言を続行したいと思います。それではまずウェッジウッド委員に発言を許可します。どうぞ。

ルース・ウェッジウッド委員：
　議長、ありがとうございます。そして、当委員会に引き続き第3回目の会合の開催を認めていただいた代表団および大使に対し、その忍耐力にご謝意を表します。第3回目の会合の開催は、関係者全てに有益だと思われます。このような事例は頻繁ではないので、ご対処いただいたことを感謝いたします。

【「慰安婦」】
　まず、問21に関するフォローアップについて質問させてください。第2次世界大戦における慰安婦の問題、および、被害者の方々が経験したことに対し補償をしていくために如何なる措置を取り得るかということです。第2次世界大戦は、戦後生まれの方々には遠い過去ですが、その時代に被害を経験し現在も生存している方々もおられます。慰安婦の問題というものは、人権の分野における不変の関心となってきました。私は、慰安婦という言葉に対し強い違和感を常に持ち続けてきました。その理由は、強制的な性交渉を持たざるを得ない地位にあった女性からは、肉体的にも精神的にも真の意味の「慰め」も「安らぎ」も見出せないからです。しかしながら、私は、大使の陳述を非常に評価するとともに、大使が、本日この会場で、慰安婦という社会現象は「多数の女性の尊厳と名誉を完膚なきまで棄損した」と発言されたことは極めて意義深いと考えます。この内容は、発言することそれ自体に意味があり、何度でも繰り返し発言することが重要であることから、評価いたします。
　この問題は法的に解決されたか否か議論することもできるでしょう。国際人権法は1945年または1952年の当時から相当変遷したため、個人の申立を処理する国家権力の有り方は当時とは別物であるということも出来るでしょう。しかしながら、私が注意を喚起したいのは、この点ではありません。むしろ、多くの人々が共有していると思われる懸念というのは、大使による率直なご発言およびこれを支持する人々が存在するとしても、政府または政

府の一部から、時あるごとに異質の発言または沈黙が横行してきたという点です。2005年検定合格した8社による高校生用の新教科書のうち1社による教科書は慰安婦について一切記述しなかったにもかかわらず、中山成彬文部科学大臣（当時）が、教科書に誤った描写も過去には存在したと発言したことへの懸念です。

　外務大臣麻生太郎氏（当時）は、私は何かの間違いであって欲しいと思いたいのですが、慰安婦による奉仕が日本軍に存在したことに疑問を提起する旨、2007年2月20日発言したと引用されています。自由民主党政調会長の中川昭一氏は、日本軍が女性を意思に反して連行し奉仕に従事させたと宣言すべき証拠はないと発言しました。これは、韓国朝鮮人、中国人、フィリピン人、台湾人、インドネシア人およびオランダ人の女性についてです。

　そして、この問題は、議長、私の国で問題になっているということからも注目しています。今般完成した議会による調査報告書を見ると、軍職員の関与および軍組織の指令は疑いの余地がないと記載しています。女性たちは、たとえ勧誘されていたとしても、現場に止まるよう強要されたということは確かなことです。アジアにおける名誉感情を前提にすると、20万人もの女性が自らの自由な意思に基づき、悲惨な状況の現場に止まったということは有り得ないことです。そして、私が大使に対し、この問題について広汎な視点に立たれることを強く求めている理由は、昼食直前に交わされた対話にあります。すなわち、現代社会における女性、少年、少女および男性の人身売買について、これを防止、廃止、解決するべきことをいくら強調しても強調し過ぎることはないということです。

【人身売買】

　人身の売買は、大使のご発言によれば、人権に対する重大なる侵害です。では過去を振り返ってみて下さい。現代社会の突出した問題だといえるでしょう。この委員会は多くの時間を費やしてきました。それでは、過去の出来事は忘れ易いはいえ、この二つの問題（編者注：現代と過去の人身売買の問題）を両立させることは困難です。

　それ故、私は、日本がリーダーとして、現代における人身売買の防止に取り組むに際し、一方では、日本政府を構成する方々が事実の存在さえも否定する旨時々発言され、他方では、被害女性が今なお生存しながら、民間団体を介した非公式な補償しか受けていない状況というものは、日本国の真の利益に沿わないのではないかと怪訝に思います。

　私は、ジョンズホプキンス大学で戦争犯罪と戦争法を教えており、戦時に

おけるレイプの問題は、現在、ルワンダ法廷、ユーゴスラビア法廷および国際刑事裁判所の裁判例において、極めて興味深く、かつ重要な論点の一つを構成しております。連合国軍は、ヒトラーのファシスト体制を打ち破るに際し、ベルリンでレイプを犯したと現在では考えられています。レイプは戦時下で起る社会現象であり、特別な注意を喚起しない限り、他の如何なる紛争下においても繰り返され得るものです。それ故、私は、友人の心をもって、日本政府に対し、公的な政府の責任を認容することを拒絶するという立場を再考し、現在極めて高齢の慰安婦の方々に対し、象徴としての補償を提供することにより、前に踏み出して欲しいと強く願います。ホロコーストによる犠牲者の場合と同様、もはや高齢で活動できないことを考慮した措置を模索していただきたい。

【在日韓国朝鮮人の年金と学校制度】

　それでは、差し支えなければ、規約第26条に関する問題に移行し、手短に述べます。しかし、この問題も歴史の不正義に関わります。まず、朝鮮半島が日本の植民地であった時に日本国内に居住するに至った在日韓国朝鮮人は、1952年、寄る術もなく見捨てられたという情報がNGOから寄せられ、私たちの注意を引くに至ったことを指摘いたします。これらの方々は、日本と祖国との間の平和条約により、1952年に国籍を喪失しました。これは、以下の2点を帰結します。第1は、この変更が加えられた時点で35歳以上であった人は、1982年に年金受給資格が回復されました。

　しかしながら、その時点で35歳以上であった人々であっても、20年から25年という不可欠な支払期間を満たし得ないため、年金受給資格が与えられることはありませんでした。したがって、日本政府は1952年時点から1982年時点に方針を変更することによって、先ず在日韓国朝鮮人から国籍を剥奪し、次に年金受給資格を回復するにあたり、受給資格を取得するための支払期間を満たし得ない場合の調整規定を欠いたのです。年老いた人々は年老いた人々です。誰かが面倒を見なければなりません。

　第2に、障害者の問題です。日本の制度では、通常、20歳前に障害を負った者は、20歳到達時に障害者年金の受給資格を取得できるのですが、金洙栄（キム・スヨン）という名前の方の事例を通じて、私は着目するに至りました。しかし、このような力技、すなわち平和条約および年金受給資格の回復に振り回された挙句、受給資格を喪失する人々が出現したのです。この場面においても、これまでの歴史が過酷かつ不寛容な現実となってはならないはずです。

日本における韓国朝鮮文化一般について触れたいと思います。韓国朝鮮学校は、一般教養の中等学校としてではなく、職業学校としての助成しか受けられないと聞きました。私どもは、自決の観念、または、規約第27条による先住民族の権利若しくは他の民族集団の権利を適用するにあたり、それぞれが自らの文化を享受し、その実現を妨げることがないよう加盟国に慫慂しています。しかしながら、このような低い助成で韓国朝鮮学校に通うことは誰にとっても難しいのではないでしょうか。また、韓国朝鮮学校では、日本の大学の入学試験を受ける資格を自動的に学生に付与できないのです。
　私は、以下の2点において、日本における自由主義の文化は再検討すべきであろうと考えます。つまり、日本の中に多文化主義を適用することであり、欧州諸国、北米諸国、豪州のあらゆる国々において馴染みのあるものです。私たちは皆、今や多文化国家なのです。そして、その実現程度によって、日本の国際的なリーダーシップにかかわる問題ともなるのです。

【アイヌ民族・琉球民族，残留邦人】
　また、懸案の他の3事項について、簡単に指摘させてください。一つ目は、あらゆる社会に存続する類の差別に直接かかわるものでありますが、とりわけ日本に関しては、アイヌ血統の人々、沖縄血統の人々、および社会的なカースト制度ともいうべき被差別部落に属する人々、これらの方々の地位に関して、不可触であるかつ社会的に劣価するという蔑みのレッテルを貼るように収集された情報が悪用されているということに対し、私たちは、未だ大きな懸念を共有しています。特に、当委員会の先例に鑑みると、この7月の審査を終えた国家（編者注：7月に審査されたイギリス、フランス、モナコ、アイルランドのうちのいずれかの国を指す。文脈から、プライバシーの保護が大きなテーマとなったイギリスを指すと思われる）におけるが如く、私的な情報の悪用が懸念されます。部落制度においては、人々は識別化され、その情報を秘匿することまでも禁止されるのであり、もともと不公平な識別情報は、プライバシーの利益および不法な情報の管理に関連することから、日本政府はその根絶に取り組むことを要請されます。
　最後に、戦後、中国に残留せざるを得なかった日本人の問題について、これも第2次世界大戦当時の話ですが未解決であり、述べさせていただきます。私は、戦争が終了した直後の1945年、中国に残された人々は、財政的援助者および財政的身元保証人がいないと日本に戻れなかった、そして、日本政府は何らこの人たちに財政的援助をしなかったということについて、資料の提供を受けました。しかしながら、もともと日本国の構成員であった者が取

り残されたとすると、その者の国家からの離脱は本人の意思に基づかないわけですから、このような経験をされた方々に対し何らの補償もすることなく困窮した状況に置いていることは、締約国に再考していただきたい事項の1つです。

　これらすべての問題は、歴史的な事故、歴史的な出来事の性質を有しており、如何なる国家も少数派に対し持たなくてはならない寛容性にかかわる問題です。私は、日本の法制度について、あるいは、何故これらに関する訴訟が日本の裁判所で勝訴できなかったかという課題に立ち入るまでもなく、政府は、法律を通過させる際、予算配分をする際、または、特定の集団に寛大な精神をもって対処するべく規制を改正する際、それぞれの場面の道標として、自由権規約の精神を活用することが出来ると思います。ありがとうございます。

ラファエル・リバス・ポサダ議長：
　ありがとうございます。それではマジョディーナ委員に発言を許可します。
【難民認定審査】
ゾンケ・ザネレ・マジョディーナ委員：
　議長、ありがとうございます。時間の関係上、長くならないようにしたいと思います。私は問22に対する口頭回答のフォローアップをさせていただきたいのと、日本国報告書審査に当たってこのセッションを延長してくださったことに関して、私の同僚同様、議長に感謝したいと思います。というのも、問題の重大性に鑑みるとこの対話にあてられた延長時間は必要だと思います。まず、難民申請者の不服申立について、独立した機関による審査が保障されているか否かという問題に関して述べたいと思います。手始めに、今般人権理事会により実施された日本の普遍的定期審査に言及いたしますと、日本に対し難民申請を審査する独立した機関を創設する旨勧告されています。

　これに対する日本政府の回答は、広範な分野の中から選任された専門家で構成する難民審査参与員が存在し、これが中立的な第三者として活動しているとしています。これは、2005年の出入国管理及び難民認定法の改正に基づくものであり、所管大臣が難民申請者の拒否を決定するに際し、この難民審査参与員の諮問を受けることができるというものです。

　しかし、この改正は独立した審査過程を創設したとはいえないことを指摘しなければいけません。つまり、大臣が難民審査参与員を指名するというのであれば、委員の指名過程はとても透明性があるものとはいえません。さら

に重要なことは、委員には何も意思決定の権限がないということです。まさに大臣こそが、難民審査参与員の勧告に基づき、意思決定をするのです。ですから、如何なる意味においても、独立した機関による独立した過程とは評価しえないのです。つまり、日本の出入国管理制度において、難民申請者の訴えに対する独立の審査は存在しないという問題は依然残っているのです。

そして、二つ目の問題として、強制送還の猶予の問題に移りますが、法律によると、強制送還手続は不服審査手続が完了するまで停止されるとなっています。しかし、実際には、難民申請者は、不服申立中であっても、所定の手順として強制送還されるという情報を得ています。この点は、もちろん日本国憲法で保障される法の適正な手続を受ける権利の侵害を構成します。

様々な事例について報告を受けている中で、あるアジア人女性について、難民申請が却下されたその日のうちに強制送還されたという事例があります。この事例は、当初の申請却下への不服申立の段階で判明しました。この事例は、難民申請者が却下決定に対する不服申立の期間満了の前に、または、難民申請を如何にするべきかという点、もしくは、難民申請者として如何なる法的保護を受ける権利があるかという点について、適格な情報を受ける前に、強制送還は強行されているのではないかと疑われている多くの事例の一例に過ぎないのです。

もちろん、出入国管理法の2005年改正は、難民の地位の申請が拒否された場合であっても滞在を許可する特別な制度を規定しています。それ故、申請者は人道的な見地から日本に滞在する許可を与えられる可能性があります。日本政府がこの改正を行ったことは賞賛されるべきだと思います。しかしながら、この手法が難民申請者の権利を保護するための補完的な制度であるか否かを考慮する前に、人道的見地から滞在を許可された者は、如何なる権利を享受するのか、お尋ねしない訳には参りません。（この制度によって滞在が許可された場合）就労可能ですか。社会福祉や社会保険へアクセスできるのでしょうか。日本ではどのように暮らすのでしょうか。何よりも、人道的見地から滞在を許可される適格を具えているか否か決定する基準は如何なるものでしょうか。

この点に関して、いま少し掘り下げたご説明をいただければ幸いです。この手法は、付加的な便益の供与のようにも見えます。この手法は、申請中の難民としての地位が最終的な判断を受けていない者たちのための便益ともなり得るでしょう。私は、かような滞在許可を取得する手法があるのであれば、滞在許可の問題が、人を拷問およびその他の残虐な、非人道的なもしくは品

位を傷つける取り扱いを受ける危険のある場所へ送還することを禁止する法理に関連して提起される場合には、全ての事例について、安定的かつ継続的に滞在を許可する旨、強く要請いたします。報告書を見る限り、強制送還の禁止の問題および規約第7条は、時として考慮されますが、常時ではないようです。

最後に、難民審査過程における弁護士、法律扶助、および通訳人へのアクセスの問題について、私たちは、難民申請者において、その申請の支援を受けるべく弁護士へのアクセスを要望する殆どの事例について、国の予算による法律扶助は提供されていないという報告を独自に受けています。日本の普遍的定期審査において、政府は、難民の求めに応じ法律扶助を供与すべき旨勧告を受け、日本政府は、そのフォローアップを約束しましたが、現在まで、難民申請者への支援を改善するべく、具体的な措置または実現に向けた計画は提示されていないと聞いています。

さて、通訳人について、日本には通訳人を正式に認証する制度がないようです。しかしながら、難民申請者に対し通訳人がつくことは必要な実務であるにもかかわらず、難民申請者において、不完全な日本語通訳によって申請手続において証言を強要された後、強制送還手続が進行するという多くの事例が報告されています。不正確かつ不完全な証拠に基づき、人々が強制送還させられる危険性が提起されます。すなわち、議長、難民申請者において、独立した審査機関へのアクセスがないこと、または、弁護士もしくは通訳人へのアクセスが不適切なことの帰結として、殆どの場合、法の適正な手続に基づかないで強制送還が実行されるのです。ですから、代表団におかれては、問22における上記の諸問題について、更なるコメントを頂ければ幸いです。ありがとうございます。

ラファエル・リバス・ポサダ議長：
　マジョディーナ委員ありがとうございます。それではバグワティ委員に発言を許可します。

プラフラチャンドラ・ナトゥワルルラル・バグワティ委員：
　議長、ありがとうございます。今回初めて発言をいたしますので、まずは日本からの代表団の皆様方への暖かい歓迎の意を、他の委員と同様表明いたします。代表団は最初の諸質問に対して非常に詳細なご回答を提出していただき、私は第2回目の諸質問に関しては有効な回答をしていただけると確信しておるところです。私は二つの質問だけにとどめますので、それほど時間を取らないと思います。

【中央労働委員会】

　最初に、問 23 に関し、ぜひ尋ねたい質問がございます。中央労働委員会は法律の委任を受けた機関なのでしょうか、それともただの行政機関なのでしょうか。もし法律上の機関であれば、どのような権限、どのような機能があるのでしょうか、というもの私どもに提出された報告書では、同委員会に関するこの論点については明確ではないようです。この委員会の機能はどのようなものかもまた知りたいと思います。委員会は、他の特定の労働関係機関を無視し、あるいは承認を与えないような権限が与えられているのでしょうか、それとも、実効的な権限のない監督機関に過ぎないのでしょうか。また、同委員会の機能として、様々な機関の業務を認可する機能はあるのか知りたいと思います。監督権限というものがどのようなものなのか知りたいと思います。というのは、それが分からなければ、政府報告書は特有の事実に焦点を当てるものとはならないように思えるからです。

　また、同委員会により、幾つの事件が現実に検討されたのかを知りたいと思います。つまり、どれだけの数の事件が委員会により認可され、どれだけの数の事件が拒否されたかということです。この特定の委員会について、その権限の及ぶ範囲を厳密に知りたいと思います。というのは、そうでない限り、私たちは、同委員会が何を目的とするのか理解できないからです。これらは、私が、問 23 に関連して知りたい論点または質問です。

【「合理的な差別」】

　次に、私が情報を頂きたいのは、問 26 に関するもので、合理的な差別に関して述べているものです。それによりますと、合理的な差別ではない差別を許容する法律は悪いものであるとしています。私は、特定の法律に定められた差別の合理性の審査基準について、また、何が合理的な差別であるのか定義付けた判決はあるかについて、知りたいと思います。そして、何が合理的な差別であり、何が違うのか決定する目的をもって、裁判所による判断が下された事例はあるのか知りたいと思います。さらに、合理的な差別の概念を解説または解明するような裁判所の判断に関する情報を教えていただければと思います。これらの質問について、明確な回答を頂くことによって、合理的な差別の全体像が非常に明確になると思います。ありがとうございます。

ラファエル・リバス・ポサダ議長：

　バグワティ委員、どうもありがとうございます。それではシーラー委員どうぞ。

【婚外子に対する差別】

アイヴァン・シーラー委員：

　議長、ありがとうございます。問27に関連した補足的な質問をしたいと思います。私の同僚パーム委員の質問で、その問題は広範に扱われていますが、それに関係して2、3の追加的な論点があります。そして、私たちのリスト・オブ・イシューズには載っていない質問も2、3あります。これまで、出生届の問題と日本法における嫡出・非嫡出の問題として、親が届け出なければならない出生届の書式は当委員会の関心を引いてきました。この届出用紙には、嫡出・非嫡出を記すべき欄があり、この書式の差別的な性質に起因して、少なくない母親が出生届を提出できず、子に深刻な結果を招来したと考えられています。そこで、私の質問はこうです。この書式の内容は、政府による見直し対象になっているのでしょうか、また、子は、住民登録を受付けて貰うためには、事前に家族の戸籍に届け出る（出生届の）手続を経ることが必要なのでしょうか。

　そして、この問題に関わる別の質問は、嫡出の相続人に対抗する非嫡出子の相続権に関連します。日本政府は、非嫡出子に嫡出子の半分の相続権しか与えない法律を存続させることにより、この両者の不平等に寛容であるように見えます。これは、民法第900条第4項の規定の効果によるものです。さて、代表団の書面による回答によりますと、この差別は「不合理ではない」と擁護し、世論が現状を支持しているということも引き合いに出しています。しかしながら、私の質問は、日本の自由権規約を含む国際的な義務に照らし、また、当委員会が既に死刑に関連して指摘したように、政府に頑迷な国内世論を誘導する義務があるとするならば、代表団におかれましては、この問題に更なる注意を払う必要があることについて同じお考えをお持ちでしょうか。

【外国人研修・技能実習制度】

　時間の関係で短くとどめますが、議長、二つ追加的な論点があります。まず、発展途上国からの研修生が3年間を上限として日本国内で研修および技術教育を受けることを可能とするため、1993年創設された外国人研修・技能実習制度について、注意を喚起したいと思います。さて、私たちは、このような研修生の労働条件および報酬が非常に過酷である旨報告を受けています。行動の自由は、全くないか制限された範囲でしかありません。携帯電話を持つことは許されていません。インターネット・カフェを訪れることも許されていません。パスポートを保管され、僅かな金員しか受け取ることができません。そこで、私の質問は、このプログラムは、当初は善良な企図に

基づいていたのでしょうが、その後、単なる低賃金労働者を勧誘し労働力不足を補填するための制度に変容してしまったということなのでしょうか。また、日本政府は、現行の制度について、奴隷類似と表現される労働条件を改善する観点から、あるいは、現行の制度を廃し、外国からの労働者を受け入れるまともな制度を志向する観点から、これを見直すべきではないのでしょうか。

【移住者の強制送還】

　私の二つ目の短い質問は、在留資格を持たない移住者の強制送還に関わるものですが、日本には17万5,000人程度の在留資格を持たない移住者が居住し、そのほとんどは不法滞在者であると聞いております。そのうち少なくない人々は、日本に長期間居住しているため、特に日本で成育した子どもたちに顕著ですが、その出身国の社会に再び溶け込むことができなくなってしまいました。強制送還の判断に際し準拠すべき基準または準則は、法務省に対し非常に広範な裁量を与えています。そこで、締約国は、在留資格を持たない移住者の扱いに関し、より人道的な施策を実施するという見地から、このような基準または準則の見直しを出来ないでしょうか。議長、この質問により私からは終わりです。代表団に対し、可能な限りいただけるであろう返答に予め謝意を表します。

ラファエル・リバス・ポサダ議長：

　ありがとうございます。ロドリー委員に発言を許可します。

ナイジェル・ロドリー委員：

　ありがとうございます。それでは、私からは短く申し上げます。私は、私の規約第14条に関するフォローアップ質問に対する代表団の返答が気がかりであり、当委員会が誤解に基づいた総括所見の起案をして欲しくないので、前の質問に戻ることをお許しいただきたい。私は、これまで使用してきた隔離（isolation）という言葉の意味は、人を他者と昼夜にわたり全く接触することの出来ない状態で単独室に拘禁する全ての措置を含むことを明確にさせたいと思います。隔離（segragation）の場合も含みましょう。保護措置としての場合も含みましょう。懲罰としてなされる場合も含みましょう。言葉が何であれ、全てを含めた意味で使用してきました。これが第1番です。

　第2番目は、増加傾向にありましょうか。監獄人権センター作成にかかる文書によれば、そのようです。私は、当委員会がこの情報を日本政府と共有することを慫慂し、もって、政府がその正確性について返答することが出来ると考えます。決定に対する不服審査について、私の質問はまたもや用語

の明確化を提案するものです。私は、刑務所独自の内部的な不服申立手続を話しているのではありません。私は、視察委員会制度および法務省への公的な不服申立手続について話題にしているのです。それでは、前記の独居房に収容される刑務所当局による制限区分第4種への分類については、これは事情次第では前出の昼夜独居拘禁に繋がるわけですが、これを法務省による公的な不服申立手続や視察委員会に対し不服審査の申立をすることはできない、と理解することの正否をお訪ねしたい。

【刑事施設視察委員会】

　最後に、刑事施設視察委員会に関し、同委員会の権限を明確化するため若干の質問をお許し下さい。即答でなく後に書面で結構ですので、同委員会の権限についてお答え下さい。この質問の趣旨は、私たちは、過半数を超える視察委員会は、例えば、常勤の医師を含む医療要員が不足している点、医療措置の必要性の判断は医療要員ではなく刑務官が担当している点、夜間または休日の緊急事態に対応する仕組みに欠陥がある点において、刑務所内の医療サービスが不適切であって改善の必要性がある旨勧告してきた、という報告を受けているからです。刑事施設視察委員会がこれらの問題を取り上げてきたという情報は正確でしょうか。現実に問題があるのでしょうか。委員会の勧告についてその対応はいかがでしょうか。ありがとうございます。

ラファエル・リバス・ポサダ議長：

　ありがとうございます。これ以上の発言希望者は見当たりません。代表団は休憩をご希望されますか。当委員会の委員より寄せられた直近のコメントおよび質問について検討する必要があると存じます。それでは、日本の代表団が回答をまとめるため10分間休憩を取りましょう。10分間休憩です。

（休憩）

9　委員の質問に対する日本政府からの回答③

上田大使：

　志野さんにお答えをしていただきたいと思います。

【人身取引】

外務省：

　人身取引に関して、国際的な組織犯罪であり、政府をあげて対策を講じる必要があると認識しております。従いまして、2004年4月内閣官房を中心に、人身取引に関する関係省庁連絡会議を設置いたしました。この会議は内閣府・

警察庁・法務省・外務省・厚生労働省がメンバーとなっております。その後2004年12月に、人身取引対策行動計画を作成いたしました。

この計画では、人身取引被害者を保護の対象として明確に位置づけた上、人身取引の防止・撲滅、被害者の保護を柱とした包括的・総合的な対策が採られております。現在この計画に基づき、関係省庁が連携して、人身取引対策を推進しております。その状況は関係省庁連絡会議および犯罪対策閣僚会議で報告されております。

警察庁:

警察の取り組みをご紹介いたします。警察では、入国管理局等の関係機関と連携し、水際での取り締まりや悪質な雇用主・仲介業者の取り締まりを強化し、被害者の早期保護、国内外の人身取引の実態解明を図っています。昨年1年間で40件の人身取引事犯を検挙し、41人検挙いたしました。保護した被害者の総数は43人となっています。

厚労省:

人身取引被害者の方で、ケアを受けた人の数字についてのお尋ねがございました。リスト・オブ・イシューズの回答でも申し述べましたが、2001年度から2008年度まで、現在までですが、婦人相談所などで一時保護した人数は、228人となっております。例えば2007年、この1年間においては36人一時保護しておりますが、この中で何らかの医療ケアを受けたのが24人。また1対1で直接行った心理ケアは、約40％の方が受けています。

次に民間シェルターに委託をする際に、人権に準拠した委託が行われているかというご質問がございました。婦人相談所は民間シェルターに一時保護委託しますが、そのときには、従来の実績、所在地の秘匿性などから、より適切な保護が見込まれる場合に、民間のシェルターに委託をしております。かつ、人権の研修を受講したスタッフを配置するよう、求めているところでございます。私からは以上です。

法務省:

それでは、法務省入国管理局の人身取引被害者保護の人数についてお答え申し上げます。先ほど説明がありましたとおり、2005年に行動計画が作成され、その後入国管理局が2005年から昨年2007年までに在留特別許可をした数につきましては、87人となっております。これ以外の被害者につきましては、皆、正規の在留資格を持っていた方になりますので、在留特別許可の必要がなかった方になります。この方々につきましては、法務大臣が人身取引被害者として特別に許可する在留資格をもって、在留特別許可をして

おります。

【DV被害者支援】

　ここで、先ほどドメスティック・バイオレンスの被害者の方につきまして、同様に入国管理局が在留特別許可をしているという話をいたしましたが、通訳の訳し間違いがありましたので、訂正いたします。法務大臣がDVの被害者に対しまして、在留特別許可や在留資格変更許可を行う場合の在留資格は、ロング・ターム・レジデンスと言われる資格になります。この資格によりまして、日本で生活を続け、いずれ永住権を取ることは、もちろん法的に可能でございます。以上です。ありがとうございました。

外務省：

　それから、IOMの帰国支援についてのご質問がありました。ご指摘のとおり、IOMはヒューマンライツ・オーガン（人権機関）ではないかもしれませんが、IOMのトラフィッキング被害者支援事業に関しまして、われわれは大変有用なものだと思っておりまして、これを活用しております。彼らの支援事業の内容は、具体的に申し上げますと、主に日本国内における面接、リスク・アセスメントを含む出身国への照会、帰国手配、出発前のブリーフィング、本国への移送、空港での出国支援、未成年および治療を受けている等のハイリスク・ケースのエスコート・サービスを伴う自主的帰国支援と、出身国における到着時の支援、シェルターの提供、最終目的地までのアシスト、医療・精神ケアの提供、法律相談、起業のための研修・職業訓練コース等の経済支援、就学支援等を行う社会復帰支援、これらの事業を行ってもらっています。事業を開始した2005年5月以降2008年3月末現在で、合計129名の被害者の帰国支援を実施いたしました。

上田大使：

　次に、児童虐待についてお答えいたします。そのほかの違う点についてですか。では、法務省からお願いいたします。

法務省：

　オフラハティー委員からの質問に対してお答えますが、人の人身取引に対するペナルティについて統計を出してくれということでありましたけれども、私は今はお答えできません。後で書面にてお答えをさせていただきたいと思います。

【児童虐待】

　（問）25に関して、児童ポルノの単純所持を、刑事処罰をするということですけれども、現在は……。それから、性的同意の最低年齢ですけれども、

今なお、パラ29項、大体報告書が出されて以来同じですけれども、しかし、児童買春・児童ポルノに対する法律が95年に導入されましたので、今、最終的な、児童買春に13歳以下ではこれは適用いたしますし、それから児童ポルノですけれども、非常にわいせつ行為のときには、13歳以下でということになると思います。これは福祉法に違反するということになります。性的虐待から、そしてまた搾取から児童を守ることが必要だと思います。それから13歳ということは、男女両方ともに同じです。

【「非摘出子」】

（問）27に関して、嫡出でない子に対してですけれども、子の出生証明ですが、わたし個人的にはこのことについて、この書式についてはよく存じませんので、これについては持ち帰りまして、あとでお答えをさせていただきたいと思っております。また、法定相続分でありますけれども、このことについては、皆様方にお配りした文書にて報告書が出されております。私達はこの問題について、ここに最低婚姻年齢に対して、今対処を考えているところであります。

また、この合理的な差別という概念ですけれども、判例法においても、法律においてもそれはありません。おっしゃるように、とてもおかしな概念かもしれません。合理的な差別というのは、法律、通訳の中で、翻訳の中で出てきた言葉なのかもしれません。しかし、平等という条件が14条1項という憲法の中に、グループAとグループBに対する差別を禁止する。しかしそれに対して、この問題に対して合理的な理由がなければというふうに書いてあります。また、ケースローにおきましても、いくつかの差別的な取り扱いは憲法に違反すると、これは合理的な差別ではないというふうに書いてありますので、この27に関しては、最高裁の国籍法の3条のところに書いてありますけれども、今朝も申し上げましたように、いくつかの最高裁の判決については、この差別が合理的かどうかということを考えてみなければならないと思います。

【「慰安婦」】

上田大使：

それでは、いわゆる慰安婦の問題につきましてお答えいたします。

法務省：

ありがとうございます。ウェッジウッド委員からのご質問、いわゆる「慰安婦」についてであります。この私は小泉総理が元「慰安婦」の方々に出したお手紙一通を、一部引用いたします。

「慰安婦の問題は、日本の軍当局が当時関与したものであり、非常に多数の女性の名誉と尊厳を深く傷つけた問題であります。日本国の総理大臣といたしまして、心からのおわびと反省の気持ちを表明したいと思います。この大変な痛みと苦しみ、そして癒すことのできない心身の傷を、慰安婦として苦しんだ方々に表明するものであります。日本国総理大臣」というものであります。

　手紙の一部を読み上げました。しかし同時に、口頭で上田大使が申し上げましたとおり、戦争にかかわる課題・問題は、サンフランシスコ講和条約あるいは他の条約を通じたものであっても、この条約当事国との間で解決済みであります。ですから、この法的な問題に関しまして、日本の、政府の管理といたしまして、どこまでできるでありましょうか。日本の政府といたしましては、何がこの問題について成しうるかということにつきましては、真摯に、もちろん検討をいたします。この検討というのは、実際それがきっかけとなって、このアジア女性基金ができたわけであります。ＡＷＦと略称されます。

　アジア女性基金を通じた取り組みに関しましては、いくつかご紹介申し上げます。元慰安婦、フィリピン・韓国・台湾の方々に対し、1人当たり200万円の償い金をお届けいたしました。285名に対してお届けいたしました。このおわびと反省の気持ちを表すものであります。そして、この5億1,000万円に相当する医療・福祉授与資金を、政府拠出金を原資として行いました。オランダにおいては、元慰安婦の方々の生活状況の改善を支援するための事業を行いまして、総額といたしまして2億4,150万円相当の拠出を、政府拠出金を原資として、いたしました。インドネシアにおきましては、インドネシア政府の意向を尊重し、政府の拠出金を原資として、この高齢者のための社会福祉推進事業を行い、総額3億8,000万ドル規模の拠出を致しました。さらに、歴史のこの問題の重要性を認識し、そして将来の教訓とするために、そしてこのような問題が二度と繰り返すことがないよう、アジア女性基金はこのさまざまな慰安婦問題に関連する資料の収集・整理などを積極的に行いまして、そして、資料につきましては、www.awf.or.jp というウェブサイトで見ることができます。さらに付け加えますと、これらの措置につきまして、日本政府は真剣に日本国民と討議し、そして6億円の寄付が民間から集まったということを申し添えたいと思います。なお、慰安婦について記載された教科書も複数発行されているところでございます。

【少数民族への教育】

続きまして、少数民族への教育について申し上げます。各種学校の認可を受けたものも含め、いわゆる外国人学校については、その教育内容について、法令上特段の定めがありません。そのため、その教育内容について、高等学校卒業と同等以上の一定水準の教育であることをどのように担保するかについて、検討いたしました。その結果、先に書面で回答いたしました3点の大学入学資格の弾力化を図ることによって、広く大学入学資格を認めているところでございます。以上です。

【児童虐待防止】
厚労省：
　ありがとうございます。児童虐待の防止について、包括的な戦略あるいは国全体の行動計画の有無について、お尋ねがありました。国レベルにおきましては、2004年6月に少子化社会対策大綱を閣議決定をいたしまして、この中で、児童虐待防止対策の推進を位置づけています。さらに、全閣僚からなる会議におきまして、具体的な計画推進のためのプラン、子ども子育て応援プランを策定し、2009年度まで計画に基づいた取り組みを進めています。地域レベルにおきましても、児童虐待防止のためには、福祉・医療・保健・教育・警察など、いろいろな分野での連携が不可欠です。このようなネットワークを市町村に設置するよう、働きかけをしております。2007年4月時点で、84％の自治体に設置をされています。ありがとうございます。

【外国人の年金】
厚労省：
　続きまして、外国人の年金についてご説明いたします。わが国の年金制度においては、現在日本人であるか外国人であるかにかかわらず、被保険者になっています。ただ、ご質問にあったように、一定年齢以上の外国人の中には、年金受給権のない、年金を受け取れない方もいらっしゃいます。これは、1961年の制度発足当初、外国人を適用対象外としていたのですが、1982年に外国人への適用拡大を将来に向かって行ったということがございます。ご質問にあった点については、保険料を拠出した者に給付を行うという社会保険の原則を踏まえて、検討したいと考えている問題である。

【在留邦人】
　続きまして、第2次世界大戦終了時に中国に残ったまま日本に帰れなくなった人々についてご説明いたします。これらの方については、帰国旅費の援助、また日本語学習支援などの、これにより日本に定着することを支援しております。それに加えまして、日本に定着される方については、老後の生

活の安定のため、年金について優遇措置をするということをしております。
【中央労働委員会】
　次にバグワティ委員からありました、中央労働委員会につきましてご説明いたします。中央労働委員会は、法律的には独立行政委員会と言われております。組織としては、厚生労働大臣の下にございます。ですが、これは準司法機関です。ややこしいのですが、何を、どのような権限があるかと言いますと、労働者からの訴えに基づいて、労働組合員であることを理由とする差別、これを不当労働行為と言いますが、このような差別があったか否かを審査し、差別があれば、救済命令を発するというものです。独立して事件を審査する機関であり、個々の事件について厚生労働大臣の命令を受けないということになっております。なお、救済命令や訴え棄却の件数については、これらの件数については、現在手元に資料がありませんので、後で書面で提出させていただきます。
【外国人研修制度】
　続きまして、シーラー委員からありました、外国人研修生についてお答えいたします。外国人研修生について、厚生労働省は受け入れ期間の実態調査を行っております。そこで人権侵害などがあった場合については、今後3年間研修生の受け入れを禁止するという措置を講じております。今後ともこのような実態調査を強化し、この外国人研修制度の適正化に努力して参りたいと考えております。以上です。ありがとうございました。
【刑事施設視察委員会】
法務省：
　それでは、刑事施設視察委員会の活動状況について、数字も交えてご説明いたします。刑事施設視察委員会は、この度の新法の新しい法律の施行に伴い、2006年5月以降わが国のすべての刑事施設に置かれております。刑事施設視察委員会は、刑事施設の視察や被収容者との面接などを行い、刑事施設の運営の状況を的確に把握した上で、刑事施設の長に対し、その運営に関する意見を述べることを職務としております。刑事施設視察委員会の委員には、弁護士・医師・地方公共団体の職員、刑事施設がある地域住民の代表などの方々に、委員になってもらっています。委員の任命にあたっては、弁護士会・医師会・地方公共団体などから推薦をいただき、その方々に委員をお願いしております。そして、数多くの刑事施設視察委員会においては、日本弁護士連合会に所属する弁護士に委員長を務めていただいております。刑事施設視察委員会から述べられた意見については、刑事施設においてその内容

をよく検討した上で、今後の施設の運営に反映するよう努めております。

　刑事施設の長は、刑事施設視察委員会に対して、定期的にまたは必要に応じて、情報を提供することとしております。また、刑事施設の長は、刑事施設視察委員会に対する協力義務を負っております。また、被収容者が刑事施設視察委員会に対して行う申し出については、秘密性が担保されております。お手元にお配りした日本の刑事施設というパンフレットの7ページに、刑事施設視察委員会に被収容者が申し立てを行うための提案箱の写真が載っております。2007年度の刑事施設視察委員会の活動状況を、全国の合計の数字で簡単にご紹介します。委員会の会議の開催回数は、合計400回。刑事施設の視察の回数は187回。被収容者との面接件数は589件でした。また、視察委員会が刑事施設の長に対して提出した意見の数は合計625件であり、そのうち刑事施設の長が措置を講じたもの、また講じる予定のものが367件。刑事施設限りで対応できないため、法務省に伝達したものが93件。さらに、協議検討が必要なものが165件でした。

　医療関係の勧告の件数等については、後ほど書面でお答えします。以上です。

【難民参与員制度】
法務省：

　それでは、難民参与員制度についてご説明申し上げます。難民参与員は法務大臣が任命しているのは確かでございます。ただし、その任命にあたりましては、国会の決議に基づきまして、日本弁護士連合会、UNHCR、それから難民の支援に対して経験にたけたNGOの方、もしくはわれわれも尊敬する安藤仁介先生を初めとする国際法学者の先生方に、徹底的に私どもの難民の認定処分について審査をしていただいておりますので、この参与員制度は、十分に独立した機関であるというふうに考えております。また、法務大臣はこの参与員の先生の多数意見に従うというのが、この制度の目的であり立法趣旨でありますので、今後ともこの考えは変わりません。ですので、難民参与員制度は、十分に中立的公平な第三者機関であるというふうに考えております。以上です。

　それから、一つだけ付け加えますが、難民不認定後、わたしたちは7日間、異議の申立をするかどうか、必ず待たなければならないという法律の規定になっておりますので、難民不認定処分をして、すぐそのまま送還するということはあり得ません。以上です。

法務省：

シーラー委員からご指摘のありました、強制送還の基準の関係でございますが、退去強制の対象者については、入管法の24条で明記されております。他方、在留特別許可については、基準はございません。ただし、在留特別許可の透明性を高めるために、特別在留許可をされた事例を公表しておりまして、それと同時に、在留特別許可にかかるガイドラインを作成して、在留特別許可に関する基本的な考え方を公表しております。

それから、あと先ほど研修生の問題について厚労省からご説明がありました。それに付け加えまして、1点だけ申し上げたいと思います。厚労省からは、実態調査の強化によるその研修制度の適正化についてのご説明ありました。加えまして来年ですね、2009年の通常国会までに関係法案を提出するということが、閣議決定で求められております。これは、研修生の法的保護を図るという観点から、労働関係法令を適用することを含めたものでございまして、そういう法改正も検討の視野にあがってございます。以上です。

ラファエル・リバス・ポサダ議長：

　委員会にご回答頂き、代表団には本当にありがとうございます。委員会の委員1人から別のコメントがありますが、これはこの対話の時間の制限が近づいていますので、書面でご回答いただくことになるでしょう。ウェッジウッド委員どうぞ。

【「慰安婦」】

ルース・ウェッジウッド委員：

　議長、そして繰り返しますが代表団の皆様、どうもありがとうございます。述べられたことへの返答として短く一つだけ述べたいと思います。そして、これを私たちの国々との間の、個人的にもですが、偉大な友好の精神において、そして私の個人的な立場の意見としてお受けいただければと思います。慰安婦に関して、法的な根拠なしに一人のつつましい日本の公務員が何ができるかとおっしゃいました。ええ、現実的な公式の補償に向けた法律を提案したらどうでしょう。私の貞節は2万ドルを優に超える価値があります。ですから200万円の支払いは抽象的には非常に多額ですが、失われたもの、女性の貞節に比すればそうではありません。

　二つ目に、これ（慰安婦の問題）を教科書から削除しないで下さい。それは行政上の決定です。三つ目に、政府の他の人たちが歴史的出来事に疑いを投げかけるような常軌を逸した発言をしないようにしてください。フランス語で「テ・トワ（黙れ）」と私たちが言うように、彼らに言ってください。この問題に対する首相の見解に合わせてください。四つ目に、ちょっとどう

なのかと思うのですが、これがなされていないのかどうかも分からないのですが、郵便で手紙を受け取るのは、儀式と違うわけでして、私はまた日本における礼儀の形式が非常に思慮深いことは存じ上げておりますが、郵便で手紙を受け取るのは、例えば税務署から通知が来るようなものであって、人生を変えるような出来事に対する謝罪ではありません。

そして最後に、韓国人の年金問題にだけ触れさせてください。もし韓国人が1962年から1981年までのその期間に支払う機会がなかったら、それに対してペナルティが与えられるのはちょっと奇妙に思えます。日本政府は、掛け金を遡って支払うべきだと言っているのではありません。政府は、年金受給資格が全くないといっていて、繰り返しになりますが、かつてのおそらく間違った判断のとても不幸な結果だと私には思われます。ご清聴ありがとうございます。

ラファエル・リバス・ポサダ議長：

ありがとうございます。さて、私たちはこの対話の終わりに差し掛かりました。火曜日の午後6時までに再び追加的な情報を送付すれば、総括所見の草案作成の際に考慮されるという機会があることを、代表団には再度念押しさせていただきます。大使に閉会に当たっての発言を許可する前に、勝手ながら私からいくつかコメントを述べさせていただきます。委員会の義務が、規約の遵守の必要性に鑑みて、どういうものであるのかを代表団が十分に良く理解されていると、委員会は確信しております。基本的に委員会は、締約国においてどの程度、立法、措置、そしてとりわけ社会的慣行が人権の規約にどれだけ忠実に沿っているものか、分析します。

今、この任務を実行する際に、委員会は、基本的に定期審査を通じて締約国から提供される情報、そして市民社会、NGO、そして他の情報源一般から得られる情報を元にしています。しかし、この情報は、情報そのものが目的ではありません。委員会は、市民的および政治的権利の規約に沿う、あるいは反する場合とその範囲内を除いては、国内的な立法に関する分析および研究に責任を負いません。

基本的に、委員会は、締約国の行動がどの程度、これらの国際条約への署名および批准における誓約を反映しているかを見ているわけです。この精神でもって、私たちはこれらのヒヤリングを行っているわけで、この精神でもって締約国と定期的な対話を行っているのです。これはまた国際協力の実践でもあります。これによって代表団は、委員会による規約上の義務の解釈の展望、見通しがどんなものであるかを認識することができます。委員会はまた、

締約国から、求められている説明および勧告や、懸念のもととなっている側面に対するなし得る弁明を、聞くことができるのです。こうして私たちは共通の言語を作り出し、国際的な法令順守を達成する視点に立って、ともに近づくことができるのです。

　私たちは締約国が、完全に、これが委員会と締約国との対立関係ではないということをよく理解しているのを確信しております。これは協力の上にある対話であり、人権の尊重を反映する結果を生み出すことを目的としています。

　この二日間にわたって、過去の総括所見において取り扱われた点が締約国によってまだきちんと改善されていない、若しくはフォローアップがされていないことが分かり、委員会の委員の側にフラストレーションの感情が確かにあったことは、かなり明白です。私たちは人権保護の分野においてすべての国が直面する困難を理解しています。私たちは、委員会が適正であると考える修正措置を採るには、様々な種類の障害があることを理解しています。しかし、私たちは、この対話が続き、それが信義誠実と協力への希求に基づいている以上は、そうである以上は、締約国が義務の完全な履行において直面する困難の多くを乗り切ることができるものと信じ続けます。

　過去の勧告との関係で、いまだ現在の課題になっている多くの話題のいくつかを強調したいと思います。しかしながら、今からあげる点は網羅的ではないでしょう。一つの基本的な懸念の源は裁判を受ける権利の保障であり、委員会の委員の側からいくつかのコメントが寄せられましたし、締約国からこれに対する説明に多くの時間が取られたのは十分に自然なことだと思います。委員会は、懸念の原因に関連する多くの見解については、基本的に第14条に関するもの、そして、日本の刑事司法制度の多くの側面もそうですが、私どもが否定的に考えているそれらの側面を克服するためには、特別な注意を要すると考えています。

　別の言葉で言えば、それは、締約国の義務に対する遵守がなされていないということです。代用監獄の問題といったものがそうです。これは何度も繰り返されました。第14条の要求、そして規約で述べられているいかなる保障のシステムにも矛盾していると私たちが考える、取り調べ、自白の過度な重用、留置の長さ、警察による勾留、裁判所が既に関与した後の予防拘禁などの側面を強調したいと思います。

　警察当局が普通に持つ権限よりもはるかに強い権限を持つシステムにおいては、こうしたことは委員会の懸念するところであり続けます。最も受け入

審査2日目（午後の部）

れがたい要素を緩和するために様々な措置が取られても、にもかかわらず問題の根源は踏み込まれておらず、いくつかの実態は、規約において謳われた国際的な誓約の明らかな違反であると私たちは考えます。

残念ながら総括所見において引き続き述べられることになるであろう他の側面は、差別的な法律であり、そのいくつかは、女性に対するものです。配偶者を亡くした女性および離婚した女性の結婚する可能性、非嫡出子として生まれた子どもたちの取扱い、特に相続権に関する規定の仕方がそうです。これは、社会のこれらの人々にとっての平等に対する権利を考える際、事実上の侵害となる側面であり続けていますし、これからもあり続けるでしょう。

これまでの報告書審査の際にも述べられてきた、韓国・朝鮮民族とアイヌ先住民族に対するいくつかの差別的側面もまた、これら差別的側面を軽減するためにいくつかの措置が講じられましたが、まだ懸念の元はある事を指摘する必要があります。

委員会は、以下の事項を非常に重要視しており、委員会による様々な勧告は、勧告であり続けるでしょう。例えば、独立した人権擁護の機関、警察当局および刑務所において可能性のある人権侵害を監視し、チェックをする独立した機関に関する事柄です。被告人および被収容者の保護の重要性に鑑みれば、これらは、懸念事項であり続けるでしょう。

死刑が適用されうるような人権侵害行為や犯罪の数を減らすよう述べた勧告などは特別な考慮が締約国によってなされるべきです。これは委員会にとって関心のある問題、そして懸念されるものとして考慮されるでしょう。これは極めて明確に、死刑を廃止するべく国際的な全世界規模のキャンペーンがここ数年展開されていることからすれば、規約は、明示的には禁止していないものの、締約国の方で死刑を減じ、犯罪の中でもより深刻なものに絞る義務があることは、極めて明確です。

最後に、締約国が選択議定書を批准する可能性を非常に真剣に検討することに委員会が関心を持っていることを、議事録に残していただきたいと思います。一定の政治的権利に関する規約に追加された選択議定書は、個人が、主張される国家の人権侵害に関して通報する個人の権利を保障する、非常に重要な補完物であります。これは、私たちが何年にも渡って築いてきた建築物に、さらに礎石を加えるものです。そして、この可能性に締約国が十分な注意を払わなければいけません。もちろん、この対話を続けることを正当化するたくさんの事項があります。私が思うに、この対話は、その中で示された困難を克服するだけの力が示されたという点で、非常に生産的なもので

あったと思います。そして、私たちにとっては、委員会と日本との間に常にあるべき協力関係が強化されたということです。

　繰り返し、大使に、私の言葉として、そして委員会を代表して、この報告を作成してくださった多大なるご努力に感謝の言葉を申し上げたいと思います。委員会が懸念する側面の多くについて、代表団から、豊富な情報を提供していただきました。当然のことですが、締約国における人権の遵守を向上していく目的のために、私たちがつながりを保ち、保ち続けると願っていることを繰り返し述べます。それでは、大使に閉会のお言葉を頂きます。

上田大使:

　議長、ありがとうございます。まず第1に、日本代表団、私自身を代表いたしまして、深甚なる感謝の念を人権委員会各委員へ申し述べたいと思います。時間も大変限られてはおりましたけども、それでも建設的な情報交流ができたと、私は信じております。非常に批判的な、しかし、重要なコメントを委員の各位から頂戴いたしました。しかし、また同時に私達としても、我々の状態について、人権の状況について、皆様方に情報提供することができたと思います。しっかりとした形で日本の人権状況は改善をしているのであります。日本は経済の発展がなされ、民主的な制度が導入されたのは、我々の地域の中では、日本だけでありながら、でも、やはりもっと多くのことをすることができると思います。しかし、ゆっくりでも人権状態は改善してきています。また、近隣諸国に対して援助を提供しています。それによって、司法制度またシビルコード（民法）を改善することができるように協力をしております。われわれの地域において、もちろん名誉を重んじる国として、さらに、我々は現状を改善していく努力をするつもりです。人権について、改善をしてまいります。ご案内のように、多くのNGOの方たちが、我々のコミュニティーから来ていらっしゃいます。ということは、私たちは、行政、司法とともに、NGOともに、非常に、また、NGOの中にもとても有能な弁護士もいらっしゃいますので、この方たちと、非常に多くの接触をもち、そして、この分野での理解を高めていく必要があることを認識している次第であります。

　この二日間の審査が行われましたけれども、非常に建設的であった、我々にとって建設的であったと思います。我々は、書面での回答をお出ししたいと思います。まだ、答えきれないことについては、書面での回答をいたしますし、また、貴委員会からの最終見解をお待ちしたいと思っております。また、権限ある当該当局に対しても、皆様方が出された意見、コメントは伝え

ます。日本国政府は、それを誠意をもってフォローアップしていく所存であります。

　終わりにあたりまして、もう一度、深甚なる感謝の念を貴委員会の委員各位に表明をしたいと思います。また、NGOのメンバーそのほか、ここに参加してくださった方々にもお礼を申し上げたいと思っております。大変長い審査でありました。これに参加してくださってありがとうございました。また、感謝の念を通訳にも表明したいと思います。大変ありがとうございました。言葉が難しかったので大変だったと思いますが、通訳の人たちにもお礼を言い、また、委員長、また委員各位に対して、ご協力に心から感謝をいたしまして、お礼の言葉といたしたいと思います。

ラファエル・リバス・ポサダ議長：

　私も、通訳者の方々にお礼を言いたいと思います。大変だったと思います。それでは、これで閉会にしたいと思います。

自由権規約委員会委員リスト（審議時点の構成）

Mr. Rafael RIVAS POSADA ／ラファエル・リヴァス・ポサダ（コロンビア：議長）

Ms. Elisabeth PALM ／エリザベス・パーム（スウェーデン：副議長）

Mr. Ivan SHEARER ／アイヴァン・シーラー（オーストラリア：副議長）

Mr. Ahmed Tawfik KHALIL ／アフメド・タウフィク・カリル（エジプト：副議長）

Mr. Abdelfattah AMOR ／アブデルファタハ・アモル（チュニジア）

Mr. Prafullachandra Natwarlal BHAGWATI ／プラフラチャンドラ・ナトゥワルラル・バグワティ（インド）

Ms. Chrisitine CHANET ／クリスティーン・シャネ（フランス）

Mr. Maurice GLELE- AHANHANZO ／モーリス・グレレ・アハンハンゾ（ベニン）

Mr. Yuji IWASAWA ／岩沢雄司（日本）

Mr. Edwin JOHNSON ／エドウィン・ジョンソン（エクアドル）

Ms. Hellen KELLER ／ヘレン・ケラー（スイス）

Mr. Rajsoomer LALLAH ／ラジスーマー・ララ（モーリシャス）

Ms. Zonke Zanele MAJODINA ／ゾンケ・ザネレ・マジョディーナ（南アフリカ）

Ms. Iulia Antoanella MOTOC ／（ルーマニア）

Mr. Michael O'FLAHERTY ／マイケル・オフラハティー（アイルランド）

Mr. José Luis PEREZ SANCHEZ-CERRO ／ホセ・ルイス・サンチェス・セロ（ペルー）

Sir Nigel RODLEY ／ナイジェル・ロドリー（イギリス）

Ms. Ruth WEDGWOOD ／ルース・ウェッジウッド（アメリカ合衆国）

日本の第5回定期報告書審査に関連し検討すべき課題一覧（リスト・オブ・イシューズ）

List of Issues to be Taken Up in Connection with the Consideration of the Fifth Periodic Report of Japan

文書番号 CCPR/C/JPN/Q/5　2008年5月23日　原文英語
第92会期　ニューヨーク　2008年3月17日～4月4日

憲法および法律の枠組みにおける規約の実施状況（第2条）

Constitutional and legal framework within which the Covenant is implemented (art. 2)

問1．第4回定期報告書が審査されて以来、締約国の裁判所もしくは行政当局で、規約の条項が直接援用された事例とその結果についての情報を提供して下さい。

1. Please provide information on cases, and their outcome, where provisions of the Covenant have been invoked directly before the courts or administrative authorities of the State party since the examination of the fourth periodic report.

問2．パリ原則に従った独立の国内人権機関の設立についての進展状況と今後想定されるスケジュールについての最新情報を提供して下さい。（総会決議 48/134、付属文書）（政府報告書第1項）

2. Please provide updated information on the progress achieved and the time frame envisaged with regard to the establishment of an independent national human rights institution, in accordance with the Paris Principles (General Assembly resolution 48/134, annex) (See paragraph 1 of the report).

問3．規約の第一選択議定書批准の可能性について、締約国の現状についての最新情報を提供して下さい。（報告書第62項）

3. Please provide updated information on the State party's current position concerning its possible accession to the first Optional Protocol to the Covenant (para. 62).

問4．委員会の前回の総括所見（CCPR/

4. In light of the Committee's previous con-

C/79/Add.102 第 8 項）を踏まえて、締約国は「公共の福祉」を根拠として規約で認められた権利を制限する扱いを解除しましたか？

女性に対する差別と暴力および家庭内暴力（DV）（第 2 条(1)、第 3 条、第 7 条、第 26 条）

問 5. 父子関係を決定するためになされる離婚後 6 か月間に渡る女性の再婚禁止や、女性（16 歳）と男性（18 歳）に対する最低婚姻年齢の相違（報告書第 338-339 項）を含む差別的な条項を民法から取り除くことを締約国が検討しているかどうかについて教えて下さい。

問 6. 国会、内閣、地方議会、司法、そして国家および地方レベルでの公職において主導的立場にいる女性の割合が、現在の目標とされている 30%（報告書第 80-81 項）を超えて、男女比が同等になることを目指して講じている対策について、情報を提供して下さい（報告書付属文書 III-VII 参照）。

問 7. 民間企業において、上層部を含む管理職への女性の登用を促進するために講じている対策についての情報を提供して下さい（報告書第 84-85 項、報告書付属文書 VIII）。締約国は、女性に対する特別な研修、職種ベースの人事制度の見直

cluding observations (CCPR/C/79/Add.102, para. 8), has the State party lifted the restrictions which can be placed on the rights granted in the Covenant on the grounds of "public welfare"?

Discrimination and violence against women and domestic violence
(arts. 2 (1), 3, 7, 26)

5. Please indicate whether the State party considers repealing discriminatory provisions from its Civil Code, including the prohibition for women to remarry during six months following divorce in the event that it is necessary to determine the paternity of a child and the difference in the minimum age of marriage for women (16) and men (18) (paras. 338-339).

6. Please provide information on the measures taken to achieve equal representation, beyond the current goal of 30 per cent (paras. 80-81 of the report), of women in the National Diet, the cabinet, local assemblies, the judiciary, and leading positions in the public service at national and regional levels (see annexes III-VII of the report).

7. Please provide information on the measures taken to promote the employment of women in management positions in the private sector (paras. 84-85 and annex VIII of the report), including at senior levels. Has the State party considered such measures as spe-

し、事務職から管理職への移行を促進し、男女雇用機会均等法に規定されている間接的な差別の定義の拡大、及びそれに対する制裁の強化を検討しましたか？

cial training for women, reviewing the career track based personnel system, facilitating the transfer from clerical to management track, and expanding the definition of, and increasing the sanctions for, indirect discrimination in the Law on Equal Opportunity and Treatment between Men and Women in Employment.

問8. 締約国は刑法第177条に規定されている強かんの定義を、配偶者による強かんも含むよう見直すことを検討しているかどうか教えて下さい。女性被拘禁者を含む性差に起因する暴力の被害者を保護し、支援するためにどのような対策を講じていますか？ 例えば、女性刑務官が女性被疑者、被告人、受刑者に必ず同伴するという規則を厳格に適用すること、警察官、検察官、裁判官、および他の法執行官に対し、性差に配慮した訓練の導入を義務付けること、そして、被害者が中期および長期に渡り滞在できる保護施設やリハビリプログラムを利用できるとともに、カウンセリングや緊急治療を受けられるようにすることを確保するなどです。

8. Please indicate whether the State party considers reviewing the definition of rape in article 177 of the Penal Code, with a view to including spousal rape. What measures are being taken to protect and assist victims of gender-based violence, including female detainees, e.g. by strictly applying the rule that female officers must accompany female suspects, detainees and prisoners, introducing mandatory gender-sensitive training for the police, prosecutors, judges and other law enforcement officers, and ensuring counselling and immediate medical treatment, as well as access to mid-term and long-term shelters and rehabilitation programmes, for victims.

問9. 締約国が家庭内暴力という犯罪に対して法定刑の下限を導入し、家庭内暴力を非親告罪として取り扱う意向があるのかどうか教えて下さい。家庭内暴力の被害者に対する保護や支援を更に強化するために、どのような対策が講じられていますか？ 例えば、法的救済策を強化

9. Please indicate whether the State party intends to introduce minimum sentence requirements for the crime of domestic violence and to treat domestic violence as a criminal offence subject to ex officio prosecution. What measures are being taken to further strengthen the protection of and assistance to victims of

すること、電話やEメールによる脅迫をも対象に含めた救済命令を厳格に執行し、且つ強化すること、被害者に中期および長期の支援とリハビリを行う保護施設（シェルター）の数を増やすこと、暴力的な配偶者と別居または離婚をした外国人被害者の日本滞在を可能にすること、および配偶者のない単身の母のために雇用の機会を拡充し、金銭的援助を増やすことなどです（報告書第98~109項参照）。

問10．前回の総括所見において委員会に勧告されたとおり、保釈の可能性もなく23日間に渡り、被逮捕者を警察署に長期拘禁する代用監獄制度の組織的な利用を制限するために、締約国は刑事被収容者処遇法（2006年）を改正することを検討しているかどうか教えて下さい（報告書第236項~237項）。また、公判前の段階における代替手段の使用や、全ての被疑者が、逮捕時から国選弁護人に依頼し得ること（報告書第293~296項）および起訴後に警察が保有する記録中の全ての関係書類に目を通すことができること（報告書第297~299項）を確保するための方策に関する情報を提供して下さい。

問11．検察側は、捜査過程で収集した証拠について、公判で提出する予定以外のものを開示する義務がなく、また被告側は手続のどの段階においても証拠の開示を求める一般的権利がないという従前の取り扱いに関して、もし刑事法の改

domestic violence, i.e. by strengthening legal remedies, strictly enforcing and extending protection orders to include threats by phone and e-mail, increasing the number of shelters providing mid-term and long-term support and rehabilitation to victims, enabling foreign victims to stay in Japan after separation or divorce from their abusive spouses, and enhancing access to employment and cash assistance for single mothers? (See paragraphs 98-109 of the report).

10. Please indicate whether the State party considers amending the Prison Law (2006) to limit the systematic use of the Daiyo Kangoku substitute prison system for the prolonged detention of arrested persons in police stations for 23 days without the possibility of bail (paras. 236-237 of the report), as recommended by the Committee in its previous concluding observations. Please also provide information on the use of alternative measures at the pre-trial stage and on measures to ensure that all suspects have access to court-appointed lawyers from the moment of arrest (paras. 293-296), as well as to all relevant materials in police records after indictment (paras. 297-299)?

11. How, if at all, have amendments to the criminal law addressed the previous practice whereby there is no obligation on the prosecution to disclose evidence it may have gathered in the course of the investigation other than that which it intends to produce at

正がなされているとすれば、どのような改正がなされていますか（CCPR/C/79/Add.102, 第26項）？

生命に対する権利、拷問又は残虐な、非人道的な若しくは品位を傷つける取扱いの禁止及び被拘禁者の取扱い、ならびに公正な裁判を受ける権利（第6条、第7条、第9条、第10条、第14条）

問12. 締約国は、死刑は最も重大な犯罪に対してのみ科すことができるとされている規約第6条2項にもとづく義務に関してどのような立場を採っていますか（報告書第129項）？ 死刑執行モラトリアムの現状はどうですか？ 締約国には、死刑の減刑を規定する立法をなす意向がありますか？

問13. 死刑事案における必要的上訴制度を導入すること、死刑確定者が法的援助を受ける機会を増やすこと、再審請求中における弁護士との秘密接見交通権の保障、さらに再審手続あるいは恩赦請求に執行停止の効力を確保するために、どのような措置が取られましたか？

問14. 懲罰的な措置としての独房拘禁（報告書第224項）、「軽屏禁」、「保護房」の頻繁な利用を制限すること、このような措置を科す決定を再審査する第三者機関を設置すること（第225~234項）、お

the trial, and that the defence has no general right to ask for the disclosure of that material at any stage in the proceedings (CCPR/C/79/Add.102, para. 26)?

Right to life, prohibition of torture and cruel, inhuman or degrading treatment and treatment of prisoners, and right to a fair trial (arts. 6, 7, 9, 10 and 14)

12. In light of article 6, paragraph 2, of the Covenant, what is the position of the State party in relation to the obligation that the sentence of death may be imposed only for the most serious crimes (para. 129 of the report)? What is the status of the moratorium on the execution of death sentences? Does the State party intend to adopt legislation providing for the commutation of such sentences?

13. What steps have been taken to introduce a mandatory appeal system for capital cases, enhance access by death row inmates to legal aid, guarantee the confidentiality of communication with counsel during appeal requesting retrial, and ensure the suspensive effect of retrial proceedings or requests for pardon?

14. What steps, if any, are being taken to limit the frequent use of solitary confinement (para. 224 of the report), keiheikin ('minor solitary confinement') and hogobo ('protection cells') as punitive measures, to provide for an

よび死刑確定者がしばしば長期にわたり単独室に入れられるという規則を緩和するために、何らかの措置が取られているとすればどのような措置が取られていますか？

問15. 警察の留置施設や刑事施設を調査する独立した外部機関を設立するため、また受刑者やその他の被拘禁者に対する拷問や虐待（報告書第175項、第228-235項）に関する不服申立を調査するために講じられている対策について、もし講じられているとすれば、情報を提供して下さい。また、現行の制度の下で受けた不服申立件数、調査件数、違反者に課せられた刑罰または懲戒処分件数およびその程度、被害者に対する補償に関して、過去3年間の統計的データを提供して下さい。

問16. 警察の拘禁下にある被拘禁者の尋問に厳格な時間制限を導入すること、また尋問に対する組織的な監視（報告書第167項）、および尋問中は弁護士が立ち会うことを確保すること（第166項）、また警察の留置施設において迅速な医療行為を提供することを、締約国は検討しているかどうか教えて下さい。今なお刑事裁判で多くの有罪判決が自白に基づいているという状態でしょうか（CCPR/C/79/Add.102、第25項参照）？

問17. （退去強制を受けた）国外追放者が拷問又は残虐な、非人道的な若しくは

independent organ to review decisions imposing such measures (paras. 225 and 234), and to relax the rule under which inmates on death row are placed in solitary confinement, often for prolonged periods?

15. Please provide information on measures taken, if any, to establish independent external mechanisms to inspect police detention facilities and penal institutions and to investigate complaints about torture and ill-treatment of inmates and detainees (paras. 175 and 228-235 of the report). Please also provide statistical data for the last three years on the number of complaints received under existing mechanisms, the number of investigations, the number and severity of sentences or disciplinary sanctions imposed on perpetrators, and any compensation provided to victims.

16. Please indicate whether the State party considers introducing strict time limits for the duration of interrogations of detainees in police custody and ensuring systematic surveillance (para. 167 of the report) of, and the presence of counsel during, such interrogations (para. 166), as well as prompt access to medical services in police detention facilities. Is it still the case that a large number of convictions in criminal trials are based on confessions (see CCPR/C/79/Add.102, para. 25)?

17. Please indicate whether the State party considers amending the Immigration Control

品位を傷つける取扱い又は刑罰を受ける相当な危険のある国への送還を明文で禁止していない出入国管理及び難民認定法（2006年）の改正を、締約国は検討しているかどうか教えて下さい。

問18. 国外追放となる外国籍の人たちが、虐待もしくは嫌がらせを受け、また医療措置を受けられないと言われている入管収容所や上陸防止施設（報告書第7-9項）の状況を改善するために、取られているとすればどのような措置が取られていますか？ 例えば、独立の調査および不服申立機関など。国外追放となる外国籍の人たちが長期にわたり拘禁されることのないこと（第172項）、そして被疑者や受刑者とは異なり、退去を待つ間、家族と離れることなく、出来れば開放的な体制の施設に収容されること、あるいは一般社会での生活が許されることを締約国はどのように確保しているのか教えて下さい。

問19. 締約国内の刑務所における過剰収容や職員不足の問題を改善するためにどのような対策が講じられていますか（報告書第192-194項）？

奴隷状態および隷属状態の排除（第8条）

問20. 性的搾取のために、締約国あるいは締約国を通過して他の国に人身売買される女性や子どもの人数について、最新の統計データを提供して下さい。また、

and Refugee Recognition Act (2006) which currently does not explicitly prohibit deportation to countries where the deported person faces a substantial risk of torture or cruel, inhuman or degrading treatment or punishment.

18. What steps, if any, such as the establishment of independent inspection and complaint mechanisms, are being taken to improve the conditions in immigration detention and landing prevention facilities (paras. 7-9 of the report), where foreign nationals awaiting deportation have allegedly been abused, harassed and deprived of access to medical services? Please indicate how the State party ensures that these persons are not detained for prolonged periods (para. 172) and, unlike criminal suspects or convicts, are accommodated without separating families, preferably in open regime units, or released into the community pending their removal.

19. What measures are being taken to remedy the problems of overcrowding and lack of personnel in penitentiary institutions in the State party (paras. 192-194 of the report)?

Elimination of slavery and servitude (art. 8)

20. Please provide updated statistical data on the number of women and children trafficked into the State Party for sexual exploitation, as well as through it to other destinations. Please

人身売買の被害者を保護し、被害者が罪に問われないように講じられている措置、例えば人身売買業者を効率的に起訴し処罰すること、証人の保護を強化すること、出入国管理及び難民認定法第50条の下で、日本に長期滞在している人身売買の被害者に在留特別許可を与えること、被害者が自国に帰還した際に直面するかも知れない危険について独立機関が判断することを確保することなどに関する情報を提供して下さい。被害者が実効的な救済や保護施設、リハビリや法的支援、通訳、社会保障、医療サービスを利用する機会を増やすために、どのような対策が講じられてきましたか(報告書第110~115項)?

問21. 締約国は、1945年以前の日本の旧軍事体制下において、軍の性的奴隷であった「慰安婦」制度に対して何らかの法的責任を負うことを検討しているかどうか教えて下さい。また締約国は、現在も生存している犯罪実行者の調査や訴追を行い、この問題について世間を啓蒙し、そしてアジア女性基金 (1995年~2007年) によって救済されなかった国々を含め、権利の問題として被害者に対して補償金を支払う意向があるかどうか教えて下さい。

外国人の国外退去（第13条）

問22. 難民申請を認められなかった者が、独立機関に対して、国外退去決定に対する異議申立ての理由を提出して再審

also provide information on the measures taken to protect and de-criminalize victims of trafficking, i.e. by effectively prosecuting and sentencing traffickers, strengthening witness protection, granting special permission to stay under article 50 of the Immigration and Refugee Recognition Act to victims who have stayed in Japan for long periods, and ensuring that the risk that victims may face upon return to their country of origin is assessed by an independent body. What measures have been taken to enhance victims' access to effective remedies, shelters, rehabilitation, legal assistance, interpreters, social security and medical services (paras. 110-115 of the report)?

21. Please indicate whether the State party considers assuming any legal responsibility for the "comfort women" system of military sexual slavery under the former Japanese military regime before 1945, and whether it intends to investigate and prosecute perpetrators who are still alive, educate the general public on this issue, and provide compensation to victims as a matter of right, including in countries that were not covered by the Asian Women's Fund (1995-2007).

Expulsion of aliens (art. 13)

22. Please clarify whether rejected asylum-seekers have access to effective remedies before an independent body for submitting

理を受け得る効果的な救済手段を利用することができるかどうかを明らかにして下さい（報告書第170項、第281~282項、第286~287項）。また、そのような手続によって国外退去命令の執行が停止されるのかどうか、また難民認定手続の間、難民認定申請者が弁護士や法律扶助、および認証された通訳人を利用できるのかどうか明らかにして下さい（第283~285項、第294~296項）。

表現の自由；労働組合の結成と参加の権利（第19条、第22条）

問23. 前回の委員会の総括所見（CCPR/C/79/Add.102, 第28項）との関連で、もし中央労働委員会が、労働者が労働組合に加盟していることを示す腕章を着用していると、不当労働行為の申立てについて審理をしたがらないのが事実であるとすれば、その理由を説明して下さい（報告書第333項）。

人種的憎悪の扇動（第20条）

問24. 国籍や人種あるいは宗教的憎悪の扇動を処罰し、あるいはかかる犯罪の人種差別的な動機を刑罰加重要因とする刑法の条項を、締約国は採択する意向があるかどうか教えて下さい。

子どもの権利（第24条）

the reasons against their expulsion and having their case reviewed (paras. 170, 281-282 and 286-287 of the report). Please also clarify whether such proceedings stay the execution of a deportation order and whether asylum-seekers have access to counsel, legal aid and certified interpreters throughout the asylum proceedings (paras. 283-285 and 294-296).

Freedom of expression; right to form and join trade unions (arts. 19 and 22)

23. In light of the Committee's previous concluding observations (CCPR/C/79/Add.102, para. 28), please indicate why, if it is not the case, the Central Labour Relations Commission is not willing to hear an application of unfair labour practices if the workers wear armbands indicating their affiliation to a trade union. (para. 333 of the report)

Incitement to racial hatred (art. 20)

24. Please indicate whether the State party intends to adopt criminal law provisions specifically criminalizing incitement to national, racial or religious hatred or treating racist motivation of such offences as an aggravating factor.

Rights of the child (art. 24)

問25. 性的虐待を含む児童虐待（報告書第355~368項）と闘うために、どのような対策が講じられていますか？ 例えば、児童虐待防止のための包括的な戦略を採択すること、児童虐待に関する通報が効果的に調査され、加害者を起訴、処罰すること、被害からの回復やカウンセリングに対する高まりつつある需要に対応できるだけの十分な資金と有資格人材を提供すること、性的同意の最低年齢を現在の13歳から引き上げること等の対策です。

法の前の平等と法による平等保障（第2条(1)、第26条）

問26. 委員会の前回の総括所見（CCPR/C/79/Add.102, 第11項）を踏まえて、締約国は「合理的差別」の概念に関する立場を変えましたか？

問27. 婚外子に対するいかなる差別、特に国籍や相続権（報告書第370項参照）に関する差別を撤廃し、法律や実務取扱いから「非嫡出子」の概念を除去するために、締約国は法律を改正する意向があるかどうか教えて下さい。

少数民族に属する人たちの権利（第24条、第27条）

25. What measures are being taken to combat child abuse (paras. 355-368 of the report), including sexual abuse of children, such as adoption of a comprehensive strategy for the prevention of child abuse, ensuring that reports on child abuse are effectively investigated, and perpetrators prosecuted and sentenced, providing adequate funding and qualified personnel to meet the increasing demand for recovery and counselling services, and raising the minimum age of sexual consent from its current level of 13 years?

Equality before the law and equal protection of the law (arts. 2 (1) and 26)

26. Has the State party changed its position with regard to the concept of "reasonable discrimination", in light of the Committee's previous concluding observations (CCPR/C/79/Add.102, para. 11)?

27. Please indicate whether the State party intends to amend its legislation, with a view to eliminating any discrimination against children born out of wedlock, in particular with regard to nationality and inheritance rights (see paragraph 370 of the report), and to remove the concept of "illegitimate children" from legislation and practice.

Rights of persons belonging to minorities (arts. 24 and 27)

問28. 少数民族の子どもたち、特に在日韓国・朝鮮人、またはアイヌ民族（報告書第378~383項）の子どもたちが母国語で教育を受けるか、もしくは母国語および自国の文化についての教育を受ける十分な機会が確保されるために講じられている対策について、詳細な情報を提供して下さい。朝鮮学校や他の少数民族学校が公式に承認され、またこれらの学校に対し差別なく補助金を提供し、大学入学資格を付与するために、どのような対策が講じられてきましたか？

規約と選択議定書に関する情報の普及（第2条）

問29. この報告書の準備過程において市民社会（NGO）やマイノリティグループの代表がどのように関与したかの情報、この規約に関する情報、および今回の報告書の提出に関する情報を普及するために取られた手段について、より詳細な情報を提供して下さい（報告書第28項および第35項）

28. Please provide detailed information on measures taken to ensure adequate opportunities for minority children to receive instruction in or of their language and about their culture, in particular as regards the Korean and Ainu minorities (paras. 378-383 of the report). What measures have been taken towards officially recognizing Korean and other minority schools, making available subsidies to such schools on a non-discriminatory basis, and recognizing their school leaving certificates as university entrance qualifications?

Dissemination of information relating to the Covenant and the Optional Protocol (art.2)

29. Please provide more detailed information on the steps taken to disseminate information on the Covenant and on the submission of the present report, as well as on the involvement of representatives of civil society and of minority groups in the preparatory process (paras. 28 and 35 of the report).

規約第40条に基づき締約国から提出された報告書の審査：
国際人権（自由権）規約委員会の総括所見

Consideration of Reports Submitted by States Parties under Article 40 of the Covenant：Concluding observations of the Human Rights Committee

文書番号 CCPR/C/JPN/CO/5　2008年12月18日　原文英語
第94会期　ジュネーブ　2008年10月13日～10月31日

1．国際人権（自由権）規約委員会は、2008年10月15日および16日に開かれた第2574回、2575回および2576回の会合で、日本の第5回定期報告書（CCPR/C/JPN/5）を審査し、2008年10月28日および29日に開かれた第2592回、2593回および2594回の会合で、以下の総括所見を採択した。

A．序論

2．委員会は、締約国の包括的な第5回定期報告書、検討すべき課題一覧（質問リスト／the list of issues）に対する書面による回答および委員会の口頭による質問に対し、代表団が行った詳細な回答を歓迎する。しかし、委員会は、2002年10月が期限であったにもかかわらず、この報告書が2006年12月に提出されたことに留意する。委員会は、関係省庁の高官からなる大代表団と、対話に強い関心を示す多くの国内NGOの出席に感謝す

1. The Human Rights Committee considered the fifth periodic report submitted by Japan (CCPR/C/JPN/5) at its 2574th, 2575th and 2576th meetings (CCPR/C/SR.2574, 2575 and 2576), held on 15 and 16 October 2008, and adopted the concluding observations below at its 2592nd, 2593rd and 2594th meetings (CCPR/C/SR.2592, 2593 and 2594), held on 28 and 29 October 2008.

A. Introduction

2. The Committee welcomes the State party's comprehensive fifth periodic report and written replies to the list of issues and the detailed answers given by the delegation to the Committee's oral questions. It notes, however, that the report was submitted in December 2006, although it was due in October 2002. The Committee appreciates the presence of a large high-level inter-ministerial delegation and of a large number of national non-governmental organizations, showing a strong interest in the

る。

B．肯定的側面

3．委員会は、男性と女性による権利の平等な享有を進めるために採られたいくつかの立法上および制度上の措置、特に以下の措置を歓迎する。
(a) 1999年に男女共同参画社会基本法が採択されたこと
(b) 男女共同参画担当大臣が任命されたこと
(c) 2020年までに社会の全ての分野において指導的地位に女性が占める割合を少なくとも30％とすることを目的として掲げる第2次男女共同参画基本計画が、2005年に内閣により承認されたこと
(d) 男女共同参画基本計画を促進し、男女共同参画社会の発展のための基本政策を調整する男女共同参画局が設置されたこと

4．委員会は、配偶者暴力相談支援センター、婦人相談所および婦人保護施設の設置、改正配偶者からの暴力の防止及び被害者の保護に関する法律の下での保護命令件数の増加および保護命令範囲の拡充、および人身売買を撲滅するため、2004年に人身取引対策行動計画を採択し、人身取引対策に関する関係省庁連絡会議を設置したこと等、家庭内暴力や性暴力および人身売買を含むジェンダーに基づく暴力や搾取の被害者を保護し、支援するために締約国が採った措置に留意

dialogue.

B. Positive aspects

3. The Committee welcomes the adoption of several legislative and institutional measures designed to advance the equal enjoyment of rights by men and women, in particular:
(a) The adoption of the Basic Law for a Gender-Equal Society in 1999;
(b) The appointment of a Government minister for gender equality;
(c) The approval by the Cabinet in 2005 of the Second Basic Plan for Gender Equality, which sets the objective that women shall occupy at least 30 per cent of leadership positions in all fields of society by 2020;
(d) The establishment of a gender equality bureau, which promotes the Basic Plan for Gender Equality and coordinates basic policies for the development of a gender-equal society.

4. The Committee notes the measures taken by the State party to protect and assist victims of gender-based violence and exploitation, including domestic violence, sexual violence and trafficking in persons, such as the establishment of spousal violence counselling and support centres, women's consulting offices and women's protection facilities; the increase in the number of protection orders and the extension of their scope under the revised Act on the Prevention of Spousal Violence and the Protection of Victims; and the adoption in

する。

2004 of a plan of action on measures to combat trafficking in persons and the establishment of an inter-ministerial liaison committee (task force) to combat trafficking.

5．委員会は、締約国が2007年に国際刑事裁判所に関するローマ規程へ加入したことを歓迎する。

5. The Committee welcomes the State party's accession to the Rome Statute of the International Criminal Court in 2007.

C．主要な懸念事項と勧告

C. **Principal subjects of concern and recommendations**

6．委員会は、第4回政府報告書の審査後に出された勧告の多くが履行されていないことに、懸念を有する。

締約国は、委員会が今回および前回の総括所見において採択した勧告を実施すべきである。

6. The Committee is concerned that many of its recommendations made after the consideration of the State party's fourth periodic report have not been implemented.

The State party should give effect to the recommendations adopted by the Committee in the present as well as in its previous concluding observations.

7．委員会は、規約の条項に直接言及した国内裁判所の判断に関して、規約違反はないとした最高裁判所判決以外の情報が存在しないことに留意する。（規約2条）

締約国は、規約の適用と解釈が、裁判官、検察官および弁護士のための専門的教育の一部に組み込まれること、および規約に関する情報が下級審も含めすべてのレベルの司法機関に普及されることを確保すべきである。

7. The Committee notes the absence of information on domestic court decisions, other than Supreme Court judgements finding no violation of the Covenant, which make direct reference to provisions of the Covenant (art. 2).

The State party should ensure that the application and interpretation of the Covenant form part of the professional training for judges, prosecutors and lawyers and that information about the Covenant is disseminated at all levels of the judiciary, including the lower courts.

8．委員会は、締約国が規約の第一選択議定書を批准しない理由の一つが、その批准が司法の独立を含む司法制度に関する問題を引き起こす可能性があるとの懸念であることに留意する。

　締約国は、委員会の一貫した法解釈として、これは、上訴審としての第四審ではなく、国内裁判所が行う事実や証拠の評価、国内法の解釈適用に関する再審査は原則的に行わないとしていることを考慮し、第一選択議定書の批准を検討すべきである。

9．委員会は、締約国がいまだに独立した国内人権機関を設立していないことに、懸念を持って留意する（規約2条）。

　締約国は、パリ原則（国連総会決議48/134・附属書）に則り、締約国によって承認されたすべての国際人権基準をカバーする広範な権限と、公権力による人権侵害の申立てを審査し、かつ行動する権限を有する独立した国内人権機関を政府の外に設立し、同機関に対して十分な財政的・人的資源を割り当てるべきである。

10．委員会は、「公共の福祉」が人権に対

8. The Committee notes that one of the reasons why the State party has not ratified the first Optional Protocol to the Covenant is the concern that such ratification may give rise to problems with regard to its judicial system, including the independence of its judiciary.

The State party should consider ratifying the Optional Protocol, taking into account the Committee's consistent jurisprudence that it is not a fourth instance of appeal and that it is, in principle, precluded from reviewing the evaluation of facts and evidence or the application and interpretation of domestic legislation by national courts.

9. The Committee notes with concern that the State party has still not established an independent national human rights institution (art. 2).

The State party should establish an independent national human rights institution outside the Government, in accordance with the Paris Principles (General Assembly resolution 48/134, annex), with a broad mandate covering all international human rights standards accepted by the State party and with competence to consider and act on complaints of human rights violations by public authorities, and allocate adequate financial and human resources to the institution.

10. While taking note of the State party's

して恣意的な制限を課す根拠とはなり得ないとの締約国の説明を考慮に入れても、「公共の福祉」の概念は曖昧かつ無限定で、規約の下で許される範囲を超える制限を許容しかねないとの懸念を、繰り返し表明する（規約2条）。

締約国は、「公共の福祉」の概念を定義し、かつ規約が保障する権利に対する「公共の福祉」を理由とするいかなる制限も、規約のもとで許容される制限を超えてはならないことを明記する法律を制定すべきである。

11. 委員会は、女性に影響を及ぼす民法中の差別的な条項、例えば離婚後6か月間の女性の再婚禁止や、男性と女性の婚姻年齢の差異などについて、懸念を繰り返し表明する（規約2条(1)、3条、23条(4)および26条）。

締約国は、女性の離婚後の再婚禁止期間を廃止し、また男性と女性の婚姻最低年齢を一致させるべく、民法を改正すべきである。

12. 委員会は、公職における女性の参画についての数値目標にもかかわらず、女性が国会の議席のわずか18.2％、中央官庁の課長級以上の地位の1.7％しか占めておらず、女性の社会参加促進のための2008年計画で定められた数値目標のいく

explanation that "public welfare" cannot be relied on as a ground for placing arbitrary restrictions on human rights, the Committee reiterates its concern that the concept of "public welfare" is vague and open-ended and may permit restrictions exceeding those permissible under the Covenant (art. 2).

The State party should adopt legislation defining the concept of "public welfare" and specifying that any restrictions placed on the rights guaranteed in the Covenant on grounds of "public welfare" may not exceed those permissible under the Covenant.

11.　The Committee reiterates its concern about discriminatory provisions in the Civil Code affecting women, such as the prohibition for women to remarry in the six months following divorce and the different age of marriage for men and women (art. 2 (1), 3, 23 (4) and 26).

The State party should amend the Civil Code, with a view to eliminating the period during which women are prohibited from remarrying following divorce and harmonizing the minimum age of marriage for men and women.

12.　The Committee notes with concern that, despite numerical targets for the representation of women in public offices, women hold only 18.2 per cent of the seats in the Diet and 1.7 per cent of Government posts at the level of directors of ministries, and that some of the

つかは、例えば2010年までに中央官庁の課長級と同等の地位の女性の参画について5％を目標とするというように、極端に控えめであることを、懸念を持って留意する（規約2条(1)、3条、25条および26条）。

締約国は、法令による割当制等の特別措置をとり、また女性の参画の数値目標を見直すことによって、2005年に採択された第二次男女共同参画基本計画で定められた時間の枠内で、国会および政府の最高位レベルおよび公職における女性と男性の衡平な参画を実現するための努力を強化すべきである。

13．委員会は、女性が民間企業の管理職に占める割合がわずか10％であり、平均して男性の賃金の51％しか受け取っていないこと、女性が非正規雇用労働者の70％を占め、そのため有給休暇、母性保護、家族手当などの利益を享受することができず、その不安定な契約状況のためにセクシュアルハラスメントにさらされやすいこと、そして家庭生活を維持するために往々にしてパートタイム労働者として働くことを余儀なくされているという報告に、懸念を有する（規約2条(1)、3条および26条）。

締約国は、(a)すべての企業に、女性にとって均等な雇用機会を確保するためのポジティブ・アクション（積極的差別是正措置）を取るよう求め、(b)労働時間の

numerical targets set in the 2008 programme for accelerating women's social participation are extremely modest, such as the 5 per cent target for women's representation in positions equivalent to directors of ministries by 2010 (art. 2 (1), 3, 25 and 26).

The State party should intensify its efforts to achieve equitable representation of women and men in the National Diet and at the highest levels of the Government and in the public service, within the time frame set in the Second Basic Plan for Gender Equality adopted in 2005, by adopting special measures such as statutory quota and by reviewing numerical targets for women's representation.

13. The Committee is concerned about reports that women hold only 10 per cent of management positions in private companies and earn on average only 51 per cent of men's salaries, that women account for 70 per cent of informal workers and as such are excluded from benefits such as paid leave, maternity protection and family allowance, are vulnerable to sexual harassment owing to their unstable contractual situation, and that they are often forced to work as part-time workers to sustain family life (art. 2 (1), 3 and 26).

The State party should take measures to promote the recruitment of women as formal workers and to eliminate the gender wage gap, including (a) require all companies to take positive action to ensure equal

長時間化をもたらす労働基準のいかなる規制緩和も見直すこととし、(c)男性と同様女性が仕事と家庭生活のバランスを取れるようにするために保育施設の数をさらに増加させ、(d)改正パートタイム労働法のもとでパートタイム労働者が均等待遇を得るための条件を緩和し、(e)職場でのセクシュアルハラスメントを刑事罰の対象とし、(f)男女雇用機会均等法の下で禁止される間接差別の形態を、当該労働者が世帯主であるとの地位、または、パートタイム労働者もしくは契約社員であるとの地位に基づく異なる取扱いにまで拡大し、(g)間接差別を防止するための効果的な措置を取ることを含む、女性の正規職員としての雇用を促進し、性別による賃金格差を解消するための措置を取るべきである。

14. 委員会は、刑法177条の強かんの定義が男女間の現実の性交渉のみを対象とし、かつ攻撃に対する被害者の抵抗が要件とされていること、強かんおよびその他の性犯罪が、被害者が13歳未満である場合を除き、被害者の告訴なしには訴追できないことに、懸念を持って留意する。委員会は、また、性暴力加害者がしばしば公正な処罰を免れたり軽い刑に処されたりすること、裁判官がしばしば被害者の過去の性的経歴に不適切に焦点を当て、被害者に攻撃に対して抵抗したことの証拠を提出するよう求めること、改正受刑者処遇法および警察庁の被害者支援のた

employment opportunities for women; (b) review any deregulation of labour standards resulting in longer working hours; (c) further increase the number of child-care facilities, with a view to enabling women as well as men to balance work and family life; (d) relax the conditions for equal treatment of part-time workers under the revised Part-Time Workers Law; (e) criminalize sexual harassment at the workplace; (f) extend the prohibited forms of indirect discrimination under the Law on Equal Opportunity and Treatment of Men and Women to include the different treatment of employees on the basis of their status as heads of household or as part-time or contract employees; and (g) adopt effective measures to prevent indirect discrimination.

14.　The Committee notes with concern that the definition of rape in article 177 of the Criminal Code only covers actual sexual intercourse between men and women and requires resistance by victims against the attack, and that rape and other sexual crimes cannot be prosecuted without a complaint filed by the victim except in cases where the victim is under 13 years of age. It is also concerned about reports that perpetrators of sexual violence frequently escape just punishment or receive light sentences, that judges often unduly focus on the sexual past of victims and require them to provide evidence that they have resisted the

めの指針の監督と実施が非実効的であり、性暴力について専門的な研修を受けた医師と看護師が欠如し、またそのような研修を提供するNGOへの支援も欠如しているとの報告に、懸念を有する（規約3条、7条および26条）。

　締約国は、刑法177条の強かんの定義の範囲を拡大して、近親相かん、現実の性交渉以外の性的虐待が、男性に対する強かんと共に重大な刑事犯罪とされることを確保し、攻撃に対して抵抗したことを立証しなければならないという被害者の負担を取り除き、強かんおよびその他の性暴力犯罪を職権で訴追すべきである。締約国はまた、裁判官、検察官、警察官および刑務官に対する、性暴力についてのジェンダーに配慮した義務的研修を導入すべきである。

assault, that the monitoring and enforcement of the revised Prison Law and the guidelines of the National Police Agency for victim support is ineffective, and that there is a lack of doctors and nurses with specialized training in sexual violence, as well as of support for non-governmental organizations providing such training (art. 3, 7 and 26).

The State party should broaden the scope of the definition of rape in article 177 of the Criminal Code and ensure that incest, sexual abuse other than actual sexual intercourse, as well as rape of men, are considered serious criminal offences; remove the burden on victims to prove resistance against the assault; and prosecute rape and other crimes of sexual violence ex officio. It should also introduce mandatory gender-sensitive training in sexual violence for judges, prosecutors and police and prison officers.

15. 委員会は、ドメスティック・バイオレンスの加害者に対する量刑が報告によると軽いとされていること、保護命令違反者の逮捕が、度重なる違反のある場合または警告を無視した場合にのみなされることを懸念する。委員会は、また、ドメスティック・バイオレンス被害者に対する長期的な支援が欠如していること、外国人であるドメスティック・バイオレンス被害者に対する在留資格付与の遅れが、安定した雇用に応募し社会保障給付へアクセスすることを事実上排除してい

15. The Committee is concerned that sentences for perpetrators of domestic violence are reportedly lenient and that violators of protection orders are only arrested in cases of repeated violations or when they ignore warnings. It is also concerned that there is a lack of long-term assistance for victims of domestic violence, and that the delays in granting foreign victims of domestic violence residence status effectively bar them from applying for stable employment and from having access to social security benefits (art. 3, 7, 26 and 2 (3)).

ることに、懸念を有する（規約3条、7条、26条および2条(3)）。

締約国は、ドメスティック・バイオレンス加害者に対する量刑政策を見直し、保護命令違反者を拘禁して訴追し、ドメスティック・バイオレンス被害者に対する損害賠償額とシングルマザーに対する育児手当額を増大させ、損害賠償と子どもの扶養に対する裁判所の命令を執行し、長期的なリハビリプログラムやリハビリ施設を、外国人など特別な必要のある被害者に対する支援と同様に、強化すべきである。

16. 委員会は、実際上は、殺人を含む犯罪に対してしか死刑が科されていないことに留意しつつも、死刑を科すことのできる犯罪の数が依然として減少していないこと、および死刑執行の数が近年着々と増加していることへの懸念を繰り返し表明する。委員会は、また、死刑確定者が単独室拘禁に付され、それがしばしば長期間にわたり、また死刑執行の日に先立って事前告知されることなく処刑され、高齢者や精神障がいがあるという事実にもかかわらず執行される例があることに懸念を有する。恩赦、減刑ないし執行延期に関する権限が行使されていないこと、またこうした救済措置を求める手続に関する透明性が欠けていることもまた、懸念事項である（規約6条、7条および10条）。

締約国は、世論調査の結果にかかわらず、死刑の廃止を前向きに検討し、必要

The State party should review its sentencing policy for perpetrators of domestic violence, detain and prosecute violators of protection orders, increase the amount of compensation for victims of domestic violence and of child-rearing allowances for single mothers, enforce court orders for compensation and child support, and strengthen long-term rehabilitation programmes and facilities, as well as assistance for victims with special needs, including non-citizens.

16. While noting that, in practice, the death penalty is only imposed for offences involving murder, the Committee reiterates its concern that the number of crimes punishable by the death penalty has still not been reduced and that the number of executions has steadily increased in recent years. It is also concerned that death row inmates are kept in solitary confinement, often for protracted periods, and are executed without prior notice before the day of execution and, in some cases, at an advanced age or despite the fact that they have mental disabilities. The non-use of the power of pardon, commutation or reprieve and the absence of transparency concerning procedures for seeking benefit for such relief is also a matter of concern (art. 6, 7 and 10).

Regardless of opinion polls, the State party should favourably consider abolishing the death penalty and inform the

に応じて、国民に対し死刑廃止が望ましいことを知らせるべきである。当面の間、規約第6条第2項に従い、死刑は最も重大な犯罪に厳格に限定されるべきである。締約国は、死刑確定者の処遇、高齢者ないし精神障がい者の執行に関し、より人道的なアプローチをとることを考慮すべきである。締約国は、死刑執行に自ら備える機会がないことにより被る精神的苦痛を軽減するために、死刑確定者およびその家族に、予定されている死刑執行の日時について合理的な事前の告知が与えられることも確保すべきである。恩赦、減刑および執行延期は、死刑を科された者にとって真に利用可能なものとされるべきである。

public, as necessary, about the desirability of abolition. In the meantime, the death penalty should be strictly limited to the most serious crimes, in accordance with article 6, paragraph 2, of the Covenant. Consideration should be given by the State party to adopting a more humane approach with regard to the treatment of death row inmates and the execution of persons at an advanced age or with mental disabilities. The State party should also ensure that inmates on death row and their families are given reasonable advance notice of the scheduled date and time of the execution, with a view to reducing the psychological suffering caused by the lack of opportunity to prepare themselves for this event. The power of pardon, commutation and reprieve should be genuinely available to those sentenced to death.

17. 委員会は、有罪とされ死刑を言渡されても上訴権を行使しない被告人の数が増加していること、裁判所が再審開始を決定するまでは、死刑確定者と再審請求を担当する弁護士との面会に刑事施設職員が立会い、監視をすること、再審や恩赦の請求に死刑の執行を停止する効力がないことを、懸念を持って留意する（規約6条、14条）。

締約国は、死刑事件においては、（上訴審における）再審査を義務的とする制度を導入し、また死刑事件の再審請求や恩赦の出願による執行停止効を確保すべき

17. The Committee notes with concern that an increasing number of defendants are convicted and sentenced to death without exercising their right of appeal, that meetings of death row inmates with their lawyer in charge of requesting a retrial are attended and monitored by prison officials until the court has decided to open the retrial, and that requests for retrial or pardon do not have the effect of staying the execution of a death sentence (art. 6 and 14).

The State party should introduce a mandatory system of review in capital cases

である。執行停止の濫用を防止するため、恩赦の出願の回数には制限が設けられてもよい。締約国は、また、再審に関する死刑確定者と弁護士との間のすべての面会について厳格な秘密性を確保すべきである。

18. 委員会は、刑事収容施設及び被収容者等の処遇に関する法律の下で、捜査と拘禁の警察機能が正式に分離されたにもかかわらず、代替収容制度（代用監獄）は、その下で、捜査を容易にするため被疑者を最長23日間にわたって警察の拘禁施設に拘禁することが可能であり、その間保釈の可能性はなく、また弁護士へのアクセスも限定され、特に逮捕後最初の72時間はそうであって、自白を得る目的での長期に及ぶ取調べおよび濫用的な取調べ方法の危険を増加させていることについて、懸念を繰り返し表明する（7条、9条、10条および14条）。

締約国は、代用監獄制度を廃止すべきであり、あるいは、規約第14条に含まれるすべての保障に完全に適合させることを確保すべきである。締約国は、すべての被疑者が取調べ中を含め弁護士と秘密に交通できる権利、逮捕されたその時から、かつ犯罪嫌疑の性質に関わりなく法律扶助が受けられる権利、自分の事件と関連するすべての警察記録の開示を受ける権利および医療措置を受ける権利を確保すべきである。締約国は、また、起訴

and ensure the suspensive effect of requests for retrial or pardon in such cases. Limits may be placed on the number of requests for pardon in order to prevent abuse of the suspension. It should also ensure the strict confidentiality of all meetings between death row inmates and their lawyers concerning retrial.

18. The Committee reiterates its concern that, despite the formal separation of the police functions of investigation and detention under the Act on Penal Detention Facilities and Treatment of Inmates and Detainees, the substitute detention system (Daiyo Kangoku), under which suspects can be detained in police detention facilities for a period up to 23 days to facilitate investigations, without the possibility of bail and with limited access to a lawyer especially during the first 72 hours of arrest, increases the risk of prolonged interrogations and abusive interrogation methods with the aim of obtaining a confession (art. 7, 9, 10 and 14).

The State party should abolish the substitute detention system or ensure that it is fully compliant with all guarantees contained in article 14 of the Covenant. It should ensure that all suspects are guaranteed the right of confidential access to a lawyer, including during the interrogation process, and to legal aid from the moment of arrest and irrespective of the nature of their alleged crime, and to all police records

前保釈制度も導入すべきである。

19. 委員会は、警察内部の規則に含まれる、被疑者の取調べ時間についての不十分な制限、取調べに弁護人が立ち会うことが、真実を明らかにするよう被疑者を説得するという取調べの機能を減殺するとの前提の下、弁護人の立会いが取調べから排除されていること、取調べ中の電子的監視方法が散発的、かつ選択的に用いられ、被疑者による自白の記録にしばしば限定されていることを、懸念を持って留意する。委員会は、また、主として自白に基づく非常に高い有罪率についても、懸念を繰り返し表明する。この懸念は、こうした有罪の宣告に死刑判決も含まれることに関して、さらに深刻なものとなる。

締約国は、虚偽自白を防止し、規約第14条に基づく被疑者の権利を確保するために、被疑者の取調べ時間に対する厳格な時間制限や、これに従わない場合の制裁措置を規定する法律を採択し、取調べの全過程における録画機器の組織的な使用を確保し、取調べ中に弁護人が立会う権利を全被疑者に保障しなければならない。締約国は、また、刑事捜査における警察の役割は、真実を確定することではなく、裁判のために証拠を収集することであることを認識し、被疑者による黙秘は有罪の根拠とされないことを確保し、裁判所に対して、警察における取調べ中になされた自白よりも現代的な科学的な

related to their case, as well as to medical treatment. It should also introduce a pre-indictment bail system.

19. The Committee notes with concern the insufficient limitations on the duration of interrogations of suspects contained in internal police regulations, the exclusion of counsel from interrogations on the assumption that such presence would diminish the function of the interrogation to persuade the suspect to disclose the truth, and the sporadic and selective use of electronic surveillance methods during interrogations, frequently limited to recording the confession by the suspect. It also reiterates its concern about the extremely high conviction rate based primarily on confessions. This concern is aggravated in respect of such convictions that involve death sentences (art. 7, 9 and 14).

The State party should adopt legislation prescribing strict time limits for the interrogation of suspects and sanctions for non-compliance, ensure the systematic use of video-recording devices during the entire duration of interrogations and guarantee the right of all suspects to have counsel present during interrogations, with a view to preventing false confessions and ensuring the rights of suspects under article 14 of the Covenant. It should also acknowledge that the role of the police during criminal investigations is to collect evidence for the trial rather than establishing the truth,

証拠に依拠することを奨励するべきである。

20. 委員会は、刑事施設視察委員会および2006年の刑事収容施設及び被収容者等の処遇に関する法律の下で設立された留置施設視察委員会、法務大臣によって棄却された不服申立てを再審査する刑事施設の被収容者の不服審査に関する調査検討会、さらに被留置者によって提出された苦情の申出、審査の申請および事実の申告を再審査する責任を有する都道府県公安委員会もまた、受刑施設および留置施設の外部査察・不服審査機構を効果的なものとするために必要とされる、独立性、人的資源および権限を欠いていることに懸念を有する。この点に関して、委員会は、2005年から2007年までの期間、留置施設職員に対し、暴行または虐待の罪による有罪判決または懲戒処分が下されていないことに、留意する（規約7条および10条）。

締約国は、以下のことを確保すべきである。
(a)刑事施設視察委員会および留置施設視察委員会はその権限を効果的に果たすために、十分な人員配置がなされ、またすべての関連情報に完全にアクセスすることができなければならない。さらに、その委員は、刑事施設ないし留置施設の管理者によって任命されるべきではない。

ensure that silence by suspects is not considered inculpatory, and encourage courts to rely on modern scientific evidence rather than on confessions made during police interrogations.

20. The Committee is concerned that the Penal Institution Visiting Committees, the Detention Facilities Visiting Committees established under the 2006 Act on Penal Detention Facilities and Treatment of Inmates and Detainees, the Review and Investigation Panel for Complaints from Inmates of Penal Institutions reviewing complaints that have been dismissed by the Minister of Justice, and the Prefectural Public Safety Commissions responsible for reviewing complaints, petitions for review and reports of cases submitted by detainees lack the independence, resources and authority required for external prison or detention monitoring and complaint mechanisms to be effective. In this regard, it notes the absence of any verdicts of guilt or disciplinary sanctions against detention officers for crimes of assault or cruelty during the period from 2005 to 2007 (art. 7 and 10).

The State party should ensure (a) that the Penal Institution and Detention Facilities Visiting Committees are adequately equippedand have full access to all relevant information in order to effectively discharge their mandate and that their members are not appointed by the management of penal institutions and police detention

(b)刑事施設の被収容者の不服審査に関する調査検討会は、十分なスタッフが保障され、その意見は法務省を拘束するものでなければならない。

(c)被留置者から提出された不服申立てを再審査する権限は、都道府県公安委員会から、外部の専門家からなる独立の機関に委譲されなければならない。

　締約国は、次の定期審査報告書の中には、受刑者および被留置者から受けた不服申立ての件数およびその内容、違法行為をおこなった行為者に科せられた刑罰または懲戒処分、被害者に提供された補償の内容を盛り込むべきである。

facilities; (b) that the Review and Investigation Panel for Complaints from Inmates of Penal Institutions is adequately staffed and that its opinions are binding on the Ministry of Justice; and (c) that the competence for reviewing complaints submitted by detainees is transferred from the Prefectural Public Safety Commissions to an independent body comprising external experts. It should include in its next periodic report statistical data on the number and nature of complaints received from prisoners and detainees, the sentences or disciplinary measures imposed on perpetrators and any compensation provided to victims.

21．委員会は、死刑確定者が、精神的および情緒的な安定性を確保するという名目により、昼夜にわたり単独室に拘禁されていること、また、無期刑受刑者の中にも長期間にわたり単独室拘禁に付されている者がいることに懸念を有する。委員会はまた、被収容者が事前に医師の診察なく保護室に拘禁されうること、その期間は当初72時間であり無制限に更新可能であるという報告、また、一定の範疇の受刑者は、分離された「収容区画」に収容され、その措置に対して不服申立てをする機会が与えられていないという報告に懸念を有する（規約7条および10条）。

　締約国は、死刑確定者を単独室拘禁とする規則を緩和し、単独室拘禁は限定された期間の例外的措置にとどめることを確保し、保護室への収容には期間の上限

21. The Committee is concerned that death row inmates are confined to single rooms day and night, purportedly to ensure their mental and emotional stability, and that lifetime prisoners are sometimes also placed in solitary confinement for protracted periods of time. It is also concerned about reports that inmates may be confined to protection cells without prior medical examination initially for a period of 72 hours, which is indefinitely renewable, and that a certain category of prisoners are placed in separate "accommodating blocks" without the opportunity to appeal against this measure (art. 7 and 10).

　The State party should relax the rule under which inmates on death row are placed in solitary confinement, ensure that solitary confinement remains an exceptional

を設けると共に事前に身体および精神面の診察を行い、また、明確な基準ないし不服申立ての機会もないまま一定の受刑者を「収容区画」に隔離する取扱いを廃止するべきである。

measure of limited duration, introduce a maximum time limit and require the prior physical and mental examination of an inmate for confinement in protection cells and discontinue the practice of segregating certain inmates in "accommodating blocks" without clearly defined criteria or possibilities of appeal.

22. 委員会は、政府が依然として第2次世界大戦中の「慰安婦」制度に対する責任を受け入れていないこと、加害者が訴追されていないこと、被害者に提供された賠償が公的基金ではなく民間の募金によって賄われており、かつその額が十分でないこと、「慰安婦」問題について言及した歴史教科書がほとんどないこと、一部の政治家やマスメディアが被害者を誹謗し、あるいは、当該事実を否定し続けていることに、懸念を持って留意する（規約7条および8条）。

締約国は、その法的責任を受け入れ、被害者の大多数に受け入れられるようなやり方で「慰安婦」制度について留保なく謝罪し、被害者の尊厳を回復し、生存中の加害者を訴追し、すべての生存被害者に対し権利の問題として十分な賠償を行うための速やかで実効的な立法的・行政的措置をとり、この問題について学生および一般大衆を教育し、被害者を誹謗したり、この事実を否定したりするいかなる企てに対しても反駁し制裁を科すべきである。

22. The Committee notes with concern that the State party has still not accepted its responsibility for the "comfort women" system during the Second World War, that perpetrators have not been prosecuted, that the compensation provided to victims is financed by private donations rather than public funds and is insufficient, that few history textbooks contain references to the "comfort women" issue, and that some politicians and mass media continue to defame victims or to deny the events (art. 7 and 8).

The State party should accept legal responsibility and apologize unreservedly for the "comfort women" system in a way that is acceptable to the majority of victims and restores their dignity, prosecute perpetrators who are still alive, take immediate and effective legislative and administrative measures to compensate adequately all survivors as a matter of right, educate students and the general public about the issue, and refute and sanction any attempt to defame victims or to deny the events.

23. 委員会は、締約国へ、および締約国を経由して人身取引される者の（推定）人数について統計的なデータがないこと、人身取引関連犯罪の加害者に対する拘禁刑（訳注：身体を拘束する刑で、日本では懲役・禁錮にあたる）の数が少ないこと、公的または民間のシェルターで保護される人身取引被害者の数が減少していること、通訳サービス、医療、カウンセリング、未払賃金や損害賠償を請求するための法的支援やリハビリのための長期的な支援を含む被害者への包括的な支援が欠けていること、さらに、在留特別許可が加害者を有罪とするために必要な期間しか与えられず、かつすべての被害者には付与されないことに懸念を有する（規約8条）。

締約国は、人身取引被害者を見つけ出すための努力を強化し、締約国の領域内へのまたは領域を経由しての人身取引の流れに関するデータを体系的に収集することを確保し、人身取引関連犯罪の加害者に対する量刑政策を見直し、被害者に保護を提供する民間シェルターを支援し、通訳、医療、カウンセリング、未払い賃金や損害賠償を請求するための法的支援、リハビリの長期的支援、すべての人身取引被害者の法的地位の安定化を確保することによって被害者支援を強化すべきである。

24. 委員会は、「研修制度」「技能実習制度」の下、締約国に来る外国人が締約国内の労働法による保護や社会保障から排除さ

23. The Committee is concerned about the lack of statistical data on the (estimated) number of persons trafficked to and in transit through the State party, the low number of prison sentences imposed on perpetrators of trafficking-related crimes, the decreasing number of trafficking victims protected in public and private shelters, the lack of comprehensive support for victims, including interpretation services, medical care, counselling, legal support for claiming unpaid wages or compensation and long-term support for rehabilitation, and the fact that special permission to stay is only granted for the period necessary to convict perpetrators and that it is not granted to all victims of trafficking (art. 8).

The State party should intensify its efforts to identify victims of trafficking and ensure the systematic collection of data on trafficking flows to and in transit through its territory, review its sentencing policy for perpetrators of trafficking-related crimes, support private shelters offering protection to victims, strengthen victim assistance by ensuring interpretation, medical care, counselling, legal support for claiming unpaid wages and compensation, long-term support for rehabilitation and stability of legal status to all victims of trafficking.

24. The Committee is concerned about reports that non-citizens who come to the State party under the industrial training and techni-

れていること、彼らがしばしば有給休暇も与えられずに単純労働で搾取され、法定の最低賃金を下回る研修手当の支払を受け、時間外賃金の支払いもなく時間外労働に従事することを強制され、しばしば使用者に旅券を取り上げられているとの報告に、懸念を有する（規約8条、26条）。

締約国は、法定の最低賃金を含む最低限度の労働基準および社会保障に関する国内法による保護を、外国人研修生・技能実習生にも及ぼし、かかる研修生や実習生を搾取する使用者に相応の制裁を科し、研修生・実習生の権利を適切に保護し、低賃金労働力確保よりも能力向上に焦点をあてる新しい制度に現行制度を改めることを検討すべきである。

25. 委員会は、2006年改正出入国管理及び難民認定法が拷問の危険がある国への難民申請者の送還を明文で禁止していないこと、申請の数との関連で難民認定の割合が低いままであること、難民認定手続にしばしばかなりの遅延があり、その間申請者は就労を禁じられ、かつ限られた社会扶助しか受けられないことに、懸念を持って留意する。委員会はまた、再審査に際し法務大臣に助言する難民審査参与員が独立した機関により選任されず、また拘束力のある決定を下す権限は

cal internship programmes are excluded from the protection of domestic labour legislation and social security and that they are often exploited in unskilled labour without paid leave, receive training allowances below the legal minimum wage, are forced to work overtime without compensation and are often deprived of their passports by their employers (art. 8 and 26).

The State party should extend the protection of domestic legislation on minimum labour standards, including the legal minimum wage, and social security to foreign industrial trainees and technical interns, impose appropriate sanctions on employers who exploit such trainees and interns, and consider replacing the current programmes with a new scheme that adequately protects the rights of trainees and interns and focuses on capacity-building rather than recruiting low-paid labour.

25. The Committee notes with concern that the 2006 Immigration Control and Refugee Recognition Act does not expressly prohibit the return of asylum-seekers to a country where there is a risk of torture, that the recognition rates for asylum-seekers remain low in relation to the number of applications filed, and that there are often substantial delays in the refugee recognition process during which applicants are not allowed to work and receive only limited social assistance. It is also concerned that the possibility of filing an

ないことから、難民不認定に対する法務大臣への異議申立ての機会が、独立した機関による再審査の性質を有しないことに、懸念を有する。最後に委員会は、難民不認定となった者が退去強制命令の執行停止申立てに対する不利な決定に対して異議を申立てうる前に強制送還されたという報告事例に、懸念を有する（規約7条、13条）。

　締約国は、拷問その他の虐待の危険がある国への難民申請者の送還を明文で禁止するため、出入国管理及び難民認定法を改正することを検討し、また全ての難民申請者に対し、弁護士、法律扶助、通訳のほか、手続の全期間にわたる適切な国庫による社会扶助あるいは雇用へのアクセスを確保すべきである。締約国はまた、法務大臣によって「テロリスト容疑者」とみなされた難民申請者も利用しうる完全に独立した不服申立機関を設置すべきであり、そして行政手続の終了後難民申請者がその難民不認定の決定に対する不服申立てをなしうる前に直ちに強制送還されないことを確保すべきである。

26．委員会は、公職選挙法による戸別訪問の禁止や選挙活動期間中に配布するこ

objection with the Minister for Justice against a negative asylum decision does not constitute an independent review because the refugee examination counsellors advising the Minister upon review are not independently appointed and have no power to issue binding decisions. Lastly, it is concerned about reported cases of rejected asylum-seekers having been deported before they could submit an objection against the negative decision on their application to stay the execution of the deportation order (art. 7 and 13).

The State party should consider amending the Immigration Control and Refugee Recognition Act, with a view to explicitly prohibiting the return of asylum-seekers to countries where there is a risk of torture or other ill-treatment, and ensure that all asylum-seekers have access to counsel, legal aid and an interpreter, as well as to adequate State-funded social assistance or employment during the entire length of proceedings. It should also establish an entirely independent appeal mechanism, including for applicants who are deemed to be "possible terrorists" by the Minister for Justice, and ensure that rejected applicants are not deported immediately after the conclusion of the administrative proceedings before they can submit an appeal against the negative asylum decision.

26.　The Committee is concerned about unreasonable restrictions placed on freedom of

とのできる文書図画の数と形式に対する制限など、表現の自由と政治に参与する権利に対して加えられている不合理な制限に、懸念を有する。委員会はまた、政府に対する批判的な内容のビラを私人の郵便受けに配布したことに対して、住居侵入罪もしくは国家公務員法に基づいて、政治活動家や公務員が逮捕され、起訴されたという報告に、懸念を有する（規約19条、25条）。

締約国は、規約第19条および25条のもとで保障されている政治活動やその他の活動を警察、検察および裁判所が過度に制限することを防止するため、その法律から、表現の自由および政治に参与する権利に対するあらゆる不合理な制限を撤廃すべきである。

27．委員会は、性的同意年齢が、男児および女児ともに13歳と低い年齢に設定されていることに、懸念を有する（規約24条）。

締約国は、子どもの正常な発達を保護し児童虐待を防止するため、男児および女児の性的同意年齢を現在の13歳から引き上げるべきである。

28．委員会は、婚外子が国籍取得、相続権および出生届の点で差別されていることにつき、繰り返し懸念を表明する（規

expression and on the right to take part in the conduct of public affairs, such as the prohibition of door-to-door canvassing, as well as restrictions on the number and type of written materials that may be distributed during pre-election campaigns, under the Public Offices Election Law. It is also concerned about reports that political activists and public employees have been arrested and indicted under laws on trespassing or under the National Civil Service Law for distributing leaflets with content critical of the Government to private mailboxes (art. 19 and 25).

The State party should repeal any unreasonable restrictions on freedom of expression and on the right to take part in the conduct of public affairs from its legislation to prevent the police, prosecutors and courts from unduly restricting political campaigning and other activities protected under articles 19 and 25 of the Covenant.

27. The Committee is concerned about the low age of sexual consent, which has been set at 13 years for boys and girls (art. 24).

The State party should raise the age of sexual consent for boys and girls from its current level of 13 years, with a view to protecting the normal development of children and preventing child abuse.

28. The Committee reiterates its concern that children born out of wedlock are discriminated against with regard to the acquisi-

約2条(1)、24条および26条)。

　締約国は、国籍法第3条、民法第900条4項および出生届においてその子が「嫡出子」であるか否かを記載しなければならない旨規定する戸籍法49条1項1号(訳注：49条2項1号の誤りであると思われる)も含めて、婚外子を差別するすべての条項を、法律から削除すべきである。

29．委員会は、婚姻したあるいは婚姻していない異性のカップルに対してのみ適用され、もって婚姻していない同性のカップルが公営住宅を賃借することを事実上妨げている公営住宅法第23条1項や、配偶者からの暴力の防止及び被害者の保護に関する法律による保護から同性のカップルが排除されていることに例証されているように、レズビアン、ゲイ、バイセクシュアルおよび性同一性障がいの人々に対して、雇用、住居、社会保障、健康保険、教育および法によって規制されたその他の領域における差別があることに、懸念を有する（規約2条(1)および26条)。

　締約国は、差別禁止の事由に性的指向を含めるよう法律を改正することを検討すべきであり、また委員会の規約第26条についての解釈1に沿って、婚姻していない同居している異性のカップルに付与されている便益が、婚姻していない同居している同性のカップルに対しても同等に付与されることを確保すべきである。[1]

tion of nationality, inheritance rights and birth registration (art. 2 (1), 24 and 26).

The State party should remove any provisions discriminating against children born out of wedlock from its legislation, including article 3 of the Nationality Law, article 900 (4) of the Civil Code, and article 49 (1), item 1, of the Family Registration Law prescribing that birth registration forms shall indicate whether or not a child is "legitimate".

29.　The Committee is concerned about discrimination against lesbian, gay, bisexual and transgender persons in employment, housing, social security, health care, education and other fields regulated by law, as exemplified by article 23 (1) of the Public Housing Law, which applies only to married and unmarried opposite-sex couples and effectively bars unmarried same-sex couples from renting public housing, and by the exclusion of same-sex partners from protection under the Law for the Prevention of Spousal Violence and the Protection of Victims (art. 2 (1) and 26).

The State party should consider amending its legislation, with a view to including sexual orientation among the prohibited grounds of discrimination, and ensure that benefits granted to unmarried cohabiting opposite-sex couples are equally granted to unmarried cohabiting same-sex couples, in line with the Committee's interpretation of article 26 of the Covenant.[1]

[1　Young v. Australia, communication No. 901/1999 and X v. Colombia, communication No. 1361/2005 参照］

30．委員会は、1982年国民年金法からの国籍条項削除が不遡及であることと、20歳から60歳の間に最低25年間年金保険料を払わなければならないという要件とが相まって、多数の外国人、主に1952年に日本国籍を喪失した韓国・朝鮮人が、国民年金制度の下での年金受給資格から事実上排除される結果となっていることに、懸念を持って留意する。委員会はまた、国民年金法から国籍条項が撤廃された時点で20歳を超える外国人は障害年金給付が受けられないという規定により、1962年前に生まれた障がいを持つ外国人にも同じことがあてはまることに、懸念を持って留意する（規約2条1項、26条）。

締約国は、外国人を国民年金制度から差別的に排除しないことを確保するため、国民年金法の年齢制限規定によって影響を受けた外国人のため経過措置を講ずべきである。

31．委員会は、朝鮮学校に対する国庫補助金が通常の学校に対する補助金より極めて低額であること、そのため朝鮮学校では民間の寄付に過度に依存せざるを得なくなっているが、こうした寄付には日本

[1　See Young v. Australia, communication No. 901/1999 and X v. Colombia, communication No. 1361/2005.］

30. The Committee notes with concern that, as a result of the non-retroactivity of the elimination of the nationality requirement from the National Pension Law in 1982 combined with the requirement that a person pay contributions to the pension scheme for at least 25 years between the ages of 20 and 60, a large number of non-citizens, primarily Koreans who lost Japanese nationality in 1952, are effectively excluded from eligibility for pension benefits under the national pension scheme. It also notes with concern that the same applies to disabled non-citizens who were born before 1962 owing to a provision that non-citizens who were older than 20 years at the time when the nationality clause was repealed from the National Pension Law are not eligible for disability pension benefits (art. 2 (1) and 26).

The State party should make transitional arrangements for non-citizens affected by the age requirements stipulated in the National Pension Law, with a view to ensuring that non-citizens are not discriminatorily excluded from the national pension scheme.

31. The Committee is concerned that State subsidies for schools that teach in the Korean language are significantly lower than those for ordinary schools, making them heavily dependent on private donations, which are

の私立学校やインターナショナルスクールへの寄付とは違い、税金の免除や控除が認められていないこと、また朝鮮学校の卒業資格が自動的に大学受験資格として認められていないことに、懸念を有する。

締約国は、国庫補助金の増額並びに他の私立学校への寄付と同様の財政上の優遇措置を朝鮮学校への寄付に適用することによって、朝鮮学校に対する適切な財政的支援を確保すべきであり、また朝鮮学校の卒業資格を即大学受験資格として認めるべきである。

32. 委員会は、アイヌ民族および琉球・沖縄民族を特別な権利や保護を受ける資格がある先住民として締約国が公式に認めていないことに、懸念を持って留意する（規約27条）。

締約国は、アイヌ民族と琉球・沖縄民族を国内法で先住民と明確に認め、彼らの継承文化や伝統的生活様式を保護、保存および促進する特別な措置を講じ、彼らの土地についての権利を認めるべきである。締約国はまた、アイヌ民族や琉球・沖縄民族の子ども達に彼らの言語によってあるいは彼らの言語について、また彼らの文化について教育を受ける適切な機会を提供し、正規の教育課程にアイヌ民族と琉球・沖縄民族の文化と歴史の教育を組み込むべきである。

33. 委員会は、日本の第6回定期報告書

not exempted or deductible from taxes, unlike donations to private Japanese schools or international schools, and that diplomas from Korean schools do not automatically qualify students to enter university (art. 26 and 27).

The State party should ensure the adequate funding of Korean language schools by increasing State subsidies and applying the same fiscal benefits to donors of Korean schools as to donors of other private schools, and recognize diplomas from Korean schools as direct university entrance qualifications.

32. The Committee notes with concern that the State party has not officially recognized the Ainu and the Ryukyu/Okinawa as indigenous peoples entitled to special rights and protection (art. 27).

The State party should expressly recognize the Ainu and Ryukyu/Okinawa as indigenous peoples in domestic legislation, adopt special measures to protect, preserve and promote their cultural heritage and traditional way of life, and recognize their land rights. It should also provide adequate opportunities for Ainu and Ryukyu/Okinawa children to receive instruction in or of their language and about their culture, and include education on Ainu and Ryukyu/Okinawa culture and history in the regular curriculum.

33. The Committee sets 29 October 2011 as

の提出日を、2011年10月29日と定める。締約国の第5回定期報告書および本総括所見が、日本語、そして可能な範囲において、国内少数言語で、一般市民に対し、また、司法、立法、行政当局に対しても公表され、かつ広く普及されるよう、要請する。委員会はまた、第6回定期報告書が、市民社会および締約国内で活動するNGOに入手可能とされることを要請する。

34. 委員会手続規則71パラグラフ5に従い、締約国は、委員会による上記第17、18、19および21項の各勧告について、1年以内にフォローアップ情報を提供しなくてはならない。委員会は、締約国が次回定期報告書に、残された勧告および条約全体の履行状況に関する情報を記載するよう、要請する。

the date for the submission of the sixth periodic report of Japan. It requests that the State party's fifth periodic report and the present concluding observations be published and widely disseminated in Japanese and, to the extent possible, in national minority languages to the general public, as well as to the judicial, legislative and administrative authorities. It also requests that the sixth periodic report be made available to civil society and to non-governmental organizations operating in the State party.

34. In accordance with rule 71, paragraph 5, of the Committee's rules of procedure, the State party should submit within a year information on the follow-up given to the Committee's recommendations in paragraphs 17, 18, 19 and 21 above. The Committee requests the State party to include in its next periodic report information on its remaining recommendations and on the implementation of the Covenant as a whole.

第3部
総括所見の意義と今後の課題

座談会：総括所見の意義と今後の課題

参加者（順不同）

申惠丰〔青山学院大学法学部教授〕
寺中誠〔アムネスティ・インターナショナル日本事務局長〕
藤原精吾〔日本弁護士連合会国際人権（自由権）規約問題ワーキンググループ座長〕
海渡雄一・武村二三夫・河野善一郎〔以上、同副座長〕、川口和子〔同事務局長〕
五十嵐二葉・小池振一郎・田鎖麻衣子・田島義久・新倉修・吉峯康博〔以上、同委員〕

1 はじめに～本座談会の主旨

海渡 今日の座談会の司会進行をさせていただきます海渡です。最初に、藤原さんからご挨拶をお願いします。

藤原 まず、コメンテーターとして申さんと寺中さんに参加いただきありがとうございます。本座談会の主旨を申し上げます。今回の自由権規約委員会（以下、単に規約委員会という）の審査というのは、日本の人権状況を映す鏡であると思います。政府の報告書、そして各分野のNGOが参加して日本の人権状況についてクリティカルな部分についての討議を行う場であるからです。

日弁連は、1991年に日弁連としての報告書を委員会に提出して以来、審査に関与してきました。前回1998年の審査からは、代表団を正式に派遣して、その報告書を次回に向けて作成するということも10年間にわたり続けてきました。今回は、16名の代表団を送り、2度のNGOブリーフィング、志布志事件の映画上映会、そして審査の傍聴を行いました。その結果、委員会が、意義のある総括所見を採択されたと考えております。

今日の座談会は、今回の総括所見を基にして、その意義について議論し、今後どのような活動をするべきか、問題意識を語られると思います。今後の日本の人権状況の改善に役立つような座談会になることを願っております。

2 報告制度および総括所見の意義について

海渡 それでは、まず、今回の審査、そしてそれを受けた総括所見の位置づけについて、申さんからご報告をいただきたいと思います。

申 ありがとうございます。私は、青山学院大学で国際法と国際人権法を担当しております。

まず、報告制度とは、国連で採択された人権条約にはすべて備わっている制度で、条約の実施状況について、締約国が条約機関に定期的に報告書を出し、その審査を受けるという制度です。日本も多くの人権条約を批准していますが、その中でも、この自由権規約に基づく報告の提出と審議は今回で5回目を数え、もっとも多くの回数を重ねるに至っています。

報告制度の一つのメリットは、定期的に行われることから、回を重ねるにつれて、各国のさまざまな問題について、委員会がより具体的に掘り下げて検討が進められるという点だと思います。その過程で、ある問題に関して当事国の政府の姿勢に変化が見られるということも起こり得ます。これは、人権条約自体には規定がないにもかかわらず、実際の審議の場に当事国の政府代表が招かれ、政府代表と委員会の委員との間の直接の質疑応答というものが存在するという点が大きく寄与していると考えます。

例えば、第1回報告書審査時には、日本政府の報告書では「規約27条に言う少数民族は日本には存在しない」と政府は断言していたのに対し、第2回の報告書では若干の文言の変化があり、第3回報告書でははっきりと、「アイヌは27条による少数民族である」と明記するに至ったことが想起されます。

ただ、本来は、自由権規約のもとでは、2回目以降の報告書の提出は5年ごととされているところを、今回は日本政府の報告書提出が遅れて2006年となり、委員会の審査も2008年10月にずれ込みました。前回の第4回の審査が98年10月でしたので、それ以来、実に10年ぶりの日本政府報告書審査が行われたということになります。

それでも日本の場合、第1選択議定書による個人通報の制度は受け入れてないわけですから、自由権規約の国内実施状況を国際的に監視する制度として適用があるのは、報告制度だけということになります。したがって、この機会をとらえて規約の実効的な国内実施を何とか後押しするという意義には、いっそう大きなものがあると考えます。

自由権規約に基づく日本政府報告審議に当たっては、毎回多数のNGOがカウンター（対抗）レポート、あるいはオルタナティブ（代替）レポートと

も言われるレポートの作成や審議の傍聴に携わってきていますが、とりわけ日弁連はその代表的な存在として、包括的なオルタナティブレポートの作成、代表団のジュネーブ派遣と審議の傍聴・記録、全体的な成果の取りまとめ、出版と、事前間事後にわたって包括的に積極的な活動を展開してこられました。今回、第5回政府報告審議のために作成された日弁連報告書も、きわめて詳細・緻密であると同時に、問題の本質を随所でよく指摘した非常に質の高いものであると思います。私はこれまでにも報告制度に関する日弁連の出版物の多くを利用させていただいていますが、この機会に日弁連の皆様に対して、心からの深い敬意を表したいと思います。

前回の報告審査でも、第3回に続いて日本に対するさまざまな懸念や勧告が委員会の総括所見で示されましたが、その後、実際に国内では総括所見で指摘された事柄と大きく重なる人権問題が生じました。この点、特に指摘したいのは、複数の受刑者が刑務官による暴行で死傷したといういわゆる名古屋刑務所事件です。この事件が発生したのは2002年です。

しかし、規約委員会は、その4年前、1998年の10月に、すでに第4回報告審査の総括所見で、日本の人権制度の多くの側面が規約の諸条項に合致しないという深い懸念を示し、特に次の点を挙げていたのです。「革手錠等、残虐かつ非人道的取扱いとなり得る保護措置の頻繁な使用」「刑務官による報復に対して不服申立を行う被収容者の不十分な保護」「被収容者の不服申立を調査するための信頼できる制度の欠如」等々です。これらは、すべて名古屋刑務所事件で表面化した事柄そのものであり、あの事件はまるで、規約委員会が1998年に深い懸念を示していた事柄をそっくり絵に描いたような、典型的な人権侵害の事案になったというわけです。

この事件を契機として、監獄法が約100年ぶりに改正されるなどの改善が図られましたが、日本政府は、名古屋刑務所事件で表面化した一連の制度的な問題を的確に見抜き、すでに改善を求めていた規約委員会の総括所見の重みというものを今一度、よく受け止めるべきであろうと考えます。

第4回審査があった1998年以降、自由権規約を含む人権条約の報告制度に関連する国際的な動きとしては、国連で2006年に、経済社会理事会の下部機関であった人権委員会に代わって総会の下に置かれる人権理事会が発足し、ここでUPRと略される普遍的定期審査 (Universal Periodic Review) の制度が創設されたことが特記されます。これは、従来の人権委員会では、人権擁護にあまり積極的ではなく、むしろ人権を侵害している側の国が、自国に対する批判が決議等の形になるのを封じるために委員国になりたがると

いう問題があったことから、人権理事会においては、理事国こそ率先して人権状況の審査を受けるべきであるという考えのもとに導入されたものです。

すでに運用が始まり、理事国となった日本も2008年5月に最初のUPR審査を受けています。この制度がなぜ人権条約の報告制度とのかかわりで重要な意味を持つかというと、UPRでは、人権条約の報告制度のもとで条約機関から審査対象国について提示された一連の総括所見が、全体として、人権理事会で審査に当たる国々の基礎資料の一部として使われるからです。

日本のUPR審査の審査過程にかかわった弁護士の方が指摘されていますが（大谷美紀子「UPR制度の今後の展望」日本弁護士連合会編『国際社会が共有する人権と日本——国連人権理事会UPR日本審査2008』明石書店、2008年、288頁）、人権条約機関の総括所見が、国連人権理事会でこうした公的な位置づけを与えられたということは、人権条約の運用にとってもプラスの相互作用を与えるものだと思います。

このことは、具体的にはフォローアップの過程にかかわると思います。人権条約機関が出した総括所見は、それだけでは何も前に進まないわけで、それをその後当事国がどのように誠実に受け止めて状況の改善に生かすかということをチェックするフォローアップが伴ってこそ、現実に生きてくるわけです。UPRで総括所見が基礎資料として使われるということは、言ってみればUPRが人権条約の報告制度のフォローアップの一端を担うということでもあるのです。ですから、国際人権基準の国内実施にかかわるNGOとしては、人権条約と人権理事会の手続の双方を視野に入れつつ活動することができると思います。

次に、第4回審査のときと比較して、まず日本政府の第5回報告書自体についての感想ですが、前回受けた委員会の勧告に言及するか、少なくともこれを意識しつつ一定の改善があったことを示している部分が見られる一方で、委員会の懸念・勧告にもかかわらず、専ら従来の立場を踏襲している部分も多く、残念ながら後者に属するものが非常に多かったという印象です。

委員会の勧告に言及して改善を示しているものとしては、例えば、入国管理局の収容施設における被収容者の処分に関して、こういう記述があります。「1998年9月には……被収容者処遇規則を改正し、改正後の同規則第2条の2において収容施設の長が被収容者から直接意見を聴取したり、巡視を行う等して処遇の適正を期すべきことを新たに規定し、処遇の改善に努めていたところ、さらに、同年11月の規約人権委員会の勧告を受け、1999年4月以降、意見箱設置により被収容者から直接意見を聴取する制度を収容施設

において実施し、処遇の改善に役立てている」という記述です。これは政府報告書7項です。

　他方で、従来の立場を踏襲しているという部分については、以下のような点が挙げられると思います。第1に、このような記述です。政府報告書の13項ですが、「『公共の福祉』の概念は、各権利毎に……判例等により具体化されており、憲法による人権の制限の内容は、実質的には、本規約による人権の制限事由の内容とほぼ同様のものとなっている」ので、「『公共の福祉』の概念の下、国家権力により恣意的に人権が制限されることはあり得ない」という箇所です。

　憲法と自由権規約とでは、見比べればすぐおわかりのように、権利規定の文言も権利制限自由の文言も、全く同じというわけではありません。そもそも国際法である自由権規約の解釈に日本国憲法の解釈を持ち込み、いわば予定調和的に、必ずこれは同じ内容のものであると断言するという立場は非常におかしなものであると思います。

　第2点目として、外国人に対する差別に対する取り組みですが、政府報告書にこのような記述があります。「外国人であることを理由としたアパート等への入居拒否、飲食店や公衆浴場における入店・入浴拒否等の外国人をめぐる各種の人権問題に対しては、人権相談及び人権侵犯事件の調査・処理を通じて、人権侵害による被害の救済及び予防を図っている」。またこれと関連して、「在日韓国・朝鮮人児童・生徒らに対する嫌がらせ、脅迫、暴行等」については、「パンフレット・チラシ等の配布、ポスター掲示等の啓発活動を行うとともに」、「法務省の人権擁護機関に相談するよう呼びかけを行った」という部分があります。

　入居差別とか入店拒否・嫌がらせといった外国人差別や民族差別は、日本社会で非常に広く見られる深刻な問題ですが、日本は依然としてこれを実効的に規制する立法措置をとらずに、ポスターやパンフレットといった啓発措置に依拠するという姿勢を変えていません。私は個人的にこれを「ポスター・アプローチ」と呼んでいるのですが、具体的にどのような行為が違法な差別となるかを示されることもなく、ポスターを見て自分の行動を変えるという人がどれだけいるでしょうか。全く疑問に思います。また法務省の人権擁護委員会の人権相談にも触れられていますが、これが実効的な権限を持った機関ではないということは、第4回の所見ですでに触れられていたところです。

　それから第3に、第1選択議定書による個人通報制度について、司法権の独立を理由に消極的な姿勢を示している点、政府報告書の62項です。司法

権の独立というのは、本来、ご存じのように、司法府が行政府から不当な干渉を受けないということを意味するはずなのですが、人権条約の個人通報制度についてこれを持ち出すことは、条約の国際的実施措置の一つとしての通報制度の主旨を理解しないものであると考えます。

第4に、刑事司法制度に関連して、被疑者の取調べに対する弁護人の立会いについては、わが国の刑事司法制度では、被疑者の身体拘束には令状主義により厳格な司法審査を必要としているほかに、その期間も最長23日間としているのであり、その取調べに弁護人の立会権を認めるということは捜査に支障をきたすといったことを述べています。161項です。この中で23日間という未決拘禁期間がまるで短いものであるかのように記述されている点には、驚く限りです。

第5に、代用監獄に関して、今回の政府報告書は前回よりもさらに多くのスペースを割き、特に警察内部の留置部門と捜査部門との分離を前面に押し出して正当化していることが特徴的だと思います。こういう記述があります。「被留置者の人権を保障するため、警察においては、被留置者の処遇を担当する部門と犯罪の捜査を担当する部門は厳格に分離されている」と。そして、「被留置者の処遇は、留置部門の職員の責任と判断によってのみ行われ、捜査員が警察留置場内に入って、……処遇に介入することは禁止されて」いるとあります。さらに捜査と留置を分離するための具体的措置についても述べています。

政府報告書の中では、例えば、取調べの時間については、「就寝時刻……を過ぎてもなお取調べが続いている際は、留置部門から捜査部門に取調べの打ち切りの検討要請を行う」と、238項にあります。しかしこれはあくまで打ち切りの検討要請であって、留置部門には取調べを打ち切らせる権限はないわけですね。

第6に、第4回の総括所見では、初めて裁判官等に対する国際人権法研修の必要性が指摘されていましたが、この点に関しては、政府報告書は記述をしていますが、そういう措置がとられていると承知しているという伝聞的な書き方にとどまっています。

さて、2008年10月に行われた報告審議ですけれども、その記録を読みますと、政府代表がさまざまな事柄に関して、日本の特殊性とか日本の特殊事情といった要因を挙げて、現行の法制度を擁護し正当化する発言をしていることが気に掛かります。自由権規約の締約国は今160か国以上ありますが、規約上の権利保障に関して日本だけが特殊な事情にあると言える事柄が、は

たしてどれだけあるのだろうかと考えざるを得ません。

　これに対する委員会の今回の総括所見ですが、パラグラフの数そのものは前回とほぼ同じですが、「主要な懸念事項及び勧告」の章で、パラグラフごとの構成が、「懸念事項」と「勧告」という順に明快に分類され、内容的には前回の勧告と重なるものが多い一方で、より詳細かつ具体的な指摘を盛り込んだものになっていると言えます。

　各論に関する議論はこの後になりますが、総括所見を通読して感銘を受けた点は、委員会の指摘が実に詳しく、また的を射ているということです。例えば、男女の賃金格差に関する13項で、委員会が勧告として、ジェンダーによる賃金格差をなくすために、例えば、さらなる長時間労働につながる労働基準の規制緩和を再考すること、女性男性ともに仕事と家庭生活のバランスを取ることができるように保育施設の数を増やすこと、男女雇用機会均等法のもとで禁じられた間接差別の形態を拡張すること、を含むいくつかの事項を書いています。これらの点は、日本で根強く存在する女性への雇用差別と、そしてその背景としてある、男性をモデルとした長時間労働の問題の本質を鋭く突いたものだと考えます。

　それから、例えば、刑事施設については、20項で、刑事施設視察委員会が設置されたというだけではなくて、予算や人員の観点からするその実効性について仔細に勧告を述べている点です。また、今回初めての指摘としては、「慰安婦」とされた人々に対して実行者の訴追のほか、権利の問題として十分な賠償を払うべきであると勧告している点等が注目されます。

　最後に、今回の総括所見を含めて、これまで自由権規約をはじめとする人権条約の報告制度を研究してきて私が感じることは、人権条約で求められている人権保障を真に実効的に行うということは、どの国にとっても、積極的で継続的な取り組みを必要とするということです。この点で、自由権規約の場合、しばしば社会権規約との対比で、社会権規約の実施には財政負担、つまりお金が多く掛かるというのに対して、自由権規約の権利は、法律的に国家の権力行使の抑制を求めるだけであるから容易に実施できると、理論的には考えられてきました。しかし、自由権規約に含まれる拷問や非人道的取扱いを受けない権利一つをとっても、実際には権利侵害が起こっている以上、その防止のための訓練・教育、事件が起こった場合には加害者の処罰、再発防止措置といった一連の積極的措置が必要になり、そこには当然財政負担も生じるわけです。

　日本の例で言えば、新たに作られた刑事施設視察委員会にも当然、実効的

な運営のためには相当な費用が必要となります。人権の効果的な実施というのは、すべてそういう積極的な取り組みを必要とするものであるわけです。今回の総括所見も、まさに日本に対して、自由権規約上の権利の実効的な確保のために要請される積極的な措置の一覧を示してくれていると考えます。

海渡 どうもありがとうございました。申さんの触れていただいた各論テーマに移る前に、総論的なテーマについて何かご感想はありますか。

小池 申さんのお話に関連して、UPR 手続について発言させていただきたいと思います。日本政府は今まで、この規約人権委員会の勧告に対してどう言っていたかというと、「これは一専門家の人たちの集まりの意見であって、別に国連の意思を体しているものではない。国連総会とは直接の関係がない。単なる専門家集団の見解にすぎないんだ」という弁明をずっとしてきていました。ところが、今回 UPR ができたことによって、その弁明ができなくなったと感じています。

先ほど申さんが、総括所見が基礎資料として使われる、そういう意味で公的なものにレベルアップしたというお話をされました。私は、UPR 作業部会も傍聴しましたが、私もその実感を持って帰ってきました。基礎資料として使われるだけではなくて、作業部会で 42 か国の外国政府が、日本政府に対して人権状況について語っているわけです。その中で、いくつもの国が規約委員会の勧告が守られていないと、これに反するということを述べています。

これは、規約委員会の意見が国連総会全体の意思として公認された、そして、国連の意思であるということがはっきりしたということだと思いました。この UPR ができて今後は、日本政府は、「国際人権規約委員会の勧告は一専門家の意見にすぎない」と言えなくなった。そういう意味でも非常に大きな意味があるのではないでしょうか。

3　個人通報制度と規約の裁判所における適用について

海渡 それでは総括所見の各論の報告に移ります。まず、個人通報制度と規約の裁判所における適用の問題について、田島さん、お願いします。

田島 私は、第 1 選択議定書の批准の問題について報告をします。まず、今回の審査の席上でリヴァス・ポサダ委員長は、政府報告書の提出が大幅に遅れたことを指摘されました。先ほど申さんがおっしゃったとおり、これには重要な意味があると私も考えております。

自由権規約上の権利の確保は、二つの方法によってなされることが予定さ

れています。一つは、規約40条1項に基づく定期報告書提出と、これに対する審査を通じての対話および総括所見の採択です。もう一つは、第1選択議定書による個別事件についての見解（Views）の採択です。そして、それぞれについてフォローアップのシステムがあり、その中で対話が予定されています。

後者については、昨年、一般的意見33が採択されました。その18項では、締約国が規約委員会による個別事件の見解に従わなかった場合について触れ、委員会は、「このような事案のすべてについて、見解の実施のために委員会と締約国との対話が進行中であるとみなしている」と述べています。そして、「見解の追跡確認を行う特別報告者はこうした対話を行い、委員会に進捗状況を定期的に報告する」とされております。

このことから、今回の報告書提出の遅れは大変重要なものではないかと思っています。すなわち、締約国が主体的に是正措置を行うわけですが、日本は第1選択議定書の批准をしてないため、個人通報制度を通じての対話の機会がない。それゆえ、政府報告書の提出の遅れは、その間日本の人権状況について規約委員会との対話ができなかったことを意味します。そこで、リヴァス・ポサダ委員長の発言はその点を厳しく追及したと私は理解しています。これが非常に重要な点の一つです。

次に、第1選択議定書の批准については、第3回、第4回の審査に続いて、第5回審査においても批准を勧告されたことになります。第5回政府報告書で、日本政府は、批准しない理由として、「憲法の保障する司法権の独立を含め、司法制度との関連で問題が生じるおそれがある」ということを述べました。実に17年前の、1991年衆議院の予算委員会で当時の佐藤恵国務大臣が答弁で述べた、従来どおりの対応に終始したということになります。今回の総括所見は、規約委員会は、国内裁判所が行った事実認定や証拠評価、国内法の解釈の再審査を原則として行うものではないと述べています。すなわち、日本政府が懸念するような問題が生じないことを明らかにして、その批准を勧告しています。この点で、第4回審査における勧告とは異なる特徴があると考えています。

各国の批准の状況について、2009年1月現在、自由権規約を批准している国は164か国、うち選択議定書を批准した国は111か国にのぼります。自由権規約を批准した国のうち67％を超える国が選択議定書を批准していることになります。また、OECDの加盟30か国のうち、第1選択議定書を批准してない国は、日本、アメリカ、イギリスおよびスイスです。アメリカ

については、米州憲章に基づき設置された米州人権委員会へ、米州人権宣言違反につき救済の請願をする、すなわち個人通報制度を利用できることになっています。また、イギリスはじめヨーロッパ諸国にはヨーロッパ人権裁判所があり、ここへの申し立てが可能です。すなわち、OECD加盟国の中でいずれの個人通報制度も利用できない国は日本だけということになります。

　私は、いまや批准しない理由はないと考えております。第1に、すでに述べましたとおり、今回の勧告で、日本政府が懸念するような司法の独立を含む司法制度との関連での問題が実質的に生じないことを具体的に明らかにしているからです。選択議定書の批准に際し、これまで司法権の独立を問題にした国はほとんどありません。唯一検討したフィンランドでも、司法権の独立を侵すことにはならないという認識になったことが明らかになっています。第2に、すでに自由権規約批准の際、衆参外務委員会で、それぞれ、「選択議定書の批准を積極的に検討すること」という附帯決議が採択されています。自由権規約批准時から第1選択議定書の批准は国会の意思でもあるわけです。第3に、規約委員会は、締約国の指名する国民で、かつ締約国会合における選挙により選出された委員18名により構成されていますが、長年にわたり、この委員に日本人が立候補し、選出されている点です。現在、岩沢雄司東京大学教授が委員ですが、前任の安藤仁介京都大学名誉教授は、20年にわたりこの委員に選任され、規約委員会の委員長の職にも就かれています。安藤仁介名誉教授は、在任中フォローアップも担当され、個人通報制度に基づく規約上の権利の確保につき中心的な役割を担ってこられました。このように個人的な資格で選任されたとはいえ、委員として他国の個人通報につき審査をするにもかかわらず、委員が所属する国である日本が（編者注：岩沢委員は、2009年3月、委員長に選出されている）第1選択議定書に批准しないということは、他国からの信頼を失いかねない由々しき事態であると私は考えております。第4には、個人通報制度というのは、現代においては、もはやトレンドであるという点であります。いまや個人通報制度というのは、定期報告書審査とあわせた形での人権保障システムとして、もうほとんど完成された形になっているのではないかと思います。多くの人権条約が、定期報告書審査と個人通報制度を組み合わせて、条約上の権利の確保をしています。個人通報制度を日本が批准しないこと自体、現代的な人権保障のシステムを認めないことに等しく、信じられない事態ではないかと私は考えています。また、先ほど触れられましたが、人権理事会においても、初代の理事国

になっており、日本は人権を外交の方針として掲げてきています。このような日本が個人通報制度に背を向けることはできないということは、もはや明らかであろうと思います。

　以上のように、私は個人通報制度が批准されない理由は何もなくなったと考えています。討議の中で実際の障害は何なのか、議論できたらと思います。

武村　個人通報制度の問題は、前回も今回も同じように勧告されているわけですが、この制度の現実に向けて、大阪弁護士会の選択議定書批准推進協議会で、2001年から5年間連続して当時の国連人権小委員会に参加し、発言もし、人権高等弁務官事務所に要請書を出すということを繰り返してきました。その中で、最高裁などの国内裁判所は、自由権規約の国内適用をいかに怠けているか、消極的であるかということを訴えてきました。

　そして、4年目にやっと、当時のアルブール国連人権高等弁務官に直接面会することができました。その際に来日を要請し、日本政府に個人通報制度と、あわせて国内人権機関の設置等を説得して欲しいと要請しました。その後、来日され、外務省や法務省などに働きかけていただきましたが、表面的には成果が出なかったという苦い経過があります。

　その後、日弁連としても個人通報制度批准に向けた委員会を立ち上げて全面的に取り組むようになってきました。UPRの制度もできて、ようやく日本も、単なる経済大国ではなく、人権を実現する国として、国際的な体面もかなり重んじなくてはいけないことが認識されてきました。まさに実現すべき時期がきている。この際に一気呵成に、運動も押し込めなきゃいけない。そのために今回もまた良い勧告を得られたと思っています。

海渡　率直に言って、2008年のUPRで採択された勧告に対しては、政府は「この問題は検討する」という回答をしていました。先日、外務省や最高裁にリヴァス・ポサダ委員長が訪問した際の発言からしても、かなり前向きというか、「もう反対はしていませんよ」という旨をはっきり言われていたと思います。にもかかわらず、批准が実現しないのは、政治そのものが混乱しているという面もあるとは思います。そのあたり、第一線でロビー活動等をされている田島さんのお立場から、どこにネックがあって批准に至っていないのかというあたりを端的にお聞かせいただけますでしょうか。

田島　この間のロビー活動を通じて、外務省の人権人道課長とも話し込んだり、あるいは法務省を訪ねて意見交換をしたりしました。法務省としては、「積極的に反対する勢力は、もはやいません」という回答なんですね。では、なぜ批准されないのかよくわからないのですが、今回の勧告全体を見ますと、

刑事司法制度に関する勧告が非常に多い。さらに、1年後のフォローアップが、その分野に集約されていますよね。そこで、第1選択議定書を批准した場合に、その関連の通報が多くなるという懸念が、法務省あるいは警察庁にあるのではないかと思っているのです。しかし、私はそれは違うと思っています。適切な形で事件にし、最高裁まで行ったが権利保障が実現されずに、個人通報として自由権規約人権委員会に持っていくということが、本当にそんなにたくさんあるのだろうかと思います。ですから、先ほどの点は政府の考え違いではないかと、私は思っています。

ただ、死刑確定者の処遇あるいは刑事施設の被収容者の処遇などについては、個人通報がなされる可能性はあるかと思います。でも、それは是正されなくてはいけない問題ですから、是正されないのであれば通報されて当然の問題です。ですから、何も恐れることはないのではないかということを直接法務省、警察庁と議論してみたいと思っています。

海渡 申さん、いかがでしょうか。

申 これが仮にヨーロッパ人権裁判所のような、本当に法的拘束のある判決を出す裁判所制度に加入するというのであれば慎重な検討が必要で、やむを得ないだろうと思うのですが、自由権規約の個人通報制度の場合、あくまで委員会が勧告的な内容を示すだけであって、国内の確定判決を覆すわけではなく、国が誠実にそれを考慮してくれることを求めるだけなんですね。ですから、それを恐れる心配はないと言うほかないでしょう。

私は、日本が個人通報制度に入っていないことのデメリットは非常に大きいと考えています。というのは、日本は、法制度上は憲法98条2項によって、批准した条約は国内でそのまま法的効力を持つということになっています。いわゆる自動的受容体制です。しかし、現実には、法的効力があり、場合によっては直接適用もできるといいながら、なかなか裁判官は人権条約を使おうとはしない。それは、国際法というものをよく知らないためでもあるし、何となく身近な国内法のほうを使ってしまうということでもあるでしょう。これが、個人通報制度が導入されれば、ある事件が最高裁までいって、さらに委員会まで、実際に行くかどうかは別としてもとにかく制度的にそういう道が開かれているということだけで、裁判官の国際人権条約に対する態度というのが変わってくるはずなんですね。

実際、例えばオーストラリアの裁判所の状況について書かれた論文によると、オーストラリアが自由権規約の第1選択議定書に入る前と入った後では、オーストラリアの裁判官が言っている内容を見ると、明らかに違うんですね。

入ったあとの判決ですが、ある判決の中では、「わが国が自由権規約第1選択議定書を批准した以上、わが国の、われわれ裁判官は規約委員会の見解を考慮しないわけにはいかない」ということを言っています。これは、見解の法的拘束力というレベルとは別に説得力というレベルで、委員会の言うことをちゃんと考慮しないといけないのではないかという雰囲気が生まれたということだろうと思います。日本の場合、先ほど武村さんから、「日本は人権条約の実施を怠けている」というご指摘がありましたけれども、本当にその

■コラム■ジュネーブ日本代表部訪問

　レマン湖のほとりのパルデナシオンから車で10分ほど、空港近くに日本代表部がある。電話でアポイントを直接取った。日本代表部であるからといって日本人が電話に出ると決まっているわけでもない。以前に電話でアポイントを取った時には、スイス人と思われる方が英語で応対してきたのには驚いた。今回は日本人で、すぐに日本代表部磯俣公使に繋いでくれた。

　日本代表部に着き、玄関の受付で入館証を貰い、二重の鉄扉を通り抜け、磯俣秋男公使の案内で代表部の建物に入った。応接室でお待ちいただいていた上田秀明人権人道担当大使、志野光子人権人道課長、そして磯俣秋男公使と名刺交換した後、約1時間にわたる会談に臨んだ。政府代表団の団長である上田人権人道担当大使は、外務省を定年退職した後、この職に就いたとのこと。「私は、半分民間人ですよ」と言われた後、我々に対し、「日本の人権状況は、遅々として進んでいますね。私は、第4回審査の際にも外務省の担当者として関与したので、このように思うのです」との趣旨の発言をされた。その真意は測れないが、第4回審査で勧告された課題が一向に進展していないのではないかと日弁連側から述べる前に（日弁連としては、そのような意見を準備していたわけではないが）遅いことはわかっていますよ、でも少しずつ進んでいますでしょうとでも言いたかったのだろうか。志野課長は、今回の政府報告書の取りまとめにあたって、各問題については、これまでと違い外務省が報告書の表現について手を入れるのではなく、各部署がそれぞれ主張したいことをそのまま報告書にしたという。その内容が国際的な場でどのような評価を受けるのかを各部署で直接受け止めてほしいからという理由によるという。

　この表敬訪問と意見交換が、ジュネーブでの日本政府との様々なやり取りや帰国後の外務省との継続協議に繋がったと考えている【田島義久】。

とおりで、自動的受容体制といいつつ、実は個人通報制度がないために、いろんな問題を表沙汰にせず済んでしまっている面があるんですね。日本の裁判官は、一つには言葉の壁もあり、また、個人通報制度を批准していないことから、規約をあまり考慮しない判決を出しても済んでしまっている。本当にこの規約が国内で実効的に実施されるようになるためには、もっと風通しをよくして、個人がイニシアティブをとることのできる個人通報手続に入ることが、非常に重要な意味があると考えます。

4　国内人権機関と政府から独立した人権保障システムについて

海渡　次に、国内人権機関と政府から独立した人権を保障システムについて、藤原さんからご報告いただきます。

藤原　規約委員会は、国際的な人権水準の実施の要として、今話されました個人通報制度の実現、それから国内人権機関の活動、そして裁判官など法律家の国際人権法教育、この三つを考えていると考えられます。そして、第4回審査の総括所見では、国内人権機関の設置に関して、それが日本にはまだ存在しないということを懸念し、警察や入管職員による虐待についての申立てを調査・救済する機関を早急に設置するべきである、と勧告していたわけです。

　第5回審査に向けた日本政府報告書では、2002年に政府は人権擁護法案を国会に提出している。しかしそれは廃案になって、再度それを提出する予定であるという報告をしていました。おそらく日弁連の報告がなければ、それでその問題は済まされてしまったであろうと思うわけです。しかしながら、この2002年の政府案に対するいろんな批判がありまして、日弁連はそれを巡って詳細な報告をしてきました。

　そして、審査においては、オフラハティー委員から、いったい日本政府は人権擁護法案の内容でいいと思っているのか、日弁連の提案した六つの条件を実現するようなものでなくてはならないのではないか、という質問がなされました。サンチェス・セロ委員からは、日本政府は人権擁護法案の内容をパリ原則に合致するようにどのように変えようとしているのか、具体的に答弁してもらいたい、という質問が出ました。それに対して政府はまだ検討中で、何とも答えられないという答弁しかできなかったわけです。

　このような審査を経て、総括所見の9項で、「パリ原則に則り、締約国によって承認されたすべての国際人権基準をカバーする広範な権限と公権力による

人権侵害の申立てを審査し、かつ行動する権限を有する独立した国内人権機関を政府の外に設立し、同機関に対して十分な財政的・人的資源を割り当てるべきである」として、法務省に設置するのではダメだ、また、事務局その他十分な財政的、人的基盤を持たせなければならない、ということを勧告したわけです。

　同時に、すべての人権にわたる広範な国内人権機関の設立を勧告するだけでなくて、総括所見20項では、刑事施設の被収容者あるいは被留置者の不服申立てが、外部の専門家による独立した機関により審査、調査されるようにするべきである、という勧告がなされています。現在の体制では、刑事施設視察委員会、あるいは留置施設視察委員会自体が、委員の任命からして、法務大臣とか公安委員会によってなされている、それが問題であるということを指摘しています。また、刑事施設の被収容者の不服申立てについての不服調査検討会についても十分なスタッフを保障し、その意見は法務省を拘束するものでなければならないと勧告しました。さらに、被留置者の不服申立てについては、公安委員会ではなく、外部の独立した審査機関によるべきであると述べました。

　また、総括所見25項では、難民の認定がされなかった場合の不服申し立て、異議の申立てが、法務大臣から独立した機関による審査の性質を有しないことに懸念を表明しました。これはつまり委員会は、こういう人権侵害があるかないか、それを国際人権基準にのっとったものにするべき監視（モニタリング）の制度をあらゆる分野にわたって設置すべきであるということを、きわめて明確に示していると思います。

　それに関連して、近々批准が予定されている障がい者権利条約においても、その33条で、その実施状況についての監視機関を作るべきである、ということが定められています。今の政府の動きでは障がい者基本法の一部を改正して、中央障害者施策推進協議会という総理大臣の諮問機関を手直しして、それがモニターの役割を果たすということで、お茶を濁そうとしています。しかしそれは、委員の任免、独立性、権限の点ですべて委員会が指摘したような、政府から独立した、きちんとした権限を持ったパリ原則を満たすような機関にはならないという指摘を受けるに違いないと思います。日弁連含め私たちは、このような国内人権機関の果たすべき多面的な役割、そしてその機構のあり方について、今後も意識的に取り組んでいく必要があると思います。

　最後に、日弁連は、2008年の11月18日にパリ原則に基づく国内人権機

関の構想として「日弁連の提案する国内人権機関の制度要綱」を発表しています。今後は、総括所見9項、20項、25項のフォローアップとして、日弁連の提案した制度要綱をいかに実現するかということが大きな課題だろうと思います。

海渡　藤原さん、ありがとうございました。それでは討議に入りたいと思います。発言を自由にどうぞ。

武村　藤原さんのおっしゃるとおりなのですが、加えていくつか指摘しておきたいことがあります。

　一つは、今回、委員会は、はっきり人権擁護法案を否定したと思うのです。前回は、「人権侵害の申立てに対する調査のための独立した仕組み」という言い方だったのですが、今回の総括所見9項は、さきほどのように、「パリ原則に則り」、「すべての国際人権基準をカバー」する、など藤原さんが列挙されたように個々の要件を出すことによって、人権擁護法ではダメだと明確に述べて新しい対応を迫ってきたと思います。これは審査中の質問でも、総括所見の中からも明らかではないだろうかと思います。次の問題として、では、この国内人権機関というのはどういった問題をカバーするのだろうかといった点について、総括所見9項では、「すべての国際人権基準をカバー」するとあります。さきほど言われましたとおり、一つは総括所見20項にあるように、被留置者の不服申立ての審査は独立した機関に移転させる、あるいは視察委員会の情報へのアクセス、委員会の独立性など、こうした要求からしますと、このような刑事施設関連の監視機関も、人権救済機関として、国内人権機関に一体化もできる方向で考えているのかなという印象を持ちました。

　これに対して、難民の不服申立てについては、実は日弁連は、難民条約を批准する直前の段階から、これは独立した第三者機関によって難民認定そのものを審査させるべきと言っていたわけなのですが、今回の委員会の総括所見のスタンスは、難民申請そのものは法務省がやるとしても、それに対する不服申立てについては独立した不服申立機関を作るべきだと述べました。これは本来の国内人権機関とはまた別機関ということを考えているのかなという印象を持ちました。

　国内人権機関の設立を進める立場からしますと、こういったさまざまな分野についても一緒の機関でやっていくのか、あるいは分離して、個別の分野についてはまた別の機関で対応するのか、という点の検討は、今後重要だと思います。それについての一つの示唆を今回の総括所見は与えてくれたと理

解しております。

小池 今の武村さんの発言、つまり今回の勧告が日本の人権擁護法案を明確に否定したという点について、ちょっと敷延してお話したいと思います。具体的に言いますと、日本の人権擁護法案は、私人間の人権侵害と公権力による人権侵害の二つに分かれているのですが、いずれも、差別・虐待という二つのテーマがポイントになっています。今回の勧告は、総括所見9項で、「すべての国際人権基準をカバーする広範な権限」という形で、かなり網羅的な、国際的な視点からの人権侵害を、「国内人権機関」が取り上げるべきであるということを明確にしています。法案の扱う範囲では不足していると指摘しているのです。

　もう一つは、あえてここで、「公権力による人権侵害の申立てを審査」する「国内人権機関を政府の外に設立」することを求めていることです。国内人権救済機関の救済対象のメインは公権力による人権侵害であるということが、ここに明確になっているといえます。しかも、差別・虐待に限らない、広範な公権力による人権侵害を救済する機関でなければならないということが、ここに明確に表われていると思います。そういうものとして、日本の人権擁護法案をもう一度、一から作り直す必要があるのではないかと思います。

五十嵐 私は、日弁連の刑事関係のいくつかの委員会に入っているのですが、本当のところを言いますと、それらの委員会では、この人権機関というものについて非常に消極的ですね。なぜかというと、今政府が作っているような人権機関以外の、パリ原則で言うような人権機関が本当に日本で作れるのか、非常に懐疑的なのです。ですから、日弁連がこの運動をするについて、そうならないという根拠をもっと強く作って、それを少なくとも日弁連の他の委員会に示さないと、日弁連全体の運動にならないというのが現実だと思います。

海渡 私も一つ発言したいのですけども、この総括所見9項と20項、両方を眺めて、条約は違うのですが、拷問等禁止条約の選択議定書を批准するとしたら、同選択議定書で要求されている国内の拷問防止メカニズムというものが必要になってくるのですが、日本の場合は、やはり国内人権機関が中心にあって、そしてそれぞれの拘禁施設を査察する機関がそこにぶら下がっているような、刑事施設視察委員会、留置施設視察委員会、それ以外に入管収容施設、精神病院等を査察するような機関は、個別に作ったほうがいいと私は思っているんです。

　今、五十嵐さんからなかなか厳しいことを言われましたが、要するに、こ

の国内人権機関を本当に政府から独立して作れるのか、という問題です。今の自民党の中の議論などを聞いていると、外国人が委員になるのも許されないというような、低次元の議論をしていて、そのような議論に打ち勝って、本当にまともな機関ができるだろうかという感じもします。

　しかし、韓国では、当初政府（法務省）の中に作るような案が出てきたが、市民運動側がそれをいったん潰して、政府の外に作ることに成功したというようなことも聞きますし、いつの段階まで待てばできるかという問題もありますが、こういうものを作らなければいけないということは非常にはっきりしているので、それをとりあえず言い続けるしかないのではないかなと思います。それで、何かチャンスが巡ってきたときに実現できるのではないかと思うのです。

五十嵐　韓国は自由権規約を批准するとき、同時に第1選択議定書も批准しています。2007年の「国民の刑事裁判参与に関する法律」も驚くほど進んだものですが、これは国民の司法への不信が原動力となって、国民の司法参加を法制化したものです。国民の側からの立法ができるかどうか、それを推し進めるのは日弁連も含めた民間の力量にかかっているのでしょう。

寺中　今の海渡さんの話に通じるのですが、国内人権機関というものは、第4回審査にはじめて登場して、それでかなり騒ぎになって、日本政府のほうも、「じゃあ人権擁護法案を作ろうか」というような動きになってきたと記憶しています。しかし、それが十分でないということが、すぐに明らかになって、2000年以降、各委員会、社会権規約委員会、人種差別撤廃委員会、女性差別撤廃委員会、子どもの権利委員会、拷問禁止委員会が相次いで、パリ原則に基づかないのではないか、と勧告を出し続けているわけです。

　そして今回、とどめを刺すような形で、規約人権委員会からの勧告が出たということなので、これはもうほとんど国際的な意思としては、今の人権擁護法案のような形ではダメだ、しかもこの人権擁護機関を作らなければいけないという理由に関しては、まず中心部分を樹立した上で、他の条約で必要とされている独立監査機関、監視機関というものを、きちんと作っていきなさいという、そのような構造を念頭にして採択された勧告だと認識していいのではないかと思います。

　ですから、それぞれの個別テーマに関しての監視機関というものは、それぞれの目的に応じた組織形態が多分できるでしょうし、それからもう片方で、この中心部分に立つべき国内人権機関というものは、それなりにきちんとしたフォーマライズした形で自立する必要があるでしょうし、そのような

きちんとした構造を、やはり政府側にも認識していただいて、法案にまとめるときには、ぜひそのような構造を基に作ってもらいたい。まず構造の全体像を、きちんと示してくれるように働きかけていくことが肝要なのかなと思います。

5　女性と子どもに対する人権保障について

海渡　それでは次に、女性と子どもに対する人権保障について、川口さん、お願いいたします。

川口　総括所見の11項から15項まで、それから22項と23項と、大変な分量が女性に対する人権保障関連に割かれています。時間的にそのすべてについてご報告できませんので、次の2点のみにとどめます。

　1点目は、13項において、女性が非正規雇用労働者の70％を占めていることが、女性労働者の権利保障をおぼつかないものにしているのではないかということを指摘したうえで、具体的な勧告がなされました。中でも、(b)労働時間の長時間化をもたらす労働基準のいかなる規制緩和も見直せ、(d)パートタイム労働者が均等待遇を得るための条件を緩和せよ、(f)間接差別の禁止を拡大し、間接差別を防止するための効果的な措置を取り、女性の正規職員としての雇用を促進し、性別による賃金格差を解消するための措置を取るべきである、という内容に注目すべきです。

　このような勧告は、これまでも、女性差別撤廃委員会などでは重ねてなされてきました。これが女性労働者に対する差別の問題であるという面からだけとらえると、共感を得にくいのです。

　しかし、しょせん女の問題であると、おれたち男だから関係ありませんと言っていた人たちにも共感を得られる内容になっているのではないかと思います。この総括所見は非常に奥深いことを言っているんだなという感慨を、日々新たにしています。

　2点目は、総括所見の22項についてです。いわゆる「慰安婦」制度に対して、先ほど申さんからもお話がありましたけれども、要するに、権利の問題として十分な賠償を行えということを含めて、全面的な解決を強く求めているという点です。過去、日本政府が、この問題につきまして、「慰安婦」問題は、1979年に日本が自由権規約を批准した前の問題であり、「したがって、レトロスペクティブに（回顧的に）、この自由権規約にのっとってこの問題については言及すべきではない」ということを重ね重ね言い続け、今回の政府

報告書でも述べています。にもかかわらず、22項のような勧告がなされたのはなぜか。それは、端的に、「日本政府のそういう言い分は通りませんよ」と規約人権委員会が一蹴していることは明らかなわけです。勧告は、「生存被害者に対し権利の問題として」となっていますが、とにかくまごまごしていると生存被害者がだれ一人もいなくなってしまう。生存被害者のいるうちに解決したほうが多少はましでしょうというメッセージが込められていると思います。よって、日本政府はいいかげん重い腰を上げていただきたいと思います。

武村 川口さんご指摘の第1点目が重要です。すなわち、同一価値労働同一賃金の原則を認めたということですね。厚生労働省は、日本で、同一価値労働同一賃金の原則を認めた法律はないなんて言っていますが、社会権規約の7条に明文で書いてあるわけです。今回の総括所見13項(d)の「パートタイム労働者が均等待遇を得るための条件を緩和し」としていて、全面的に均等待遇があったら良いと思うので、「緩和」にとどまっているのは気にいらないのですが、この点と(f)の「男女雇用均等法の下で禁止される間接差別」を「パートタイム労働者もしくは契約社員であるとの地位に基づく異なる取扱いにまで拡大」、これは男女差別禁止の観点を重視しながらも同一価値労働同一賃金の原則を言っていますが、これらは同一価値労働同一賃金の原則について大きな前進だったと、わたしは理解しています。

それから川口さんの第2点目のいわゆる「慰安婦」問題。これもおっしゃるとおりで、実は2001年の社会権規約委員会の総括所見で、「慰安婦」を代表する組織と協議して適切な調整方法を見出すという勧告がなされています。今回の総括所見22項の勧告は、重大な人権侵害に関する特別報告者ファン・ボーベンの報告に従いまして、その定式どおりの被害回復の内容を具体的に示したものです。日本では、「慰安婦」の支援者でもなかなか言えない、加害者の訴追まで必要だということを明確に言いきったという点で、非常に大きな意義のあるものだと思います。

新倉 私は、子どもの権利に関係するところを川口さんと一緒に担当しました。確かに扱いが少ないという感じはしますけれど、基本的には、自由権規約というのは、子どもの権利をメインで扱うものではありませんから、そういう点でやっぱり、規約委員会そのものが、専門の委員会のほうに譲ったという感じがします。しかし、それでもやはり、婚外子の問題など、無視できない問題があり、かなりタイトな中にも子どもの問題を入れてくれたというふうに、むしろ評価するべきではないかと思いました。

それから、日弁連の活動は、それぞれのテーマについて専門の委員会が中心に動いているわけですが、お互いうまく連絡を取り合ってやっていけば、相乗効果で、大きく前進する可能性があります。自由権規約委員会が動いたのだから、拷問禁止委員会も動き、女性差別撤廃委員会も動き、子どもの権利委員会も動くというふうに、国別の報告を受け取る側では、ジュネーブとかニューヨークにあるそれぞれの委員会は協力して動くわけです。ですから、日弁連も、委員会を超えて一緒にやっていくことが今後とも必要でしょうね。

吉峯　子どもの権利については、総括所見27項と28項ですが、前回よりも非常に進歩していますし、具体的になっています。婚外子の関係にしても、非常に具体的な勧告がなされています。その進歩をきちんと捉えたうえで、我々としても、例えば、「代用監獄に入れられる子どもたち」という問題等、残念ながらあまり認識されていない問題について、きちんとした提起を規約委員会にしていかなければ、と反省しております。

　それから、川口さんが言われた総括所見12項の、男女共同参画の問題について、明確にいろいろ勧告されていますが、例えば、弁護士会に対してどう委員会が考えているのか何も出てきていません。7項の国際人権法教育の義務づけについては、前回の審査のときは、弁護士は出ていませんでしたが、今回は裁判官と検察官だけではなく、弁護士がきちっと指摘されています。我々としては、それを主体的に受け止める会長声明を出し、我々の責任が明文化されています。12項の男女共同参画についても、やはり主体的にとらえる必要があると私は思いました。男女共同参画については、日弁連は遅れているんですね。それを確認したうえで、やっていくべきです。

6　少数者保護と外国人差別について

武村　少数者・外国人につきましては、第4回総括所見では、外国人について、外国人登録法の登録証常時携帯、再入国許可、入管施設における手錠使用等、そして、部落差別を終結させるための措置の勧告がありました。今回の総括所見ではこれらの勧告は維持されて、さらに新たに、外国人については研修生・技能実習生、国民年金制度、朝鮮学校への助成金・寄付、入管難民問題、それから少数者について、性的指向、少数民族の先住民族性というふうに、かなり具体的に多くの項目についての勧告がありました。

　総括所見24項の研修生と技能実習生の問題についてですが、研修が労働という実態であるならば、労働法と社会保障を適用するようにというのは、

当然のことだと思います。また搾取する使用者に対する適切な制裁が求められました。賃金不払いには労働基準法に、最低賃金違反は最低賃金法の罰則規定があり、これらの活用がはかられるべきでしょう。旅券を取り上げたり、強制貯金をしたりという報道もありましたが、これらに対しては、行政的な対応も含めて処罰措置をとる必要があります。

　総括所見25項の難民の問題は、2007年の拷問禁止委員会による総括所見を引き継いでいます。拷問が予想される国への送還の禁止が求められています。また難民申請手続における生活援助・雇用確保、弁護士による援助、法律扶助、通訳人の利用の確保が求められています。それからテロ容疑者とみなされた難民申請者が利用しうる完全に独立した不服申立審査機構の設置が求められていますが、「テロ容疑者」の概念が不明確ですから、その点について実体的に争うことができるよう手続を担保しようという趣旨を含むものと思われます。また、行政手続で難民認定されなかった後訴訟を提起しうる前に強制送還をするなと明確に言いきっています。

　総括所見30項、国民年金の問題ですが、1982年の国民年金法の改正によって外国人にも窓口を広げましたが、60歳までに25年積み立てなければならない年齢制限の問題があります。日本人の場合には、沖縄返還だとか中国残留孤児の場合にとられた経過措置が、外国人にはとられていない。それから、障害年金についても、やはり20歳を過ぎて障がいを持つ外国人についての経過措置がとられていないことについても、同様の経過措置をとるように求めています。

　総括所見31項、朝鮮学校については、助成金の増額、朝鮮学校に対する寄付に対する税金の免除が求められました。卒業生の大学受験資格については、すでに前進があり、大学の判断に委ねられるようになりましたが、玉川大学は認めなかったという事例がありまして、すべての大学の受験資格を自動的に認めるようにという勧告が出ております。

　総括所見29項、性的指向は、差別禁止の根拠に性的指向を含むように勧告されました。日本では差別禁止法そのものがまだ制定されていないという状況にあります。世界では、同性でも結婚を認めているところもあります。また正式な結婚をしているカップルと、同性ゆえ正式な結婚を認められないカップルの別取扱いをどうみるかという問題も考えられます。委員会が取り上げたのは、異性で同居しているカップル、それから同性で同居しているカップルとの間で受ける便益の違いについて、日本の公営住宅法による申請書式を例にあげて、これを差別として是正を求めているという意味では、非常に

抑制的な勧告をしているというふうに思います。

　総括所見32項、少数民族については、アイヌ民族と琉球民族とを国内法で先住民族と認めよ、としています。琉球民族については運動論的にもいろいろ議論があるところかもしれません。あわせて、先住民族としてアイヌ民族、琉球民族について、継承文化、伝統的生活様式の保護、保存および促進の特別の措置のほか、彼らの土地についての権利を認めるべきだとしています。これは大変大きな問題で、カナダ、オーストラリアがいろいろ対処しているようですが、そういうことについても、日本にも対応を迫られているということになります。教育について二つの面がありまして、先住民族の子どもに対する言語・文化についての教育を受ける適切な機会と、それから多数者といいますか、一般の者に対する正規の教育課程で、先住民族の文化と歴史を組み込むという、二つの側面の教育についても求めているというふうになると思います。特に、先住民族の土地の権利は、これから大変大きな課題になると思われます。

　申　今ご指摘のあった点のうち、特に委員会の総括所見30項、国民年金法の適用対象から漏れてしまっている人たちの点ですが、この点は確か前回の総括所見では全く入っていなかった点ですね。非常に注目すべき指摘で、しかも内容も非常に詳細であるということが特記されると思います。

　自由権規約の委員会でありながら、こういう社会保障に関する勧告を出すというのは、総括所見30項に書かれているように、特に規約上は26条の、法の前の平等に対する権利から導かれる事柄なんですね。個人通報制度のいくつかの先例で、委員会によって、「26条は2条1項と重複するものではなくて独立の平等権規定である」という解釈が確立しており、失業手当とか軍人恩給といった社会保障に関する差別についても、この26条は適用されているんですね。

　その当時から国内のさまざまな裁判では、そういう委員会の個人通報での見解をひきながら主張がなされてきたりしたのですが、日本の裁判所も、また政府も、日本はそもそも第1選択議定書に入っていないし、そのような委員会の見解は、何ら日本には関係がないんだということを主張してきました。

　しかし、自由権規約の場合も、報告制度と個人通報制度という二つの制度を、同じ一つの委員会が運用しています。そうすると、いずれも同じ委員会が示す規約解釈ですから、そこで示される法理は共通してくるわけです。個人通報の事案で委員会が述べた規約解釈の内容が、後に報告制度の一般的意見の中に取り込まれるということがよくあり、その逆も、またあるのです。

今回このような形で、規約26条の問題として、社会保障に関する外国人差別の問題が自由権規約委員会によって大きく取り上げられたということは、非常に重要な意味があると思います。

寺中 外国人研修生制度の問題に関しては、これまでおそらく厚生労働省と法務省では、特に入国管理局が、違ったアプローチでいろいろと議論が進んでいます。どの方向での改正になるのかということが、ほとんど綱引き状態だったというふうに理解しています。ですから、今回の総括所見によって、研修生の段階での労働者性を認めるという方向にはっきりと打ち出せるということになると思いますので、それはかなり資格の問題、あるいは定住性の問題を含めても、プラスではないかと思います。

ただ、入国・入管政策関連について懸念事項もありまして、刑事施設に関しても実は共通するのですが、医療の部分が全部落ちているんですね。この入国管理収容所に関する医療というのは、非常に大きな問題があって、特にひどいということで、これはかなり訴えましたし、委員からも質問があったというふうに感じていたのですが、最終的には総括所見から医療の部分が全部落ちてしまっています。これは私たちとしても、これからどのように展開していくか、もう1回戦略の練り直しを迫られているところだと思います。

海渡 一方、警察留置場についての医療の問題は入っているんです（18項）。不思議な点です。

7　代用監獄と取調べの問題をめぐって

海渡 それでは、次に「代用監獄と取調べの問題」については、司会が報告させていただきます。

代用監獄と取調べの問題は、第2回審査のときに五十嵐さんがジュネーブでロビー活動をされたのですが、日弁連としては公式のレポートが提出できなかったという悲しい状況から始まったのですが、第3回、第4回では、かなり進んだ勧告が採択されました。その勧告は、規約と適合する状態に改めなさい、というように、どう受け取っていいのか理解が難しい勧告が続いてきました。捜査と拘禁を分離したらいいのだ、という警察側の言い分を、完ぺきに否定しきれないような勧告になっていたかと思います。

今回、審査に当たって、重要な部分は二つあると思います。一つは、やはり政府側が、捜査と拘禁を完璧に分離し、したがって警察留置場における人権問題はなくなった、と説明しました。我々はなかなか入手できなかったの

ですが、警察が英文で、非常に分厚いパンフレットを作って、それを各委員に配布しているということもわかりました。この議論をどう乗り越えるかということが大きな問題でした。

　第1回のNGOブリーフィングの席で、ナイジェル・ロドリー委員が、「政府は、捜査と拘禁は正式に分離されたと言っている」、「日弁連は、それ以降も人権侵害があるというのであれば、そのエビデンスを示しなさい（Show us Evidence）」と言われました。私たちの努力の結果、なんとか資料を委員に配ることができ、それを見たロドリー委員の感想は「Well done」という一言でした。

　総括所見をご覧いただきますと、「捜査と拘禁の警察機能が正式に分離されたにもかかわらず」、「代替収容制度（代用監獄）は、その下で、捜査を容易にするため被疑者を最長23日間にわたって警察の拘禁施設に拘禁することが可能であり、その間保釈の可能性はなく、また弁護士へのアクセスも限定され、特に逮捕後最初の72時間はそうであって、自白を得る目的での長期に及ぶ取調べおよび濫用的な取調べ方法の危険を増加させていることについて、懸念を繰り返し表明する」とされています（18項）。

　もう一つは、取調べ、そしてそこで自白を採取することがどういう意味を持っているのかということについて、日本政府代表と委員会との間で非常にホットな議論に発展しました。一番のハイライトは、2日目に、法務省刑事局の池田検事が答弁に立たれて、日本における代用監獄取調べは決して人権侵害的、人道性に劣る制度ではないと、自信がある、と言われたことです。さらに、日本では、自白というのは、単に犯罪を認めるということではなくて、事件に対して反省、謝罪していることの表れというふうにみなされる、したがって、自白した者はその後の処遇も異なってきます、ということを述べました。また、われわれが取調べをしていて自白した被疑者の中には、「こんなに話を聞いてくれてありがとう」と、そして刑事手続が終わったならば人生をやり直したいというふうに警察官や検察官に言う人もいる、とも言われました。ほかの政府委員の方は皆さん日本語でおやりになって、同時通訳だったのですが、彼女は英語で立派に演説をされました。大変、説得力があり、日本政府が何を考えているかは、委員には非常によくわかったと思います。

　それに対して委員から大きなリアクションがありました。結局、日本では、警察や検察が有罪・無罪を決めているのではないか、あなたたちの仕事は証拠を集めることであって、真実をそこで見出すことではないはずだ、ということを、かなりはっきり言われました。ララ委員は、もう日本には裁判はな

いのではないか、司法のショートカットだ、捜査機関のところで裁判は終わっているのではないか、というような発言がありました。さらに、ロドリー委員は、そういうやり方をしていると間違いが起こるのではないか、それで、間違ったときには、あなたたちの国は死刑があるのだから、間違った処刑につながる可能性がありますよ、というようなことを言われました。このあたりが今回の代用監獄についての審査の白眉というか、我々としてはもっとも興味深いだったところだと思います。

　この部分は総括所見19項を見ていただきますと、「取調べに弁護人が立ち会うことが、真実を明らかにするよう被疑者を説得するという取調べの機能を減殺するとの前提の下、弁護人の立会いが取調べから排除されている」、この点に懸念を表明すると勧告が出ています。また、「取調べ中の電子的監視方法が散発的、かつ選択的に用いられ、被疑者による自白の記録にしばしば限定されていること」が指摘され、被疑者の取調べ時間の制限についても警察内部の規則では不十分だとされています。ここのところは正確に書かれていると思います。かなり時間をかけてこちらでロビーイングしたということもありますが、政府が発言したことをすべて正確に反映したうえで批判していると思います。

　そして委員会は、「主として自白に基づく非常に高い有罪率についても、懸念を繰り返し表明する。この懸念は、こうした有罪の宣告に死刑判決も含まれることに関して、さらに深刻なものとなる」としました。これはこの後議論していただく死刑の問題とも関連してくる問題だということをはっきり指摘されていると思います。

　委員会が指摘した、代用監獄についての勧告内容は廃止でした。そして十分な弁護権の保障です。ここは秘密交通権、そして法律扶助の権利、記録の開示、それから医療を受ける権利、そして起訴前保釈が含まれます。そして、取調べの件については厳格な時間の制限、そして取調べの全過程についての録画、それから取調べ中の弁護人の立会い、この中には、あまり日弁連は強く言ってこなかった部分がありますが、この総括所見では弁護人の立会いを非常に強調されたと思います。

　そして、次の文章がとても私は印象的です。「締約国は、また、刑事捜査における警察の役割は、真実を確定することではなく、裁判のために証拠を収集することであることを認識し、被疑者による黙秘は有罪の根拠とされないことを確保し、裁判所に対して、警察における取調べ中になされた自白よりも現代的な科学的な証拠に依拠することを奨励するべきである」としてい

ます。ある意味では、この勧告は、取調べと代用監獄のことだけを言っているのではなくて、日本の刑事裁判のあり方そのものを根本から変えなさいということを言っていると言えます。問題点を正確に理解したうえで刑事司法の根本的な改革を求める勧告となったと思います。

未決拘禁法の部分については、非常に苦渋の選択でした。この法のもとで捜査と拘禁が分離され、留置施設視察委員会も作られた、だからもう問題はなくなったと警察が主張してくることは目に見えていました。だから、きちっとロビー活動をして、そういう主張は通らないのだということ、日本における刑事司法制度をきちっと改善していける礎になるような総括所見が欲しいと考えました。今まで代用監獄の廃止という言葉が、1度も総括所見に出たことがなかったのですが、今回ははっきり、「Abolish（廃止）」という言葉が入りました。

最後に、この総括所見については、当然ですが、警察や法務省側は非常に不満足のようです。不満足というよりは、自分たちの意見が全く通らなかったというような感情があるようなことも聞いております。しかし、私は率直に言って、政府側が説明したことはこの総括所見に全部含まれていると思います。委員会は政府側が言ったことを全部きちっと書き込んで、それに対して委員会として見解を述べているのです。激しい議論がありましたが、それがそのまま反映され、対話になっているのではないかと思います。この内容を政府機関におられる方々も、虚心に読んで、今のままのやり方をしていたのではなかなか世界の中で日本の国は信用を得られないのだということを理解してもらいたいと思います。

新倉 海渡さんが言われるとおり、今回の勧告は、刑事司法の理論闘争と言いますか、委員会の側から明確に、近代刑事司法というのはこういうものだという理念を文章で明らかにしたことが画期的だと思います。これを論拠にして、関係当局と闘って、本来の近代刑事司法のあり方を実現しなさいという方向性を示した理念闘争だったと思います。

各論的に三つほど補足させていただきます。第1に、総括所見18項のところで、「取調べ中を含め弁護士と秘密に交通できる権利」について、現状が日本の法律、あるいはその解釈に明確に反すると言っています。取調べ中でも接見させなければいけない、ということを明確に明らかにしています。第2に、取調べ時間に対する問題です。委員会は総括所見19項で、「取調べ時間に対する厳格な時間制限」とそれに違反した場合の制裁措置を規定する法律を作れ、と言っているわけです。立法にまで踏み込むというのも、画

期的なことだと思います。第3に、取調べの全過程における録画を求めています。「全過程」と明記していることに注意したいですね。本当に踏み込んだ具体的な勧告をいただいて、心から感動するところであります。

五十嵐　代用監獄問題は、日弁連が最初に国際人権運動に関わるきっかけになった問題でした。そもそも日本政府が1979年に自由権規約を批准しても、日弁連も含めて国内の関係者のほとんどが関心を持ちませんでした。政府報告書の第1回審査は1981年に行われたのですが、政府報告書が憲法や刑訴法の理想的な条文を並べただけだったので「実情がわからない」という疑問が委員から口々に出ただけで終わってしまったのです。

　先ほど海渡さんは、第2回のときには、「日弁連としては公式のレポートが提出できなかったという悲しい状況から始まった」と言われましたが、その1988年当時は「公式のレポート」以前の問題で、日弁連は組織として全く関心がなかったのです。私はその88年前年の暮れに、一人で、自費でジュネーブへ行きました。当時国連のヒューマンライツ・オフィサーで、後に殉職した久保田洋さんから、規約委員会の委員は日本について全く情報がないから、審査の前に日本の状況を報せてロビー活動をしておかなければだめだと言われました。

　審査会場に入る際にも、協議資格のあるNGOの肩書はないので、久保田さんへの面会人の資格です。日本の代用監獄のことを訴える文書をつくり、英訳して久保田さんに直してもらい、委員会が開かれる部屋の前で、「私は日本の弁護士です」と言ってペーパーを渡して、できる限りの会話をするということを繰り返しました。委員さんたちに「それは大きな問題だ」と言ってもらって、天にも昇る気持ちでした。

　審査には、精神医療とアイヌ問題のNGOがロビーして、代用監獄を含めた三つの問題について委員から日本政府代表に厳しい質問が繰り返され、朝日新聞などが大きく記事にしてくれました。ただ、たった一つのNGO（加賀乙彦さんを代表に急遽つくった「人権フォーラム・ジャパン」という団体でした）の言うことを委員会所見にすることはできないのは当然で、委員会としての結論（当時は「ゼネラル・コメント」）では「日本の法制は伝統的な法を含むさまざまな法的コンセプトのるつぼで、規約に適合するのか決めるのが困難」という表現でした。

　当時日本では監獄法改正からはじまった「拘禁二法」問題の渦中で、日弁連は会長を長とする「拘禁二法対策本部」で会を挙げて反対し、6度にわたって、法案を廃案にしました。私も海渡さんもその委員だったのです。帰国し

て対策本部でジュネーブでの報告をしたときのことが忘れられません。その場である委員から「外国に行って日本の恥をさらした」と面罵されたのです。まだそんな時代でした。その年と翌年で計4回、当時経済社会理事会の下にあった「人権委員会」とその下の「差別防止少数者保護小委員会」にも行きました。えん罪の被害者で代用監獄で拷問を受けた梅田義光さんや木村亨さんに同行してもらい、その実情を訴えたのです。そのうちに日弁連の幹部の人たちもジュネーブへ行くようになり、できるだけ多くの弁護士に行ってもらおうと、旅行代理店のようなこともしたのです。日弁連として規約委員会の審査に取り組み始めたのは第3回からで、記録を出版したのもこのときからです。

　現在、私が入っている日弁連の刑事法関係の他の委員会からの感想として、刑事施設法の成立で日弁連は、もう代用監獄廃止はあきらめたのだという印象をもたれているのが実情ではないでしょうか。今回の第5回審査への活動については一生懸命活動されたことが意外だと言う人もいるぐらいです。この委員会の努力が一部だけにとどまっているのではないかなと、そんな感じがしています。

　総括所見について一言付け加えると、18項で「that it is fully compliant with all guarantees」となっていて、接見のことや取調べへの立会いのことなどすべてここに入っていて、公正な裁判を受けるに足りるような捜査の場でなければいけないという意味も含めて、規約9条とか10条の問題としてではなくて、14条の公正な裁判の保障に適合できるすべての保障をしなければいけないと言っているのだということを強調しておきたいと思います。

吉峯　例えば、少し古いケースですが、柏の少女殺しえん罪事件（1981年）の少年は3時間くらいで虚偽の自白をしています。僕が関与した綾瀬の母子殺しえん罪事件（1988年。横川和夫・保坂渉『ぼくたちやっていない』共同通信社、1992年）も3時間くらいで、警察に虚偽の自白を取られているわけです。数十年間に、そのようなケースが沢山あります。一体どれだけ多くの子どもたちが無実に泣いて来たのでしょうか。国内の議論でもジュネーブの審査の場でも、この実態が全く伝わってないのではないかと思います。確かに、総括所見18、19項の中身は、素晴らしいですよ。ですが、少年に対する取調べのことを考えると、それをもう一歩進めるにはどうしたらいいのかを、私たちも工夫しないといけないのではないかと思うのです。例えば、「取調べにおける立会い」と言っても、それは全然日本にはないわけですよ。もっとクリアにする必要があると思います。

田島 実は、ジュネーブに行った後に、総括所見 18 項、19 項を含め今回の勧告に対して、法務省や警察は、規約委員会に対して「私たちのことを全く聞いてくれない」、「聞いてくれないまま、こんな勧告が出ている」という意識がものすごく強いという感想を各方面から聞いているんです。政府としては、今回の勧告については非常にマイナス評価をしているということです。自分たちの言うことを聞いてくれなかったという意味でのマイナス評価です。もう一つは、先ほど挙げた一般的意見 33 は、第 1 選択議定書の個人通報に対する見解（view）の効力についての意見です。初期の段階でのドラフトの内容はもっと厳しいものでしたけれども、それが少し柔らかくなっています。採択されたものについて、日本政府にとって、かなりショックだったということです。今回の審査についての規約委員会に対する評価と、それから一般的意見を採択した同委員会に対する評価が合わさって、日本政府の態度がかなり硬直化した側面があるのだということが言われています。ですから、そういうことも、一方で我々は頭に置きながら、さまざまな意見を出していかなくてはいけないと感じています。

武村 若干補足いたしますと、今回の政府の答弁を見ると、今までのような婉曲な発言ではなく、むしろ日本政府は言いたいことを言っていたように思います。「聞いてもらえなかった」という言葉は、自分たちが言いたいことが委員に伝わっていないということではないと思うのです。なぜなら、総括所見には彼らの主張が書いてあるわけです。

それから、日本政府はリスト・オブ・イシューズに対する回答文書も出したわけです。それから審査の場で、彼らの主張を全面展開したわけです。聞いてくれなかったという趣旨は、「あなた方の言う議論は、国際的な議論の場では全然通用しませんよ」と一蹴されたということです。だから自分たちが言うことが伝わっていないのではなくて、伝わったうえで、通用しないと言われたのです。この教訓を警察庁、拘置所・刑務所等々の矯正局なども含めて、そういうものだということで現場に持ち帰って、どう対応するかを考えて欲しいのです。

ですから、政府に不信感があるということで、規約委員会のほうに宿題があるとも取れるようにも思うのですが、そうではなくて、自分たち（政府）が一生懸命、今度は本音で言ってみた。言ってみて向こう（委員会）に伝わったうえで、それが一蹴されてしまった、全く採用されなかった。そういう現実を各部署でもう 1 回検討し、今後どう変えていくかどうかということで、まさにサイコロは警察等の各部局に投げられたのだと思うのです。我々は、

■コラム■日弁連製作映画『つくられる自白』上映会

　10月14日夜、ジュネーブのNGOビルで、日弁連主催により映画『つくられる自白――志布志の悲劇』上映会を開いた。実は、その1年半前に同じ場所で、私たちは、拷問禁止委員会の委員らを招いて、英語字幕版の『それでもボクはやってない』（監督：周防正行）を上映した経験があった。この映画は、「先進国日本でこんなことがあるのか」と大変な衝撃を与え、日本政府に対する具体的で鋭い勧告につながった。感性に訴える映像の効果は抜群であった。ところが、その後日本で英語字幕版の上映会を開いたところ、パネリストの外国人ジャーナリストが「大変いい映画だが、所詮ドラマでしょう」という感想を紹介された。

　そこで、私たちは「それなら今度はドキュメント映画を作ってジュネーブで上映しよう」と決意した。こうして12人全員の無罪が確定した志布志事件を中心として、代用監獄で長時間の取調べが行われ自白を強要する日本の刑事司法の実態を告発する、日弁連として初めてのドキュメント映画が製作されたのである（なお、映画DVDは新日本映画社発売中）。

　ジュネーブで、本作のDVDやチラシを自由権規約委員会の各委員に配布して上映会参加を呼びかけた。当日、会場には、自由権規約委員会のシーラー副委員長をはじめジュネーブ在住のNGO、市民、日本人留学生、日本からの参加者など80名の多彩な顔ぶれが集まった。

　映画上映後、突然、シーラー副委員長が立ち上がって、「よくできた映画だ。明日と明後日、自由権規約委員会が開かれるが、このフィルムは有益な情報を与えてくれた。代用監獄は濫用されるから、きっちりとした最終見解を出すつもりだ。取調べの可視化については、台湾や韓国でできていることがなぜ日本できないのか。また、裁判官の訓練や司法の独立が大切だ」と挨拶された。今回の素晴らしい最終見解に、上映会も役立ったものと思っている。【小池振一郎】
（写真は、上映会場の様子）

彼ら（政府）が態度を変えていくことを期待し、変えていくよう誘導するということを外務省を窓口としながら、やっていくということになるのではないかと思います。

8 死刑制度と刑事拘禁制度について

海渡 それでは、続いて死刑と刑事拘禁制度に関する問題の報告をまとめてお願いします。

田鎖 第1に、死刑に関する問題ですが、ご承知のように第4回の審査以降、死刑をめぐる日本の状況というのは悪化する一方です。特に、2000年代に入ってから死刑判決が増え、それに伴って死刑確定者が増え、ついに100人を超す状況になりました。それを受けて今度は、死刑の執行が非常に増えて、2008年には年間15人ということで、これは過去30年間で最多の数になってしまったという状況があります。

それとは裏腹に、国際的には、死刑廃止への潮流というのはますます確かなものになっています。死刑を存置している国でも、死刑の適用を縮小する、法律上あるいは事実上のモラトリアムを導入するといった動きが顕著です。こうした状況の中で、日本の死刑問題が国際的に非常にクローズアップされてくるようになった。つまり、日本が抱える最大の人権問題の一つが死刑の問題だということが、国際社会の共通認識です。それを端的に示したのが、拷問禁止委員会による勧告であり、あるいは2007年12月、ちょうど国連総会による死刑執行停止決議が初めて採択されるタイミングでしたが、人権高等弁務官からの日本の死刑執行に対する異例のコメントでした。そして、2008年のUPR審査では、個別の人権課題のうち死刑の問題についてもっとも多くの発言がなされて、「死刑廃止、あるいは廃止を視野に入れた執行停止をしなさい」と口々に勧告されました。それに対して日本の政府は、かたくなに「日本は、国民の大多数が死刑制度を支持している」、「日本の死刑制度はきわめて慎重に運用されている」として、UPRの勧告に対しても、明確に受け入れを拒絶したわけです。こうした状況において、今回の総括所見の中で、死刑制度に関する記述というのは、1998年の勧告に比べてその比重を増している、これは当然の結果だということが言えます。

中でも一番注目したいのは、総括所見16項です。死刑については16項と17項で述べられていますが、16項の勧告部分で、第1に委員会が述べたのは、「締約国は、世論調査の結果にかかわらず、死刑の廃止を前向きに

検討し、必要に応じて、国民に対し死刑廃止が望ましいことを知らせるべきである」ということです。実は日本政府は、代用監獄の説明に関しても世論を引用していましたが、審査の質疑の中で、「世論、世論」と述べる政府代表団に対して、ケラー委員から、日本政府は、あまりにも世論に依存しすぎているのではないか、世論に対してどう働きかけていく予定があるのか、という質問がありました。政府代表はこの質問を全く無視しましたが、死刑の問題は人権の問題であって、世論が求めるから存置するというような性質のものではない、あなたたちが世論を教育しリードしていきなさい、ということをはっきり言いました。これは非常に重みがあることだと思います。ここでは死刑の問題について言われましたが、これは代用監獄など他に勧告されている項目についてもあてはまることですし、かつ、死刑の問題に取り組んでいく弁護士会の姿勢はどうあるべきかを考えるにおいても、きわめて重要なものだと思います。日弁連は今、死刑執行停止ということを掲げていますが、それが、実は会内でもあまり浸透しておらず、認識されていないという非常に深刻な現実があるわけです。その中で、世論の動向にかかわらず、働きかけなさい、という勧告を受けて、私たち弁護士会としてもどう取り組んでいくのか、非常に重要な勧告だと思います。

　第2に、前回は、死刑廃止に向けた措置を段階的にとりなさい、非人道的な拘禁状態を改善しなさい、と言われていたわけですが、今回はそれに加えて、死刑に直面する人たちの手続的保障が全くなっていない、これをきちんとしなさい、ということが言われました。これは一昨年の拷問禁止委員会による勧告で強調されていた部分ですが、それが自由権の勧告にも含まれたわけです。具体的にもっとも重要なのは、必要的上訴制度の勧告です。私たちは、アムネスティ・インターナショナルとともに、ジュネーブで具体的なデータを挙げて、これだけの人たちが最高裁までの審理を尽くされることなく判決が確定し、そして実際に執行されていると示しました。これらの人たちは、いわば死刑判決を受け入れ、諦めたわけですから、再審請求をすることも当然少なく、執行された人の中でのかなりの比重を占めるわけです。よって、こうした現実を的確に捉えたうえでなされた勧告であると思います。しかも、この手続保障に関して述べた17項が、後に述べる昼夜間独居に関する21項、それから代用監獄・取調べ、こういった項目と並んでフォローアップの対象になったということも、きわめて重いと思います。それだけ早急に対処すべき重要な問題であると、委員会が認識していると言えます。

　次に、刑務所の問題についてです。冒頭に申さんが紹介してくださったよ

うに、名古屋刑務所事件、それを受けての行刑改革会議、そして監獄法改正という一連の流れがありました。これは、政府の側から見れば、全く非自発的な取り組みでしたが、結果として法律が変わり、一定の前進があったということは間違いありません。この点が、拷問禁止委員会による審査時に、積極的な側面として取り上げられたということがありましたので、私たちとしては、この問題が今回の審査で取り上げられないのではないかと非常に危惧しました。先ほど寺中さんから指摘があったように、刑事施設医療の問題は残念ながら取り上げられませんでしたが、刑務所の問題が落とされることなく、しかも新しい問題、つまり法律で新設されたがまだまだ改善すべき問題を残している問題と、古くからある昼夜間独居の問題、この二つがともに取り上げられ、良かったというのが率直なところです。

　刑事施設視察委員会の問題に関しては、ここまで他の方がいろんなアプローチで発言されました。確かに視察委員会制度は、不服申立制度の整備と並んで、政府にとって、いわば制度改革の目玉というべき大きな材料でした。しかし、まず留置施設に関しては、そもそも弁護士会推薦の弁護士委員が選任されるというシステム自体が確立していないという問題、それから、弁護士会推薦の弁護士委員、医師会推薦の医師委員の選任が、一応事実上は確立している刑事施設視察委員会に関しても、これは法律上の裏づけは何もない、あくまで慣習として行われているものです。さらに、委員の推薦母体としてどの団体を選ぶかは、全くの施設長の裁量により、場合によってはかなり偏った委員構成になってしまう。委員会はその点を的確にとらえて、視察委員会人事の独立性を確保し、さらにスタッフおよび予算の手当もするよう勧告しました。

　さらに、留置施設の不服申立制度については、日弁連は「再審査の機関が都道府県公安委員会ではダメだ」と、制度設計段階からずっと主張していたのに入れられませんでした。それに対して委員会は、やはり公安委員会ではダメだ、と明確に勧告しました。2011年に、現在の刑事被収容者処遇法の見直しが予定されておりますが、何としてもこの勧告を活かした法改正をしなければいけないと考えます。

　最後に、総括所見21項の昼夜独居の問題です。これは古くて新しい問題です。新法では「隔離」という概念ができて、かつては全く法的な根拠がなく行われていた昼夜間の単独室処遇が、きわめて厳しい要件のもとでしか許されなくなりました。にもかかわらず、この隔離にきわめて近い「処遇」が実際には幅広く行われている。あるいは保護室収容については、医師の事前

診察も求められていないし、収容期間の上限も設定されていない。こうした点について、まずは単独室拘禁というのは例外的なものであり、それを明確にしなさい、と勧告されました。また、死刑確定者は、法律で明確に単独室拘禁が原則と規定されていますが、こういう取扱いを原則とすることはやめなさいとも言われました。これらは法改正のみならず、脱法的に事実上広く行われている取扱いをただちに廃止させるために、非常に有効な勧告であると考えます。

寺中　死刑と刑事施設の問題については、3点指摘したいと思います。第1に、死刑と代用監獄について「世論の支持が得られない」と述べて、最後に婚外子問題についても、「世論の反対がある」という話をしていました。では世論に反対意見があったら全部やらないのかと捉えられるような説明でしたから、規約委員会は、「そういう話ではないだろう。人権の問題は世論によって左右されてはならない。むしろ左右されてはならない問題を人権と呼んでいるんだ」とはっきりと示してくれました。これは非常に素晴らしいスタンスだと思います。

それを踏まえたうえで、第2点として、死刑に関しては、今回は廃止への道筋をはっきりと示していますね。これまでの勧告は、基本的に死刑は「人権規約上は6条に規定がある以上、完全に廃止というのはすぐに言えないけれども」という言い方で、現在もそのスタンスは基本的には変わっていませんが、今回は「死刑の廃止が望ましいというところまでちゃんと言ってください」と述べていますので、これはかなり踏み込んだものと評価しています。また、下級審で確定してしまう死刑事件についても触れていましたし、その中で必要的上訴制度の勧告がされました。これは委員から、日本のように素晴らしい（？）代用監獄制度を持っていらっしゃる国だったら、いくらでも諦めをつけさせることは簡単でしょう。だからこそ必要的上訴制度は必要なんですよ、と理由が示されています。さらに、今回残っている問題が、逆転死刑判決ですね。逆転で死刑判決となり、しかも最高裁を経ることなく確定したケースも実はありまして、これは相当に大きな問題です。要するに検察側が量刑不当で上訴できるというのは、ちょっと考えにくいシステムですから、今後もっと主張していかなければいけないと思った次第です。

第3には、先ほどの昼夜間独居に関して、新しい制度の中で、いわゆる制限区分第4種として、施行規則の中で実際の隔離処遇というものを決めてしまうという問題があります。つまり法律レベルではそこまで書いてないのに、施行規則で決めてしまうというやり方で、実際の隔離処遇がどっと増えてい

ることに関しては、日弁連のほか監獄人権センターも主張していました。監獄人権センターが示した統計を引用して、委員が日本政府に対して、統計をちゃんと見て、ものを言いなさい、と言うほど、市民社会からの情報提供が相当にものを言っているところですので、今後とも、ぜひこの推移を見守りたいと思っています。

川口 死刑と世論について言えば、だいたいはサイレント・マジョリティで黙っているのですが、「死刑制度は依然必要」と思っている人たちが多いのではないかと思います。

そこで、「確かに3人以上殺しています。やっていること自体は間違いないです」という人たちについても死刑は廃止すべきなんだということをきちんと示していかないと思っています。これは運動論的な話ではなくて、かなり哲学的な話ではないかと思うのです。そうしなければサイレント・マジョリティの人たちにも、「死刑は、やっぱり無いほうがいい」というふうに思ってもらえないのではないかと思うのです。あるいは、改善更生の可能性のない犯罪者でも死刑にしていいわけではない、ということを伝えなければならない。その辺りの理論武装をすべきではないかなと思いました。

吉峯 死刑の問題については、パリに本部のあるFIDH（国際人権連盟 International Federation for Human Rights）などが支援してくれたことも、やっぱり良い勧告に結びついていると考えます。そういう大きな国際人権団体からの援助があって非常にうまくいったのではないかなと思いました。

9　表現の自由・選挙活動の自由について

海渡 それでは、総括所見26項の表現の自由の問題に移ります。

河野 最初に、今回の総括所見についての感想を述べさせてください。特徴的なことは、日本の国内法について、具体的に法律を明示して、規制の撤廃などの法改正を勧告していることです。民法、労働法、刑法、刑事被収容処遇法、難民認定法、公選法、公務員法、国籍法など多くの法律が指摘されました。日本の多くの法分野で国際水準の人権保障が達成されていないことが指摘されたわけで、日本の人権保障システムが、トータルとして改革を迫られていることを示唆すると思います。政府報告書審査も5回目ですから、毎回の審査で日弁連はじめNGOから提起された問題が累積されており、規約委員会も日本の実情について広く知るようになったはずです。そのうえ過去の委員会の勧告がほとんど国内で改善されていないというのですから、委員

会も我慢の限界を越えたというか、かなり思い切って指摘したという印象を受けます。

　私が今回担当した表現の自由、選挙活動の自由の問題について言えば、これも1993年の第3回および1998年の第4回審査でも問題に取り上げられています。周知のとおり、日本の公職選挙法では、戸別訪問は全面禁止、文書頒布は選挙の種別ごとに決めた枚数、形式の文書以外は禁止という、非常に制限された選挙制度です。警察庁の犯罪統計によると、1946年から今日まで戸別訪問罪と文書頒布罪で9万1,000人以上の市民が検挙、処罰されています。こんな不自由な選挙は世界にありません。自由権規約19条は表現の自由を保障し、25条は自由かつ真正な選挙に参加する市民の権利を保障していますので、これらとの抵触が早くから問題になったのです。

　第3回審査で、エヴァット委員がこの厳格な制限に懸念を表明し、規約19条および25条との整合性を質問しましたが、政府は、買収のおそれがあるとか、金がかかり過ぎるから禁止しているという答弁をするだけで、規約との整合性についてきちんと説明できなかったのです。その結果、総括所見で、表現の自由の権利に関して、法律や判決の中に制限的なアプローチをしているものがあることを遺憾に思う、ということが指摘されました。しかし、法改正はされないままでした。

　続く第4回審査時には、ちょうど祝（ほうり）さんという郵便局員が戸別訪問と文書頒布罪で起訴された刑事裁判が日本で係属中で、弁護団やNGOが委員会に詳細な資料を送っていましたので、エヴァット委員が再び取り上げました。しかし、政府は前回と同様の答弁を繰り返すのみでした。委員会は、総括所見で再び、再度締約国に対し、国内法を規約に適合させることを強く勧告する、と指摘しました。

　ところが、この勧告にもかかわらず、1999年に広島高裁は、祝事件について「（公選法の制限規定が）憲法21条に違反しないのと同様の理由により規約19条、25条にも違反しない」と判決し、最高裁は「（公選法の制限規定は）、規約19条、25条に違反しないと解される」といって上告を棄却したのです。その理由は何も述べていません。国会は法改正をしないし、裁判所は人権条約の国内適用に消極的という閉塞状態でした。

　こうした状況下で、また2003年に大分県のある市で大石さんという現職の市議会議員が戸別訪問、文書頒布違反で逮捕、起訴されたのです。私はこの事件の主任弁護人を務めましたが、祝事件弁護団からいろいろ資料やアドバイスをいただき、今度こそ裁判所に自由権規約の解釈を直接理解してもら

おうと考えて、人権条約の締約国の義務について、今日ご参加の申さんに証言をお願いし、さらに規約19条、25条の解釈については当時規約委員を退任していたエヴァットさんに証言していただくよう思い切って手紙を書きました。その結果、2005年6月に大分地裁で証言が実現したのです。元委員が締約国に出かけて規約を解説するのは画期的なことでした。当日大分地裁には、200人もの支援者が集まり、エヴァットさんを歓迎したのです。証言は規約上の権利の制限をテストする比例原則を丁寧に解説し、日本の公選法の制限が厳しすぎて比例原則に反すること、規約の実効的な普及は国内裁判所の任務であり、委員会の見解は尊重されるべきことなどを丁寧に証言されました（公判資料は http://briefcase.yahoo.co.jp/konozen 参照）。しかし2006年1月の大分地裁判決は、エヴァット証言に一言も触れずに規約に違反しないと判決し、2007年9月福岡高裁は、選挙制度の設計は締約国の裁量に任されており、エヴァットさんの見解は委員会の見解と同一ではないなどと言って控訴棄却し、最高裁も、祝事件と同じように、何の説明もなく上告を棄却しました。人権条約に対して、日本の裁判所は手を替え品を替えて正面から向き合うのを避けています。

　こうした状況のときに第5回審査を迎えましたから、祝事件や大石事件の判決の英訳文やエヴァットさんの英文意見書など、豊富な資料を添付してレポートを提出したのです。元委員のエヴァットさんの証言も無視した日本の裁判所の対応は、特に委員会を刺激したのではないかと思います。今回のルース・ウェッジウッド委員の強硬な質問態度にそれを感じました。

　規約委員会が、戸別訪問やビラ配布など具体的な行動を例に挙げて、関係法律の制限撤廃を明確に勧告したのは、こうした長年にわたる日本の表現の自由に対する人権侵害、しかも裁判所も救済しない状態が、もはや放置できないという委員会の強い決意のあらわれと考えていいと思います。

　今後私たち弁護士も、人権に関わる事件では、今回の総括所見を活用して積極的に人権条約を援用し、裁判所に実効的な適用を求める活動を強める必要があると思います。その前提として、少なくとも裁判官全員に今回の所見とその解説を普及、教育することが必要です。所見もそのことを明言していますから。それとますます個人通報制度を実現させることがどうしても必要だと感じました。

寺中　実は、表現の自由のところで当初問題になっていたのが、公職選挙法に基づく戸別訪問を禁止するのはおかしいのではないかという指摘でした。その点にほとんど議論は集中していたのですが、私たちのほうでは東京都立

■コラム■国連施設のバリアフリーができていない！

　私は、脳出血の後遺症による右半身麻痺で車椅子を利用している重度の身体障がい者です。2007年4月、国連ウィーン本部で開催された、第16回国連犯罪防止刑事司法委員会（コミッション）に日弁連から出張した際、地下鉄の国連ビル駅側にエレベーターが無い、地下鉄の駅から坂があるのに「手すり」がほとんど無いなど、バリアフリー対策が進んでおらず、愕然としました。
　では、『人権』の国連ジュネーブ本部はどうだろうかと、期待と不安の気持ちで、今回の日弁連代表団に加わりました。
　パレ・デ・ナシオンへは、病気で倒れる前に2度訪問していますが、広い敷地にあれほど坂が多いとは全く認識していませんでした。坂が多いと、車椅子の私が一人で移動することは困難です。そこで、写真にあるように、日弁連の仲間全員とNGOの方々が交代で車椅子を押してくれることが度々ありました。タクシーは基本的には敷地の中には入れません。雨の日だけは敷地の中のビルまでタクシーで行くことができました。ビルの中は、身体障害者用のトイレ（多目的トイレ）が少ないなど問題を感じました。
　パレ・ウィルソン（国連人権高等弁務官事務所）は、入口が階段になっていますが、スロープは一人で通ることができ、本や書類の置き場を通るとエレベーターに着きます。トイレの鏡の角度を変えることができるなどきめ細かい設備はさすがだと感心しました。
　子どもの権利委員会の各国審査を20年近く傍聴してきたARCというNGOの平野裕二さんによると、ジュネーブの町では車椅子の人をほとんど見かけないとのことです。市バスはある程度バリアフリー化しているものの、市電は全く整備されておらず、ほとんどのホテルも、バリアフリー化していません。意外と思われるかも知れませんが、東京や大阪の方が、かなり進んでいると思います。【吉峯康博】
（写真は、宮家俊治弁護士と共に。撮影は、藤原精吾副団長による）

川市で起きた反戦ビラ事件に関して、レポートを作って提出しました。審議中にはほとんど触れられず終わってしまいました。ところが、総括所見では立川の反戦ビラ事件のことなどがきちっと触れられた形で出てきたので、さすがに委員の方々は、いろいろな情報提供を受けて、ちゃんとそれを精査したうえで、最終的には反映していただけるのだということが確認できたのが非常に印象深く感じています。

海渡 総括所見26項では、公務員の政治活動のことも言及されていて、実際には公選法の戸別訪問の問題と、ビラ配布活動の三つが取り上げられました。表現の自由の問題が非常に大きくクローズアップされたと思います。日弁連としても、事前に出されたリスト・オブ・イシューズの中に表現の自由の問題が落ちているのではないかと心配になり、リストから落ちている問題として強く主張しましたし、現地でもかなり重視してロビーしました。成果が上がって、本当に良かったと思います。

新倉 この問題は、やっぱり人権と民主主義が合体したすごく大きな問題です。こうした素晴らしい勧告を勝ち取ったので、これをフォローアップしていくことが、今求められていると思います。

海渡 この大分の事件の判決にお名前が出ているので、申さんからも一言いただけたら嬉しいです。

申 そうですね。大分地裁では、エヴァット元自由権規約委員会の委員が証言され、非常に良い意見書も出されていましたし、裁判官も私の証言をよく聞いてくださっているという印象がありました。にもかかわらず判決は決して満足できるものではありません。しかしこういう形で、実際の事例にかかわっていらっしゃる弁護士の方が積極的に報告書審査のプロセスにかかわられて、このように書面を英語で出すという活動をされたことが、今回の総括所見につながったのだと思います。

10 まとめと今後の課題

海渡 最後に、今後の課題をきちんとまとめておきたいと思います。まずは、アムネスティ・インターナショナル日本の寺中さんから、今回のまとめと課題についてご発言をいただきたいと思います。

寺中 今回の総括所見は、これまでに比べて、詳細かつ具体的になっております。これは、懸念事項とその勧告とにきちんと整理されている形式にも端的に表れています。また、非常に斬新なのが、やはり6項でして、これまで

の見解、勧告はすべて生きているよ、という一言が入っているんですね。よく見てみると1993年、1998年の総括所見にも似たようなことが書かれているのですが、前の懸念を繰り返す、と書いてあるだけで、勧告が全部生きる、とは書いてないんですね。つまり今回はっきりと、過去の勧告は全部生きているんだよ。だからきちんとやりなさいよ、ということを再度かなり強く言ったということが言えるのではないかなと思っていて、これは非常に印象深いところです。

　もう一つは、1998年同様、今回も、相当数のNGOやオブザーバーの参加がありました。日弁連だけでも16人、他のNGOもからたくさん来ました。会場を移さざるを得なくなったという問題もありましたが、これだけ高い関心が示されているという点は、委員会にとっては非常にプラスに働いたのではないかなと思います。

　一方、この大量の人数がそこにやってきたというのは、その分、国内でちっとも話し合いができていないからじゃないかと見れば、多分日本政府にとってはマイナスポイントになったんじゃないかなと、実は思うんですね。実際話し合いが事前にできていないし、それからそれぞれの懸念事項、それぞれの問題関心などのすり合わせもできていないではないかと思われてしまったのではないでしょうか。

　そういったこともありましたので、結局NGOブリーフィングという、いわゆる非公式に委員とNGO側が面と向かって会える機会が2回持たれました。これは通常1回しかないはずなのですが、今回人数が特に多かったことも含めて2回あって、それで1回目を日弁連のほうで仕切っていただいて、2回目のほうをアムネスティをはじめ、他のNGO側で仕切らせていただくという形で、二つ持ったわけです。その二つとも、内容的にはそれぞれの間での連絡調整ができていましたから、かなり内容的につながった形でいいロビーイングができたのではないかなと思っています。帰ってきてからの院内集会の場で政府側からは、「政府にはそういうブリーフィングの機会はありませんからね」と、やっかみ半分のことを言われました。政府は正式な審査の場があるわけですが、それぐらいNGOブリーフィングというものが重視されていたということが、はた目から見てもわかったんだろう思います。

　もう一つ、ちょっと気になったのが、その中でも、NGOの問題関心はそれぞれ別々ですので、それぞれがばらばらに出てきます。そのばらばらに出てくる問題関心を事前に調整することは、さすがに無理です。今回もできなかったわけですが、その結果として、いわゆる差別問題をこれまで扱ってい

たNGOが、その差別問題に端を発する捜査取調べ問題に重点を置いて、プレゼンテーションをされたんですね。端的に言えば、狭山事件の石川さんがいらっしゃって、そこの問題を出すという形です。それを実際にコーディネートとしていたのは、反差別国際運動や部落解放同盟でしたが、いわゆる差別問題一般という形でこれまで取り上げられてきたものよりも、捜査取調べのほうに重点を置いたがゆえに、勧告はそちらのほうに重点を置いた形で出てきている。そうすると、差別問題に関する他のさまざまな問題点が、今回の勧告の中では、重点的には落ちてしまったと見られてしまう可能性はあると思うのです。ですから、そこの部分は、それこそ先ほどの総括所見6項で救われているというふうに見ているわけです。第6項の意味をNGO側でもきちんと認識したうえで、今後の展開をしていかなければ、ひょっとするととんでもない間違いをしでかす可能性もあり得るので、気をつけたほうがいいかなと思っています。

　最後に言いたいのは、ある問題関心事項を国内での議論をせずに規約委員会の場に突然持って行くというのは絶対やめたほうがいいだろうという感じも持ちました。結局、国内で一体どういう努力をしてきて、どういう問題点があって、最後の手段として規約委員会に持ってきているんですよ、というほうが非常に説得力があるし、説明もつきやすい。委員会に突然持って行っても、委員会のほうでもきちんと反応できないし、「それは一体どれだけの重要性があるんですか」と聞かれてしまう。やはり国内での、きちんとした運動というものを作り上げてから、それから規約委員会という舞台に持って行かないと、なかなか話が通じにくいだろうなと思うことがあります。具体的には、刑事被収容者処遇法の執行にかかわる部分です。つまりこの法律は新しく変わってきたものですから、まだ問題点は洗いざらい全部出ている状態ではないんですね。その中でいくつかポイントは絞って出されていて、これは非常に効果的だったのですが、しかしこの法律全般の問題が国内できちんと取り上げきれているかというと、まだできていない状態です。それをきちんとしたうえでなければ、多分、今後の規約委員会への情報提供などに関しても、効果的になっていかないのではないかなと思います。

海渡　それでは日弁連側から、田島さんと武村さんにお願いできますか。

田島　私も今回審査を見ていて思ったのは、規約委員会が何を考えてどういうことを求めているかという点ですが、それはもうリバス・ポサダ委員長の言うとおり、相互に対話しなさい、解決するのはあなたの国の政府が中心になってやるんですよ、というのが基本スタンスですよね。だから、その対話

を政府と日弁連、NGO との間でしなさいよということです。

　ところが今、寺中さんが言われたように、NGO と政府の間に対話はないですよね。日常的に何もない。抗議には行くけど、対話はない。日弁連が行っても、なかなか十分な話し合いにはならない。だからこの対話をどう作るのかということが委員会から求められているし、我々も具体的に考えなきゃいけないと思っています。やはりもっとち密な対話の路線をとるべきであるというのが私の意見です。ジュネーブで外務省とつながりができましたので、それで日弁連では今対話を始めようとしているんです。

　これから何をするかというと、選択議定書をどうやって批准させるんだということが一つです。もう一つは、この懸念事項なり勧告の中では、今述べられたようなたくさんの問題があるわけですが、日弁連としては、その中で専門的にずっと頑張っている方々がたくさんいるわけです。それは、その16人の代表団のメンバーではまかないきれないようなたくさんの人たちがかかわっている。その人たちは政府の専門部署との話し合いの今までの積み重ねがあるんですね。ですからそこをどうやって生かして対話を積み重ねられるかということが、非常に重要だと思います。

　日弁連はそういう意味では、非常に重要な団体だと私は思っていまして、日弁連も世界に冠たる人権 NGO であると考えています。また、日本政府も日弁連なしには、やはり法制度を動かせないという現状があるわけです。日弁連の中で専門的に部署を担う者が、各省庁の専門部署とち密な議論をすることが非常に重要だと思うんですね。このようなことを外務省と意見交換する中で模索したいと考えています。これがもし進むならば、今回の勧告の実現が非常に具体的になっていくのではないかと思って、期待もしているし、やろうと思っていることです。

武村　今回の総括所見が10年前と比べて非常に進歩しているということは、そのとおりなのですが、この間にずっと、女性差別撤廃委員会、子どもの権利委員会、それから拷問禁止委員会など、他の委員会が、それぞれの条約機関の中で積み重ねてきたことがあったわけです。その中でそれぞれの条約機関で出された勧告がそのまま採用されたところもあったし、それぞれの条約機関でとったものを、さらに今回一歩前進させたこともあると思います。そうすると、今回の総括所見は規約委員会単独の見解ではなくて、人権理事会も含めた大きな国際社会の意志が一つの方向に明確に向かっていっているのだと、まず理解すべきであろうと思います。

　そして、今度これをどう使うか、あるいは今後フォローアップをどうする

のかというときに、我々も規約委員会でできたことが、女性差別撤廃委員会や子どもの権利委員会で次にどう展開していくのか、その委員会でやったことは、次にこちらでどう動くのか、相互の関係があると思うんです。活動に重なる部分があると思いますので、これはやはり日弁連内でも各担当委員会と共同作業していくという作業が必要だろうと思います。今回日弁連では、規約委員会の総括所見について、関連委員会に説明するという作業をしましたが、各弁護士会内の委員会に対して個別の説明をするべきではないかと思います。大ざっぱに、規約の内容や総括所見の内容を説明するだけではなくて、個別の、今までの理論的蓄積に対してこれがどういう上積みをしたのか、あるいはどういう問題をさらに投げかけてきているのか、ということを各担当委員会の中で細かく説明できるようにしてほしいという要請もあります。各関連委員会として協力しながら、次の審査の準備をするだけではなくて、関連する各条約機関の次の審査に対して、今回の成果を提供しながら、どうやって動いていくかということがいっそう必要になってきているのではないかなと思います。

海渡 ありがとうございます。五十嵐さん、お願いします。

五十嵐 ここまで言われたことをどう生かすかということなのですが、前回の審査の際にも、この委員会でどのようにフォローアップ活動をしていこうかという点は議論になっていました。しかし、日弁連の他の委員会では、抽象的な受け止め方にとどまっています。やはり、日弁連内の委員会で前もって十分に討議したうえで、それから政府との協議を積み重ねていくべきだと思います。次回の政府報告書の審査に向けての協議というのは、そういうところから積み上げていかないと、本当の協議にならないと思います。

海渡 今この委員会としては、総括所見に関するパンフレットや記録をまとめた本を作成して、日弁連内の各委員会や国会議員、NGO、外務省、法務省、警察庁などにも持っていって、対話をしていきたいと思っています。

申さんからこれまでの発言について、感想などあれば。

申 先ほど田島さんから、日弁連と外務省との対話を考えていらっしゃるというお話がありましたが……。

田島 もう進行しています。

申 もう進行中なのですね。それは大変素晴らしいと思います。ただ、私自身国際人権法学会という学会にかかわっておりまして、毎年学会に外務省の人権人道課の課長が報告にいらっしゃるんですが、毎年違った方が見えるというようなことも珍しくありません。そのような中で、対話の継続性という

のがどの程度確保できるか、どうやって確保していくかというのは、一つの大きな課題だろうと思います。

それから、外務省というのは、どうしても対外的な事柄を主に扱っていらっしゃる部署ですので、やはりこういう問題に関しては、法務省、警察庁といった国内の各問題に関連することを扱う部署とどういうふうに対話を持っていくかということが大事な課題になると思われます。

今回の総括所見は、皆様が口をそろえておっしゃっていましたように、本当に内容が詳細で、かつ本質をついた指摘が非常に多いんですね。例えば18項、19項の代用監獄と取調べの立会いのような問題につきましても、ただ代用監獄を廃止しようということだけではなくて、例えば、19項の勧告の部分では、そもそも刑事捜査における警察の役割とは何かというようなことにまで踏み込んで再考を促しています。つまり、警察の役割は、真実を発見することではなくて証拠を集めることだったはずではないか、ということです。無罪推定というのをどういうふうに考えているのかというようなことを問いかけているのだと思うんですね。

この辺りが、日本政府の認識と本質的に異なるわけで、日本政府は、犯罪捜査の過程における真実の発見という、それが捜査の役割だということを主張しているわけですが、そのような考え方は根本的に委員会の理解と異なるものです。それをどうやって、少しでも委員会の見解に沿った形で改善を実現していくかというのは、これからの大きな課題だろうと思います。

海渡 ありがとうございます。吉峯さんどうぞ。

吉峯 今年は女性差別撤廃条約、来年は子どもの権利条約と審査が続くわけですが、日弁連がこれまで蓄積してきた多くのNGOとの連帯を、今後どうやって強めていくか、特に日弁連はそういうことを頭に置いて、今後活動を強める必要があるのではないかと思います。

海渡 では、藤原さんに今回のまとめの発言をお願いいたします。

藤原 総括所見についての意味やまとめについては、これまでのご発言がありましたので、改めて申し上げません。この度、第5回審査に向けて活動しようと、日弁連が国際人権（自由権）規約問題ワーキンググループを設置して、当初は4、5年ほどの活動期間を想定したわけですが、結局その倍になったわけです。問題が解決したわけではありませんが、今回の総括所見で一応、一区切りということになると思います。

これまでの活動を評価するならば、現状について客観的に明らかにすることができた、これは具体的なそれぞれのNGO、日弁連のオルタナティブレ

ポートなどによって、現在の日本が抱えている人権に関する諸問題と、その解決方法を客観的に明らかにすることができたと思います。今回作成された文書は、今後も活用していかなければならないと思っています。

　次に、今後の活動についての展望ですが、今回の総括所見について、私たちもまだその意味の深さについて、十分まだ学習をしていないわけで、今日の座談会は、その第一歩になったと思います。そして、何人かの方から言われているように、本当に人権状況を変えるためには、政府との対話が必要です。結局、政府が動かなければならないわけで、そのためにいろんな形での努力をしなければならないと思います。規約委員会も、今回の総括所見について、広く市民一般、そして司法、行政、立法、それぞれの人に普及するべきであるということを、わざわざ1項目立てて述べています。日弁連もその趣旨に沿って、普及の機会に関与していきたいと思います。

　そして、今回までの経験を、ぜひとも引き継いでいけるように、日弁連の体制を作っています。また、たくさんのNGOや研究者の方がたのご協力によって、今後も日弁連が人権NGOの一番中心的な役割を担うことを決意しつつ、今後も進んでいきたいと思います。

海渡　本当に、素晴らしい総括所見をいただいて、これを何とか日本で一つでも二つでも実現していくという活動を、これからも一生懸命取り組んでいきたいと思います。本当に、どうもありがとうございました。

（2009年2月16日、日弁連にて実施）

おわりに　人権発展への期待と日弁連

　世界人権宣言採択60年という節目の2008年、5月に国連人権理事会における普遍的定期審査（UPR）が、10月には国際人権（自由権）規約第5回日本政府報告書審査（CCPR）が行われた。

　UPRは、2006年の国連人権機構改革により新設された人権理事会により行われる新しい制度で、4年ごとにすべての国連加盟国の人権状況が審査されることになっており、理事国は任期中にその審査を受けなければならない。日本は、理事国に立候補して当選していることから第1回目の審査を受けることになった。また、国際条約として1966年に成立、日本も1979年に批准した国際人権（自由権）規約の実施・履行状況に関する各締約国の報告制度では、各国政府の推薦を得て選任された国際的に著名な法律家等18名の委員により構成される委員会によって4年ごとに審査が行われる。なお、1998年の第4回審査で出された委員会の総括所見に対する日本政府報告書は、期限から4年以上も遅延し、今回の第5回審査を受けることになった。

　日弁連は、UPRおよびCCPRの2度の審査に当たり日本最大のNGOとして報告書を提出し、これに合わせて、UPRには6名の、CCPRの第5回審査には16名もの代表団を派遣して他の日本のNGOと共に活発なロビー活動を行った。その結果、UPRにおいては26項目の勧告が理事会からなされた。これに対し、日本政府は、パリ原則に基づく国内人権機関の設置等13項目を受け入れ、自由権規約第1選択議定書の批准等4項目の検討を約束したが、代用監獄や取調べ可視化の問題等9項目は拒否した。日本政府が個人通報制度の受け入れについて検討を約した点については前進があったと評価された。

　ところが、第5回審査に先立って委員会の正副委員長が事前調査とNGO対話のため来日された際、法務省および警察庁は、最高裁判所に比して極めて冷淡な対応をし、人権理事会の理事国という立場を放擲しているかの対応であった。案の定、審査の席でも、政府報告書の提出が著しく遅延したことについての反省も十分でなく、10年前の総括所見で改善を勧告された事項についても、真摯な取り組みを行っているとは到底考えられないような報告をした。その結果、リヴァス・ポサダ委員長が審査の締めくくりの場で、各委員はフラストレーションを感じていると異例の発言をされたほどである。

　そして、10月31日に出された総括所見では、34項目にも及ぶ詳細な評価・

勧告を行った。その内容が、画期的なものと評価できることと、それらの詳細と意義については本書で詳しく検討されているとおりである。日弁連は、この画期的な総括所見を受けて、同日会長声明を発表し、日本政府が、委員会の勧告を誠実に受けとめ、その解決に向けて努力することを強く求めるとともにその実現のために全力で努力していく所存であることを表明した。さらに、日弁連は、12月8日参議院議員会館において院内集会を開き国会議員に、総括所見の意義を訴え、その実現のために日本国民の代表として尽力していただくようお願いした。これに引き続いて国会議員主催で開かれた関係省庁担当者との会合においては、第5回審査の審査に出席した各省庁の担当者からの説明がなされたが、いずれも木で鼻をくくったごとき説明で改善の方向性は全く示されなかった。むしろUPRに際しての日本政府の態度より大幅に後退しているのではないかと感じられ、出席した議員の不評を買っていた。

　今や、日本は、経済的には世界第2の経済大国であり、人権理事会の理事として人権大国たらんとしている。それにもかかわらず、UPRおよびCCPRの勧告で求められている、人権の国際的基準遵守の要請に対して頑迷固陋というほどの態度をとり続けている。これは矛盾である。一体これをどのように理解すべきなのか、困難な問題ではある。しかしながら、この問題を直視して解決する道を見出さない限り、日本における人権の伸長を期待することはできない。

　考えるに、上記のような矛盾が生じる原因は、戦前の専制政府時代からの治安機関としての意識を持ち続ける警察、検察官僚そしてこれに同僚意識を持つ裁判官僚が有する強大な権力にある。そして、これらの官僚が、時の政治権力と結びついて国際人権世論を頑なに拒否し続けているという構図を見ざるを得ない。よって、日本における人権の国際的基準の達成という課題を実現するためには、この構図を打破するしかない。これに対して、思想信条の異なる者が強制加入する日弁連という組織の性格からして、一体何ができるのかという問題がある。

　しかしながら、弁護士の使命は、人権と社会正義の実現にあると弁護士法に明記されている。この使命に照らし、民主主義と人権の発展深化を願う国民各層の人々と力を合わせていかなければならない。また、近く始まる裁判員裁判の実践をとおして司法改革を進め、また、日弁連がこの度取り組んだイラク弁護士の国際人道法トレーニングのような国際司法支援等によって日本の平和的、人道的プレゼンスを高めること等の実践を着実に押し進めて行

かなければならない。

　このような日弁連の努力の積み重ねによって、日本国民の人権の深化についての自覚を高め、政治のあり方について日本国民の意識を変える必要がある。そのような方向を進むに当たって、日弁連が、これまで国際人権（自由権）規約委員会で行ってきた行動の記録である本書が少しでも貢献できることを期待したい。

2009年4月
日本弁護士連合会代表団団長　田川章次

付録 CD-ROM について

　付録 CD-ROM には、本書には掲載しきれなかった、政府報告書、審査時におけるロビー活動の過程で、日弁連が作成・配布した文書および今回の審査でともに活動した他の諸 NGO によって作成・配布された文書（オルタナティブ・レポート等）を収録しました。

　収録された文書は以下のとおりです（いずれも PDF ファイル形式）。

　なお、CD-ROM 掲載文書は、各作成団体から提供されたものをそのまま載せていますので、各文書の内容については、各作成団体に直接お問い合せください。

日本政府作成文書

ファイル名	内容
01. 第 5 回政府報告書	市民的及び政治的権利に関する国際規約 第 40 条 1(b) に基づく第 5 回政府報告（仮訳）

日弁連作成文書

ファイル名	内容
02-1. 日弁連報告書（英語）	国際人権（自由権）規約に基づき提出された第 5 回日本政府報告書に対する日本弁護士連合会報告書
02-2. 日弁連報告書（日本語）	
03-1. 日弁連報告書・資料（英語）	国際人権（自由権）規約に基づき提出された第 5 回日本政府報告書に対する日本弁護士連合会報告書・資料
03-2. 日弁連報告書・資料（日本語）	
04-1. 日弁連 update 報告書（英語）	「日本からの第 5 回定期報告に関連して検討すべき課題一覧」に対する日本弁護士連合会アップデイトレポート
04-2. 日弁連 update 報告書（日本語）	
05. 日弁連テーマ別説明ペーパー	日弁連作成の各テーマ別委員向け説明ペーパー
06-1. 1016 追加情報（英語）	日弁連作成による、国際人権（自由権）規約委員会から出された課題一覧（リストオブイシューズ）に対する政府回答についての追加コメント
06-2. 1016 追加情報（日本語）	
07-1. 1014 追加情報（英語）	日弁連作成による、国際人権（自由権）規約委員会から出された課題一覧（リストオブイシューズ）に対する日本政府回答への補足情報
07-2. 1014 追加情報（日本語）	
08-1. 1015 ロドリー委員宛回答（英語）	日弁連作成による、ナイジェル・ロドリー委員からの質問への回答
08-2. 1015 ロドリー委員宛回答（日本語）	
09-1. 1024 追加情報（英語）	日弁連作成による、審査中委員から出された質問に対する追加情報
09-2. 1024 追加情報（日本語）	

その他の NGO 作成文書 (＝は共同作成団体を示す)

フォルダ名	ファイル名	作成団体名	内容
AI	AI_1	アムネスティ・インターナショナル	政府報告書に対するオルタナティブ・レポート
	AI_2		付属資料：日本軍性奴隷制に関するアムネスティ報告書『日本：60 年を経てなお待ち続ける』
	AI_3		付属資料：上記レポートの日本語訳
	AI_4		付属資料：日本の死刑制度に関するアムネスティ報告書『今日が最後の日？』
	AI_5		付属資料：上記レポートの日本語訳
AJWRC	AJWRC	アジア女性資料センター	政府報告書に対するオルタナティブ・レポート
AKHR	AKHR_1	在日本朝鮮人人権協会	自由権規約委員会の日本政府報告書事前審査のための情報提供（英語版）
	AKHR_2		自由権規約委員会の日本政府報告書事前審査のための情報提供（日本語版）
	AKHR_3		朝鮮学校への差別的扱い（英語版）
	AKHR_4		朝鮮学校への差別的扱い（日本語版）
	AKHR_5		在日本朝鮮総聯合会施設への差別的な固定資産税課税措置について（英語版）
	AKHR_6		在日本朝鮮総聯合会施設への差別的な固定資産税課税措置について（日本語版）
ARC	ARC	アイヌ・リソース・センター	委員会に対する情報提供文書
BLHRRI	BLHRRI_1	社団法人部落解放・人権研究所	委員会に対する情報提供文書「厳しくなる生活実態と続く差別事件」
	BLHRRI_2		政府報告書に対するオルタナティブ・レポート
BLL	BLL	部落解放同盟	委員会に対する情報提供文書
CATNet	CATNet	CAT ネットワーク	委員会のタスク・フォースに対する情報提供文書
CPR	CPR_1	NPO 法人監獄人権センター	政府報告書に対するオルタナティブ・レポート
	CPR_2		上記レポートのサマリー・レポート
CPTI	CPTI	Conscience and Peace Tax International	政府報告書に対するオルタナティブ・レポート
DKNPS	DKNPS	年金制度の国籍条項を完全撤廃させる全国連絡会＝在日外国人「障害者」の年金訴訟を支える会＝在日韓国・朝鮮人高齢者の年金訴訟を支える会	委員会に対する情報提供文書

FIDH	FIDH	International Federation for Human Rights	政府報告書に対するオルタナティブ・レポート
GI	GI	Global Initiative to End All Corporal Punishment of Children	委員会に対する情報提供文書
GR	GR	GayJapanNews＝Global Rights＝International Gay and Lesbian Human Rights Commission (IGLHRC)＝International Human Rights Clinic, Human Rights Program, Harvard Law School	政府報告書に対するオルタナティブ・レポート
JFOR	JFOR	日本友和会	政府報告書に対するオルタナティブ・レポート
JIHRNN	JIHRNN	国際人権NGOネットワーク	自由権規約委員会第92会期タスク・フォースに向けた国際人権NGOネットワーク並びに28団体の署名による日本に関する共同情報提供
JWCHR	JWCHR_1	国際人権活動日本委員会＝自由法曹団＝日本国民救援会＝治安維持法犠牲者国家賠償要求同盟	リスト・オブ・イシューズに対する追加的意見―言論の表現の自由（第19条関連）
	JWCHR_2		リスト・オブ・イシューズに対する追加的意見―個人通報制度の早期批准と再審開始の要求
	JWCHR_3		リスト・オブ・イシューズに対する追加的意見―国旗国歌強制の関係（第18条関連）
	JWCHR_4		カウンターレポート―日本の実情を伝える人権報告書
LTCK	LTCK	朝鮮総連と在日朝鮮人に対する不当な強制捜索真相調査団	政府報告書に対するオルタナティブ・レポート
RAIK	RAIK	在日韓国人問題研究所	委員会に対する情報提供文書
RIIHRLP	RIIHRLP	国際人権法政策研究所	政府報告書に対するオルタナティブ・レポート
SGRTAWL	SGRTAWL	立川・反戦ビラ弾圧救援会	政府報告書に対するオルタナティブ・レポート

SNMW	SNMW_01	移住労働者と連帯する全国ネットワーク	日本における移住労働者とその家族の権利にかんするNGO合同レポート（カバーページ）
	SNMW_02		日本における移住労働者とその家族の権利にかんするNGO合同レポート（前文）
	SNMW_03		日本における移住労働者とその家族の権利にかんするNGO合同レポート（目次）
	SNMW_04		日本における移住労働者とその家族の権利にかんするNGO合同レポート（本文）
SSRL	SSRL	国賠ネットワーク	政府報告書に対するオルタナティブ・レポート
SWARD	SWARD-JC_1	中国帰国者サービス	第4回審議の際に中国帰国者の会が提出したオルタナティブ・レポートを中国帰国者サービスが第5回審議用に再提出した文書
	SWARD-JC_2		中国帰国者サービスによる自由権規約委員会タスクフォースの質問リスト作成時のための意見書
TMPCWA	TMPCWA_1	フィリピントヨタ労働組合＝全日本造船機械労働組合関東地方協議会神奈川地域労組	委員会に対する情報提供（英語版）
	TMPCWA_2		委員会に対する情報提供（日本語版）
WAM	WAM	女たちの戦争と平和資料館(WAM)＝「慰安婦」問題解決オール連帯ネットワーク＝「戦争と女性への暴力」日本ネットワーク(VAWW-NET Japan)	政府報告書に対するオルタナティブ・レポート
WWN	WWN	ワーキング・ウイメンズ・ネットワーク	政府報告書に対するオルタナティブ・レポート

編著者一覧（50音順。いずれも日本弁護士連合会国際人権（自由権）規約問題ワーキンググループ〔以下、WG〕委員・弁護士）

五十嵐二葉；大村恵実；海渡雄一（編集長・WG副座長）；川口和子（WG事務局長）；北村聡子；小池振一郎；河野善一郎（WG副座長）；田鎖麻衣子；武村二三夫（WG副座長）；田川章次；田島義久；新倉 修；藤原精吾（WG座長）；宮家俊治；吉峯康博

日本の人権保障システムの改革に向けて
ジュネーブ2008 国際人権（自由権）規約
第5回日本政府報告書審査の記録

2009年9月20日　第1版第1刷発行

編　者	日本弁護士連合会
発行人	成澤壽信
編集人	桑山亜也
発行所	株式会社 現代人文社

〒160-0004 東京都新宿区四谷2-10 八ッ橋ビル7階
Tel 03-5379-0307（代）　Fax 03-5379-5388
E-mail henshu@genjin.jp（編集）　hanbai@genjin.jp（販売）
Web http://www.genjin.jp
郵便振替口座　00130-3-52403

発売所　株式会社 大学図書
印刷所　シナノ書籍印刷株式会社
装　幀　Malpu Design（清水良洋＋星野槙子）

検印省略　Printed in JAPAN
ISBN978-4-87798-423-6 C3032
©2009 by Japan Federation of Bar Associations

本書の一部あるいは全部を無断で複写・転載・転訳載などをすること、または磁気媒体等に入力することは、法律で認められた場合を除き、著作者および出版者の権利の侵害となりますので、これらの行為をする場合には、あらかじめ小社または編集者宛に承諾を求めてください。